Le Transcorrézien

Place de l'Hôtel de Ville, B.P. 533
19107 Brive-la-Gaillarde Cedex
Téléphone : 05 55 24 19 04 - Fax : 05 55 23 11 12

DU MÊME AUTEUR

ROMANS

LES PLAGES DE L'HIVER *(Plon + Presses-Pocket)*
LES CHEVALIERS SERVANTS *(Plon + Presses-Pocket)*
LES HAUTS CRIS *(Plon + Presses-Pocket)*
UN FILS UNIQUE *(La Table Ronde + Presses-Pocket)*
SAINT-AVISTE *(Plon + Presses-Pocket)*
COMME LES ROSES DE JÉRICHO *(Robert Laffont)*

RÉCITS, ESSAIS

LE PANACHE BLANC *(La Table Ronde + Presses-Pocket)*
ORGUEIL DE LA MAISON *(Plon + Livre de Poche + Presses-Pocket)*
POUR OU CONTRE LES VALEURS BOURGEOISES
En collaboration avec Georges Hourdin *(Berger-Levrault)*
ALFRED DE MUSSET, SA JEUNESSE ET LA NÔTRE
(Librairie Académie Perrin + Presses-Pocket)
TAMANRASSET OU LE DÉSERT FERTILE *(S.O.S.)*
CEUX QUI ONT TOUT QUITTÉ *(Plon)*
NE DITES PAS LES TEMPS SONT MAUVAIS *(Plon)*
LE TRANSCORRÉZIEN *(Denoël)*

INTERVIEWS ET PORTRAITS

INTERVIEWS IMPUBLIABLES *(Plon + Presses-Pocket)*
MESSIEURS LES BEST-SELLERS *(Librairie Académie Perrin)*
DOUZE MINUTES DE VÉRITÉ *(La Table Ronde)*
LEURS HÉRITIERS *(Plon)*

VOYAGES

PORTUGAL *(Rencontre)*
LONDRES *(Rencontre)*

PRIX

- Prix de la critique de l'Académie Française
- Grand Prix de Littérature de la Ville de Bordeaux
- Prix Sévigné
- Prix Michel de Montaigne
- Prix Paris-Critique
- Prix du meilleur reportage (Portugal...)
- Prix des voyages (S.N.C.F., Transat, Air France...)

OUVRAGES DE GABRIEL EDME

LIVRES

L'HEURE H DU RUGBY *(Julliard)* 1964

L'HUMOUR VERT *(Les Monédières)* 1988

DE MÉMOIRE D'ENTUBÉ *(Les Monédières)* 1991

ILLUSTRATIONS

VISAS POUR L'HUMOUR *(Denoël)* 1962 en collaboration

TOUT SUR LA PÉTANQUE *(Pierre Horay)* 1963

L'ENCYCLOPÉDIE DES FARCES ET ATTRAPES *(J.-J. Pauvert)*

LE NAÏF AUX 40 ENFANTS *(Dalmas)* 1966

LE CURÉ DE MARLECOURT *(Éditions S.O.S.)* 1984

RECUEILS DE DESSINS D'HUMOUR en collaboration

SANS PAROLES *(Robert Laffont)* 1954

THE BEST CARTOONS FROM FRANCE *(Arco/Spearman)* 1954 Londres

LOVE FROM FRANCE *(Popular Library)* 1956 New-York

THE WORLD IS SURVIVING, BECAUSE IT HAS BEEN ALWAYS LAUGHIN
(The House of Humour and Satire) 1973 Gabrovo (Bulgarie)

KARICATUREN DER WELT, CARTOON 80
(Arbeitsgruppe Cartoon) 1980 Berlin

LE LIVRE D'OR DE L'HUMOUR FRANÇAIS 1945-1960
(Hoëbeke) 1985

RIRES EN CHAÎNES *(Le Cherche Midi Éditeur)* 1987

HUMOUR SUR TOUTE LA LIGNE *(Le Cherche Midi Éditeur)* 1992

DRÔLE DE PRISE *(Le Cherche Midi Éditeur)* 1993

Gilbert Ganne

Le Transcorrézien

Les Trois Épis

Avertissement

Depuis la première édition de ce livre (1980), des changements sont intervenus, ainsi que la vie l'exige, dans les familles, dans les mœurs et dans les paysages. Pour ne prendre qu'un exemple, Jacques Chirac, d'ancien Premier ministre qu'il était, est devenu président de la République. Plusieurs personnages typiques ont malheureusement disparu, mais pas leur souvenir. Aussi nous a-t-il semblé que, si l'on voulait garder à cet ouvrage son caractère documentaire, avec sa composante historique et sociologique, il convenait de ne rien modifier aux événements, aux hommes pris sur le vif et à leur cadre de vie, afin qu'ils conservent leur vérité. Cette plongée dans un passé récent ressuscite des images qui appartiennent profondément au patrimoine sentimental limousin.

En même temps, le « tacot » corrézien est le frère et le symbole de tous les petits trains de toutes nos enfances et de toutes nos provinces. Certains jeunes hommes s'occupent même de les faire revivre aujourd'hui. C'est pourquoi, connaissant leur amour de la précision, je me suis attaché à respecter l'état-civil de chaque machine et le moindre de ses boulons. C'est aussi pourquoi j'ai refusé le prix de littérature régionaliste qu'on voulait m'attribuer, estimant que le sujet dépassait largement les limites du genre.

L'idée du chroniqueur parisien bien connu, Jean-Pierre Dorian, me plaisait davantage : il s'était mis en tête de trouver un producteur pour porter le livre à l'écran. En général, son instinct ne le trompait pas, et il est vrai que les anecdotes comiques ou sentimentales que j'y rapporte auraient pu aisément rivaliser, en drôlerie et en couleurs, avec celles d'un Daudet ou d'un Pagnol. Une mort brusque n'a pas permis à ce chercheur intrépide de mener son projet jusqu'au bout. Mais il est juste que sa mémoire soit associée à ce nouvel élan du Transcorrézien, en même temps que tous ceux qui ont apporté à cette véritable épopée, le concours de leur cœur, de leurs souvenirs - et de leur nostalgie.

Gilbert Ganne

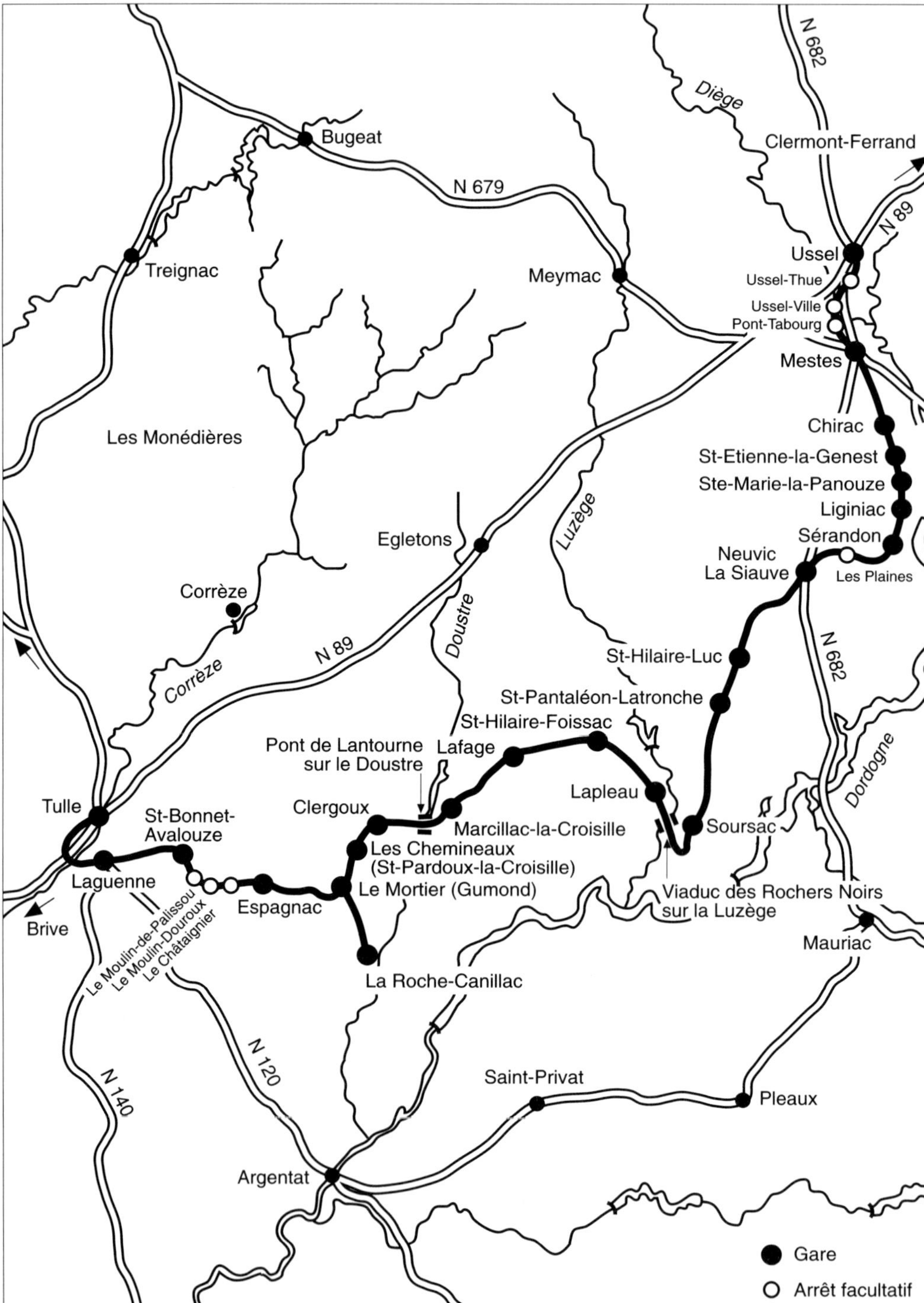
N 682
Diège
Clermont-Ferrand
Bugeat
N 679
N 89
Ussel
Ussel-Thue
Ussel-Ville
Pont-Tabourg
Mestes
Treignac
Meymac
Chirac
St-Etienne-la-Genest
Ste-Marie-la-Panouze
Liginiac
Sérandon
Les Plaines
Neuvic
La Siauve
Les Monédières
Egletons
Luzège
Corrèze
Corrèze
N 89
Doustre
N 682
St-Hilaire-Luc
St-Pantaléon-Latronche
St-Hilaire-Foissac
Pont de Lantourne
sur le Doustre
Lafage
Lapleau
Dordogne
Tulle
St-Bonnet-
Avalouze
Clergoux
Marcillac-la-Croisille
Soursac
Les Chemineaux
(St-Pardoux-la-Croisille)
Laguenne
Le Mortier (Gumond)
Viaduc des Rochers Noirs
sur la Luzège
Espagnac
Brive
Le Moulin-de-Palissou
Le Moulin-Douroux
Le Châtaignier
Mauriac
La Roche-Canillac
N 120
N 140
Saint-Privat
Pleaux
Argentat
Gare
Arrêt facultatif

1.

Au soir du 31 décembre 1959, un événement fatal jeta un voile de deuil sur tout le plateau limousin. Le petit train départemental créé cinquante ans auparavant pour relier en zigzaguant Tulle, le chef-lieu de la Corrèze, à Ussel, l'ancienne capitale du duché de Ventadour, accomplissait son dernier voyage. D'étape en étape, de gare en gare, dans tous les villages traversés au milieu de la nuit glaciale, il sifflait au moins trois fois pour dire adieu à son peuple, et cet appel résonnait comme le cri d'une bête blessée à mort.

Dans toutes les maisons d'Espagnac ou de Saint-Pantaléon recouvertes de leur toit de lauzes ; à l'intérieur du cantou, cette grande cheminée où brûlaient avec ardeur les bûches de châtaignier ; autour des grandes tables astiquées où l'on préparait les tourtous et le cul d'andouille, tomba le même silence angoissé : « Si toi aussi tu m'abandonnes... » Alors que, jusque-là, le passage du train, qu'il s'agît des machines poussives traînant leurs wagons antédiluviens, ou des autorails plus récents mais non moins inconfortables, était toujours un signe de réconfort et de joie, ceux qui l'entendaient ce soir-là, les jeunes et les vieux, savaient qu'ils ne le reverraient plus. Et comme il avait, sans défaillance, rythmé tous les jours de leur vie, ils n'étaient plus tout à fait sûrs que, demain, le soleil de l'an neuf se lèverait au-dessus des Monédières.

A Marcillac-la-Croisille où il passait au ras des maisons, à Lapleau où il sillonnait sans vergogne le bourg, à Soursac où il entrait époumoné après avoir victorieusement franchi l'abîme de la Luzège, à Saint-Hilaire-Luc, à la Siauve, à Neuvic où il avait connu la Triouzoune avant qu'on l'abouche d'un lac artificiel, et même dans les villages non desservis mais où on l'entendait de loin, comme Ladignac-sur-Rondelles ou Champagnac-la-Prune, des fenêtres s'ouvrirent pour saluer les derniers cheminots, les ultimes héros de cette quotidienne bataille du rail qui durait depuis un demi-siècle. Quelques gamins coururent derrière son feu rouge, avant qu'il ne s'enfonce définitivement dans la grande solitude. Au Mortier, où se trouvait le dépôt principal, la majeure partie du personnel et quelques notabilités se réunirent le soir même pour un dîner ; comme jadis, à l'issue des obsèques, parents et amis du disparu partageaient, offert par la famille, un repas qui portait le nom significatif de *mourtalhas*.

Saint-Bonnet-Avalouze - 9 octobre 1962
Pitoyable état d'une machine qui n'avait pas seulement perdu ses boulons mais aussi ses roues ! Le bon docteur Guy Tracolle ne pouvait plus rien pour la santé de la loco N° 7, ni pour ses consœurs, il la photographia, dans son linceul de verdure.
Requiescat igitur in pace.

Le réseau des Tramways de la Corrèze n'existait plus. Son plus beau fleuron, son enfant le plus turbulent et le plus entêté, celui qu'on appelait le Transcorrézien, ou plus familièrement « le tacot », venait de rendre l'âme, après avoir chèrement défendu sa peau contre les financiers et les technocrates de tout acabit. Pour être sûr

La bataille duraille.
Mai 1960 : dépose de la voie entre le viaduc des Rochers Noirs et Lapleau.
Photo Edmond Duclos

qu'il ne ressuscite pas, on s'empressa de disperser ses dépouilles, d'arracher ses rails, de rafler ses wagons et ses locomotives et d'expédier le tout à la casse ou dans de lointaines contrées.

Mais, à mesure que le Transcorrézien s'éloigne dans le temps, voilà qu'il remonte les méandres de la mémoire avec autant de sûreté qu'il suivait le cours gracieux de la Saint-Bonnette pour s'élever à travers bois et rochers, sur le plateau de Neuvic, à 630 mètres d'altitude. Toute une population groupant les âges de trente à quatre-vingt-dix ans, échelonnée le long du bocage, au flanc des coteaux, ou nichée sur les gradins d'un même bourg comme à La Roche-Canillac, se souvient de lui et se récite les différentes époques de sa gloire, depuis son inauguration fastueuse jusqu'aux jours tragiques de l'occupation et du maquis où il fut le seul à ne jamais s'arrêter. Les anciens regrettent sa fidélité, sa serviabilité, son pittoresque ; les jeunes le considèrent avec affection, tantôt comme un compagnon de leurs grandes vacances, tantôt comme un aïeul respecté. Les uns et les autres n'ont pas assez d'onomatopées pour décrire le *teuf-teuf* de sa cheminée, le *bouf-bouf* de son essoufflement après les grimpées abruptes, ou le *tagada-taga* de ses wagons déhanchés. Bref, il a laissé sa cicatrice dans l'histoire, c'est-à-dire dans les cœurs, et elle se rouvre et saigne de temps à autre, comme celle des stigmatisés. C'est si vrai qu'à l'instigation d'un de ses plus jeunes et fervents admirateurs, Jacques Maligne, on envisage de restaurer les petites gares de granit et de bois dentelé qui subsistent encore, pour en faire les stations d'un *chemin de croix*. Les générations futures revivront ainsi la *passion du Transcorrézien.*

Serviabilité du Transcorrézien en gare d'Espagnac.
Opportunément, les tonneaux du marchand de vin se branchaient sur la locomotive (que conduisait son beau-père). Ainsi les fûts prenaient-ils un décapant bain de vapeur...
C'était les « hautes étuves commerciales ».
Cliché François Fontaine - 1957

Il n'est qu'une seule épopée qui puisse lui être comparée, c'est celle que Cendrars évoqua prestigieusement dans sa *Prose du Transsibérien.* La comparaison peut paraître disproportionnée, mais elle n'est pas déplacée. Ce n'est pas seulement parce que les termes se ressemblent et que les deux trains, construits à la même époque, rivalisaient, sinon de luxe, du moins de lenteur. On ne sait pas exactement qui a baptisé l'inoubliable tortillard, mais il est évident que son surnom s'est imposé par le seul fait qu'il traversait une grande partie du département. Si l'on y voit une pointe d'ironie, elle relève plutôt de la tendresse que du dédain, au même titre que ce mot de « tacot » qu'on lui a plus ordinairement accolé. Certes, il existe quelques fidèles qui ne supportent aucune atteinte, même rétrospective, à l'image sacrée qu'ils gardent de leur idole. Mme Anna Fraysse, née en 1912 à Autranges, et qui, dit-elle, a « passé son enfance dans *le* train », déclare : « Pour nous, il était *le* train, non le tacot, car ce nom lui fut donné par ceux qui venaient d'ailleurs et il était, pour nous les enfants du village, synonyme de mépris. Pas question non plus de Transcorrézien, nom pompeux qui lui fut attribué par ceux qui ont contribué à sa suppression. »

Au contraire, M. Marcel Escassut, soixante-dix-sept ans, président du Syndicat d'initiative de Lapleau, est formel : « Le Transcorrézien, c'est le vrai tacot ! » En peu de mots, la synthèse est faite. Ne donne-t-on pas de petits noms à ceux qu'on aime ? Et cette facon de grandir le petit train et de lui conférer une dimension affective si impressionnante ne justifie-t-elle pas son appellation de Transcorrézien ? Quelle signification d'ailleurs peuvent avoir, dans le souvenir et même dans la réalité, l'ampleur d'un convoi ou l'appréciation des distances ? Le Transcorrézien, intimement mêlé aux paysages qu'il traversait et aux populations qu'il desservait, constituait un microcosme où la vie était certainement plus riche et mouvante que dans les immenses steppes désertiques traversées avec monotonie par le Transsibérien. Par sa lenteur, par sa petitesse, par sa disponibilité, il était à l'exacte mesure des besoins de la région. Il tissait et retissait, avec humilité et constance, dans les sueurs de l'effort, les imprévus de la route et les rigueurs de la température, les liens d'une société véritablement humaine. Et cela ne l'empêchait nullement de se forger, à son insu, une impérissable légende.

C'est pourquoi le Transcorrézien, dépassant les limites de son territoire, est désormais devenu un symbole. Celui de tous les trains départementaux qui sillonnèrent la France et continuent de véhiculer en nous tant de nostalgies. Quel est le Francais qui n'a pas le souvenir de son petit train et ne lui garde une reconnaissance émue ? Moi aussi, j'ai connu celui qui reliait Aire-sur-l'Adour à Pau et que j'empruntais, venant de Bordeaux, pour passer mes vacances en Béarn. On en sortait noir de suie, mais content, car l'imagination vagabondait tandis qu'il flânait au long des prairies. Il me passionnait tellement que je n'en finissais plus ensuite de dessiner ses gares perdues dans la lande, ses wagons cahotant sur les courbes, son panache triomphal, et je m'évertuais même à

créer, sur le terrain, un réseau parallèle dont les fermes étaient les stations, quelques-unes pouvant être brûlées si la brouette qui me servait de locomotive était censée conduire un express. Beaucoup de gamins ont ainsi passionnément partagé la vie de ces réseaux secondaires, si peu « secondaires » d'ailleurs qu'on ne se contente pas de leur souvenir, mais que, ici et là, on les fait revivre. Des guides entiers nous donnent la liste de ces petits trains remis sur rails et qui, pour être la plupart du temps qualifiés de « touristiques », n'en reprennent pas moins du service. Des associations se créent, animées souvent par des jeunes. La démesure de la vie moderne, son uniformisation, sa déshumanisation si fréquemment dénoncées, accentuent ce désir de retrouver ce qui constituait un élément de notre joie de vivre. Chaque année, à Lapleau, unc exposition est consacrée au Transcorrézien : ce qui lui est arrivé est de nature à secouer bien des léthargies, dans la mesure même où se perpétue son aventure. Car, hélas ! il est impossible qu'il ressuscite, puisqu'il est déjà dans l'immortalité !

2.

Le Transcorrézien avait eu l'insigne honneur d'être tenu sur les fonts baptismaux par le président de la République en personne. Ce fait ne trompe pas sur l'importance qu'on lui attachait. Le 11 septembre 1913, Raymond Poincaré avait montré sa barbiche à la fenêtre d'un des wagons tout neufs, dont la couleur rouge foncé deviendrait au fil du temps du vieux rose, et qui, depuis plusieurs mois, reliaient Tulle à Ussel. Sur le parcours, à peu près à mi-chemin, le village de Lapleau, chef-lieu de canton, avait été choisi pour être le centre des festivités. Sa situation géographique, à proximité d'un imposant viaduc édifié tout spécialement pour le train, avait certainement pesé plus lourd que le souvenir des vicomtes de Turenne, qui y exerçaient jadis leur suzeraineté, ou que la mémoire des frères de Letranges dont l'un fut archevêque et nonce du pape au XIVe siècle. Mais, plus encore, le sénateur-maire de Lapleau, Hippolyte Rouby, était un personnage considérable qui, en sa qualité de président du conseil général, avait joué un rôle primordial dans la création de la ligne.

Il avait pris toutes les dispositions utiles pour que la manifestation fût un plein succès. Tâche délicate, étant donné les susceptibilités locales et la légitime aspiration des édiles à mettre leurs minuscules cités en valeur. Le maire de Latronche, par exemple, dont la commune comptait à peine plus de 500 habitants et ne comportait pas de gare, envoya le 26 août 1913 au préfet de la

M. POINCARÉ en Limousin.
Septembre 1913

Corrèze une lettre prometteuse, visant à stopper l'équipage présidentiel qui devait arriver par la route. Dans les termes employés apparaît déjà la fascination conjuguée du bolide et des oriflammes.

Latronche, le 26 août 1913

Monsieur le Préfet,

Le maire de Latronche a l'honneur d'exprimer à monsieur le Préfet la satisfaction éprouvée par les habitants de sa Commune d'être favorisés du passage de monsieur le Président de la République sur leur Territoire. En cette circonstance, ils seraient fiers de pouvoir offrir et saluer sur leur sol l'hommage dû à son respect. Si l'allure de vitesse pouvait se modifier pour un tout petit arrêt au centre du chef-lieu du Bourg, la population s'y grouperai *(sic)* pour faire une acclamation unanime. Dans ces conditions la municipalité prendrai *(sic)* des mesures nécessaires.
Au moins j'informerai mes administrés qui habitent sur les abords du chemin Intérêt Commun n° 37 de se tenir en état de propreté et de pavoiser de décors selon leurs facilités,

mais avec la marche rapide sans aucun ralentissement, il ne sera pas possible de démontrer et prouver le dévouement auquel chacun s'attache.
Je prie donc monsieur le Préfet de m'honorer d'une réponse à ce sujet, à seule fin que dans la réunion du Conseil municipal qui se tiendra dimanche prochain je puisse préciser vos instructions, et voter certains crédits pour décorations et pavoisements s'il y avait lieu.
Mon profond respect de serviteur bien dévoué de monsieur le Préfet. Maire de Latronche.

- Il vient probablement me passer un savon.

Le 27 août, un autre maire, âgé de vingt-neuf ans, et qui devait s'illustrer par la suite, n'hésite pas à porter la question sur le terrain politique. Il s'agit du jeune Henri Queuille qui s'émeut, à juste titre, du traitement infligé à sa ville, Neuvic-d'Ussel, qui compte presque trois fois plus d'habitants que Lapleau et qui deviendra d'ailleurs plus tard tête de ligne, si bien qu'on parlera parfois du « tacot de Naovi » (Neuvic en patois).

Monsieur le Préfet,

L'itinéraire officiel du voyage de monsieur le Président de la République vient de paraître et nous n'avons qu'un arrêt sans descendre de voiture !
Je viens vous prier monsieur le Préfet de vouloir bien intervenir pour que l'on nous accorde dix minutes à prendre sur les deux heures d'arrêt de Lapleau.
Lors de la reconnaissance de la route faite par M. le Colonel Aubert et vous-même, la question de la présentation de la municipalité ne s'était pas posée ; M. le Colonel Aubert ayant dit : « Pour éviter de monter au 1er, la municipalité pourrait être groupée dans le hall de la Mairie. » Nous n'avions donc pas à demander une chose admise.
On nous avait fait espérer le déjeuner, nous ne l'avons pas, tant pis. Mais ne nous laissez pas sacrifier tout à fait.
D'autant qu'un tel traitement pour Neuvic ressemble quelque peu à une punition et prend - à tort c'est entendu - mais prend, quand même, une signification politique.
Lapleau n'était pas dans le programme que les hommes politiques, les présidents de syndicat avaient arrêté avec vous et sous votre présidence. Qu'il devienne le centre le plus important du voyage, nous ne nous en plaignons pas trop ; mais qu'on nous sacrifie complètement à cette ville, et que nous, qui avons fait peut-être le plus en Corrèze pour le développement du tourisme, nous soyons tout à fait maltraités, c'est trop injuste.
Le 11 nous organisons la fête de la Bruyère, un cortège traditionnel parcourra Neuvic, à l'heure où passera monsieur le Président de la République. Ne pourrait-on pas nous accorder un arrêt de dix minutes pour faire défiler le cortège !
Monsieur le Président verrait ou ne verrait pas la municipalité, mais ainsi nous aurions satisfaction.

J'espère, monsieur le Préfet, que vous voudrez bien intervenir pour nous et vous prie de me croire
Votre respectueux et dévoué

H. Queuille.

Le 27-8-13.

Condamner un élu radical à se contenter des miettes du festin était incontestablement un acte grave. Dès l'annonce du voyage officiel, plusieurs parlementaires du même parti avaient fait connaître leur intention « d'assister au banquet » qui était traditionnellement le clou de toutes les cérémonies de la troisième République et dont les vertus sont loin d'être effacées aujourd'hui de la vie corrézienne. Or, M. Poincaré, dont la réputation d'économie et de sobriété n'était plus à faire, ne souhaitait pas faire bombance. Le sénateur Rouby, informé, en fit part au préfet, non sans une pointe d'amertume :

> Le général Beaudemoulin *(chef de la Maison militaire de l'Élysée)*, me dit que le déjeuner n'a pas le caractère d'un banquet mais d'une réunion intime où il ne sera pas prononcé de discours. Mais de là à un toast de deux lignes, il y a du chemin. Il faudra bien cependant lever notre verre en l'honneur de M. Poincaré. Cette chose doit être réglée pour Lapleau et Tulle et je vous prie de me fixer sur ce point.

Pour garder une apparence intime, la réunion ne devait comporter qu'un nombre restreint de convives. Le sénateur Rouby explique, dans la même lettre, et dans un style approximatif, les sacrifices qu'il lui a fallu consentir, à commencer par celui de « cinq messieurs », présidents de divers syndicats d'initiative, qui se restaureraient avec les journalistes.

> Je les élimine donc de la liste. Je note 22 invités. Sur ces invités, je n'ai pas besoin d'adresser d'invitation à ceux qui suivent le président et font partie du voyage. Je n'écris donc qu'à M. Filiol, président de la Chambre de commerce, Richard, ingénieur en chef, au sous-préfet d'Ussel... A cette

liste, il faudra ajouter les 12 conseillers et Mme Rouby. Cela fait 34. Je n'y ajoute que M. Mons, député, et Dellestable, sénateur. Je ne peux donc inviter les membres du bureau du Conseil général, ni les autres députés et sénateurs. Nous serons 36. Nous pouvons contenir au maximum 38 (...).
En résumé :
22 invités que vous me signalez
12 conseillers
 1 Mme Rouby
 1 Dellestable
 1 Mons

37

Malgré l'ascétisme présidentiel, les traditions gastronomiques de la Corrèze furent quand même les plus fortes, si l'on en juge par le menu officiel orné d'une vue du centre de Lapleau : quelques maisons groupées autour de l'église ouverte en 1890, un cercle entourant le clocher comme une auréole, tandis que des vaches paissent tranquillement au premier plan.

Menu
Truites de la Luzège
Perdreaux aux choux
Filet de bœuf Madère
Cèpes du bois Peyroux
Dindonneau truffé
Pâté en croûte
Salade
Desserts variés

Vins
Château Suduiraut
Chambertin
Veuve Clicquot

Café - Liqueurs

C'est sans doute sur la foi de cette carte qu'il ne fut pas question le lendemain dans la presse de déjeuner, mais plus traditionnellement de banquet.

Les soucis préliminaires du sénateur Rouby ne concernaient pas seulement le voyage et les agapes, mais aussi les dames qu'il convenait de traiter avec la plus extrême attention.

> Le président espère, écrit M. Rouby au préfet, que Mme Rouby voudra bien elle aussi déjeuner à la mairie. Il en a été ainsi décidé pour le principe. Mais il est certain que si Mme Poincaré veut se reposer un instant ou arranger sa toilette, elle acceptera de venir à la maison où tout sera mis à sa disposition. En tout cas, je ferai préparer, suivant votre désir, le cabinet du juge de paix. Il y aura une chaise percée derrière un paravent et un lavabo. Aucune difficulté pour cela.

Cette chaise percée, ou du moins sa sœur, je l'ai vue chez M. Marcel Escassut, dans sa maison de Lapleau. On l'a descendue à mon intention de l'étage supérieur et on l'a installée au milieu de la salle à manger, comme un trophée, à la grande satisfaction de la famille groupée sur des bancs de bois, le long de la grande table campagnarde, près du cantou où se trouvent des sièges taillés au couteau par des bergers auvergnats.

La chaise percée, de style rustique, dont il n'y a rien à dire sinon qu'elle est parfaitement fonctionnelle, vient en réalité de Cajarc, dans le Lot. Elle a été trouvée dans un grenier. On a prétendu que c'est Georges Pompidou qui l'avait envoyée de son village auvergnat pour embellir l'exposition des Vieux maîtres d'autrefois qui s'est déroulée à Lapleau en 1963 et a groupé six cents instruments et outils anciens.

L'épisode de la chaise percée, authentifié par la lettre du sénateur Rouby, a connu de nombreux enrichissements. Selon le Dr Jacques Lacoste, éminent chirurgien, ancien conseiller général de Tulle-Sud et ancien maire de Sainte-Fortunade, ce seraient de « vraies chiottes » qui auraient été installées chez Hippolyte Rouby, avec, précise-t-il, un réservoir faisant office de chasse d'eau et une quantité de « flotte » suffisante. Suffisante en tout cas pour se répandre dans la cuve de l'instituteur voisin dont elle arrosait les patates. Depuis ce temps-là, dans la famille du Dr Lacoste, lorsqu'on veut signifier poliment que l'on se rend aux W.-C., on dit : « Je vais chez Mme Rouby. »

D'après les investigations postérieures de témoins parfaitement fiables, Mme Poincaré n'a pas eu à utiliser la chaise percée.

En revanche, elle eut à subir - ô ironie du sort ! - l'incontinence d'un certain André Lagarde qui peut se vanter d'être « l'homme qui a giflé Henri Queuille et fait pipi sur les genoux de Mme Poincaré ». Les deux événements, toutefois, n'ont pas eu lieu en même temps.

André Antoine Lagarde, surnommé Toinou ou « le Toinou » (en Corrèze, chacun a son diminutif souvent précédé de l'article), est aujourd'hui, à l'âge de soixante-dix ans, instituteur honoraire, ancien journaliste et dessinateur humoriste. En 1913, il fut remarqué dans l'assistance par Mme Poincaré qui voulut tenir sur ses genoux ce joli bambin de cinq ans. Est-ce l'émotion ou la joie ? Elle fut rapidement inondée. Les grands de ce monde peuvent prendre aussi les vessies pour des lanternes.

Beaucoup plus tard, Antoine Lagarde se lia d'amitié avec Queuille. Les Corréziens ont toujours aimé avoir, dans leur jeu politique, des hommes de dimension nationale, mais d'étiquettes diverses. Hier, Henri Queuille, Charles Spinasse ou Edmond Michelet. Aujourd'hui, Jacques Chirac, ancien premier ministre, recordman des banquets-marathon où l'on s'efforce de lui servir ponctuellement la tête de veau dont il raffole ; Jean Charbonnel, maire de Brive ; le sénateur Marcel Champeix ; François Ceyrac, le patron des patrons, etc. Après la dernière guerre, la personnalité d'Henri Queuille était de celles que les circonstances rendent invulnérables. Il avait rejoint Londres en 1943, avait été plusieurs fois ministre et était devenu, en 1948, président du Conseil. Au cours d'un de ses nombreux déplacements à Neuvic, dont il était toujours le maire, il fut accompagné par André Lagarde et, pendant une réunion amicale, il s'évanouit brusquement. En l'attente du docteur, il fallait faire quelque chose. Toinou ne perdit par son sang-froid. De sa propre initiative, il administra deux claques magistrales à l'éminent homme d'État, qui eurent pour effet de le ramener immédiatement à la conscience.

- Tu vois, André, murmura-t-il en s'éveillant, ce qui vient de m'arriver, c'est la conséquence d'une chute de vélo que j'ai faite dans le maquis.

Il savait de quoi il parlait, puisqu'il était lui-même médecin.

En septembre 1913, le jeune maire Henri Queuille attendait donc le passage du président de la République, en provenance de La Courtine. La journée était magnifique. Les autos du cortège, composé de coupés et de torpédos à la capote rabattue, franchirent Ussel, atteignirent Bort, ne s'attardèrent pas à Neuvic et s'arrêtèrent à Soursac, ou plus exactement au croisement de la route D 16 et de la voie du Transcorrézien. C'est là qu'eut lieu l'embarquement du président et de sa suite. Une fois arrivés à Lapleau, ils se dirigèrent à pied vers la mairie, par la rue du Coustallou, la place de l'Église et la rue de l'Épinette.

Un banquet normal, comme celui auquel j'ai assisté à Égletons, organisé par la société locale *Le Pelou* (de *pelous* : poilu, bogue de la châtaigne) et qui groupait au moins trois cents personnes, s'étend facilement sur tout un après-midi. Il ne fallut pas plus de deux heures aux convives de Lapleau pour engloutir truites, perdreaux, filet de bœuf, dindonneau, cèpes et choux sans compter les douceurs et les nectars déjà cités. A quatorze heures, M. Poincaré regagnait sa voiture et la caravane se dirigeait vers Saint-Privat par les gorges de la Dordogne.

Voici en quels termes de circonstances, c'est-à-dire fleuris, le reporter de *La Croix de la Corrèze* relata l'événement :

M. POINCARÉ EN LIMOUSIN

> A Soursac, on quitte les autos qui se rendent à vide à Lapleau et on prend deux trains qui vont traverser la vallée de la Luzège sur le hardi viaduc qui a près de 200 mètres de long, et dont les deux pylônes sont à 120 mètres de hauteur. La vue sur l'abîme est vertigineuse. Le train roule lentement ; les voyageurs sont, à la fois, terrifiés et ravis. Au point de vue tourisme, c'est le clou du voyage.
>
> La petite cité de Lapleau est pavoisée presque à profusion. Depuis huit jours, tout le monde y travaille fiévreusement. Une double rangée d'arbres verts part de la gare et s'allonge sur plusieurs kilomètres faisant de la route une avenue de

Entrain présidentiel !...

parc du plus bel effet. Drapeaux, guirlandes et lanternes jettent leur note gaie sur le ton un peu sombre des massifs de genévriers. A l'entrée de la salle de la mairie où a lieu le banquet, un arc triomphal d'un goût délicat et du plus gracieux effet. La salle même, d'ailleurs simple dans ses décorations, fait honneur à l'habileté et au sens artistique de ceux qui ont présidé à sa disposition. Deux tables sont dressées : l'une pour M. et Mme Poincaré, M. et Mme Klotz, M. le Maire et la suite du président; l'autre pour le conseil municipal et les autres invités : en tout une quarantaine de couverts.

Dès 9 heures, autos, voitures, charretous[1] amènent la foule grossie par les moins privilégiés qui arrivent à pied, et ce sont les plus nombreux. Dès dix heures, impossible de circuler. Des gendarmes, de planton tous les 20 mètres, ne peuvent maintenir l'avenue libre. A la gare close pour la circonstance d'une fragile barrière, le malheureux gendarme est impuissant à empêcher l'invasion du quai.

A 11 heures précises, le train présidentiel arrive. Salves d'artillerie. M. Poincaré descend, très alerte. M. le Sénateur Rouby offre la main à Mme Poincaré. Échange de quelques mots ; puis le cortège se forme, le président en tête, avec sa maison civile et militaire. Mme Poincaré suit au bras de M. Rouby. Comme on débouche sur la place, les cloches

1. Petites voitures à âne.

> s'ébranlent. M. Poincaré lève les yeux, regarde autour de lui et, apercevant deux ecclésiastiques au bord de la voie, se découvre et salue en souriant : il salue maintenant, à droite, à gauche la foule qui pousse des vivats enthousiastes. Avant de pénétrer dans la mairie, il se retourne vers la foule qui, plus que jamais, l'acclame.

Il n'y a pas que la presse locale à se faire l'écho de ces festivités. *Le Petit Ardennais* de Charleville a suivi les officiels depuis La Courtine :

A LAPLEAU

> La route que suit le cortège varie à chaque instant d'aspect. Elle est très accidentée, les rampes qu'il faut gravir et redescendre sont rapides et les courbes d'un faible rayon obligent les chauffeurs à virer avec beaucoup de prudence.
> On fait, en quittant Bort, une petite pointe dans le département du Cantal et l'on fait halte à Champagnac-les-Mines.
> Le Président, dans sa réponse aux souhaits du maire, explique qu'ayant reçu à son départ une adresse du conseil municipal de Champagnac, il avait tenu à apporter aux populations républicaines de cette localité son salut cordial et ses remerciements.
> Les voitures dévalent ensuite avec précaution la rampe sinueuse et accidentée conduisant au pont suspendu de Vernajoux. Des gendarmes, placés à l'entrée du pont, font stopper les autos, qui ne peuvent s'engager qu'une à une sur le frêle passage.
> On brûle Neuvic, où a été organisée, à l'occasion du passage du Président, une gracieuse fête, et diverses autres localités, toutes pavoisées et fleuries, pour ne s'arrêter qu'à Soursac.
> On quitte alors provisoirement l'auto pour monter dans un tramway à vapeur de la ligne d'Ussel à Tulle, qui conduit à Lapleau.
> Ce modeste chef-lieu de canton a été choisi comme halte en raison de la beauté du cadre. M. et Mme Poincaré y sont

l'objet de nouvelles manifestations de sympathie.
Le Président, ayant à sa droite le général Beaudemoulin et à sa gauche M. Mollard, se rend à pied à la mairie. Il est suivi par Mme Poincaré, donnant le bras à M. Rouby, sénateur ; par M. Klotz et par Mme Klotz, donnant le bras au préfet.
Les acclamations continuent d'être vibrantes. Le déjeuner, qui est offert par le conseil municipal, comprend une quarantaine de couverts. Il est servi dans la grande salle de la mairie.
Au dessert, le maire, se conformant aux invitations protocolaires, a porté aimablement un toast à la santé du président de la République. M. Poincaré a bu à la ville de Lapleau et à sa prospérité.

Quant à la presse parisienne, nonobstant quelques fautes d'impression, elle ne reste pas en panne d'éloges, ainsi qu'en témoigne cet extrait du *Temps* :

LE DÉJEUNER A LAPLEAU

Le cortège poursuit son chemin ; mais au lieu d'arriver en auto à Laplau *(sic)*, où ils déjeuneront, le président et Mme Poincaré, ainsi que les personnes qui les accompagnent, descendent de voiture à Soursac pour monter dans le tramway d'Ussel à Tulle qui durant neuf kilomètres longe puis traverse un viaduc, prodigieusement hardi, dominant l'abîme de cent mètres de hauteur au-dessus des gorges de la Luzège, plus impressionnantes peut-être encore que celles de la Dordogne.
Et nous voici enfin à Laplau. Il est midi. Le soleil au zénith embrase la petite ville. Mais ses habitants ne se soucient guère de la chaleur ni de la lumière excessives. Ils sont tous dehors pour acclamer le président, qui se rend à pied de la gare à la salle du déjeuner. Ce petit cortège pédestre a été ainsi réglé : d'abord le président, encadré par le général Beaudemoulin et M. Mollard ; puis les lieutenants-colonels Pénelon et Aldebert ; ensuite Mme Poincaré, au bras de M. Rouby, sénateur de la Corrèze ; Mme Rouby, au bras de

Allez ! lisez.
Conduit par le président de la République Raymond Poincaré, ce petit cortège de piétons distingués fut acclamé par le bon peuple corrézien.
Quoique. A gauche, est-ce un geste subversif, ou celui d'un badaud farceur qui jette une pièce de monnaie dans la casquette (du chauffeur du président de la République) qui a vraiment l'air de faire la quête ?
Cliché A. Vialle - 11 septembre 1913

M. Klotz, ministre de l'Intérieur, et Mme Klotz, au bras du préfet de la Corrèze. Le déjeuner est offert par le conseil municipal. Les trente-six convives sont répartis entre deux tables. M. Poincaré préside l'une, ayant à sa droite Mme Rouby, et à sa gauche M. Dellestable, sénateur. Le maire de Lapleau préside l'autre table, ayant à sa droite Mme Poincaré, à sa gauche Mme Klotz, et en face de lui M. Klotz.
A la fin du déjeuner, M. Rouby, sénateur, président du conseil général, maire de Laplau a porté la santé au président de la République, qui a levé son verre en l'honneur de la commune de Lapleau *(enfin rétablie dans son orthographe).*

C'est à un Lapleaucois, Antoine Vialle, beau-père de M. Escassut, que revient l'honneur d'avoir immortalisé par l'image l'événement historique du 13 septembre 1913. Antoine Vialle tenait, au centre du village, un magasin à vocations multiples (on n'ose dire un supermarché). Il était à la fois épicier, bijoutier, mercier et même pompiste en quelque sorte, puisqu'il vendait des

La Corrèze maritime.

bidons d'essence de 5 litres. Chez M. et Mme Escassut j'ai vu sortir, d'une vieille sacoche de carton entoilé et incolore, son magnifique appareil photo avec sa caisse en bois, son soufflet, ses plaques et le grand voile noir sous lequel se cachait l'artiste. La passion du déclic était si forte chez lui qu'il s'était presque transformé en alpiniste pour photographier, du fond des gorges de la Luzège, le viaduc sous toutes ses faces, tandis que sa femme tremblait à la maison. L'exploit qu'il accomplit en ce dernier été avant la Grande Guerre fut peut-être moins dangereux mais tout aussi difficile, car il lui fallut porter son trépied à travers la foule, zigzaguant au milieu des chênes et des jeunes sapins, en dépit du soleil accablant. C'est grâce à lui qu'on peut aujourd'hui contempler M. Poincaré arpentant d'un pas noble le terre-plein de la mairie, coiffé d'un chapeau mou, alors qu'autour de lui la chaleur avait fait surgir des chapeaux de paille à ruban et des capelines qui donnaient à la rue de l'Épinette le visage de l'avenue du Bois, un dimanche de la Belle Époque. Le Dr Lacoste affirme qu'il a vu le couple présidentiel, ce même jour, dans les rues de Tulle, et il se souvient très bien de Mme Poincaré, assise dans sa décapotable, le visage protégé par un grand voile plein de poussière. Quant à Antoine Vialle, son zèle lui valut de devenir l'horloger attitré du Transcorrézien. Jusqu'à ce qu'il soit malheureusement écrasé en

1939 dans une rue de Lapleau, il eut à régler et à surveiller les pendules des gares. Il s'en acquitta à la perfection, beaucoup mieux en tout cas que son collègue de la ligne d'Uzerche. Celui-ci avait trouvé un moyen astucieux de gommer le retard des convois puisque, au dire de M. Georges Barial, instituteur honoraire à Donzenac, le train parti d'Uzerche à une heure moins dix arrivait à la station suivante d'Espartignac à une heure moins le quart. Lors de l'inauguration du Transcorrézien, confortablement installé sur une banquette spécialement rembourrée, M. Poincaré ne se doutait pas qu'on verrait bientôt, dans le département, la première machine à remonter le temps.

Mais, attention : une inauguration peut en cacher une autre. Au cours de l'hiver 1913, on avait déjà procédé à la reconnaissance des portions de voie situées des deux côtés du viaduc : Neuvic-Soursac d'une part, Saint-Bonnet-Avalouze-Lapleau d'autre part.

La Croix de la Corrèze, toujours à la pointe de l'information, se fit un devoir de raconter, le 23 janvier, ce qui s'était passé « l'autre semaine » :

> Le train officiel, parti de Saint-Bonnet, arriva sans encombre à Lapleau ; mais, si tout fut pour le mieux à l'aller, il n'en fut pas de même au retour puisque, dans les environs de Lapleau, le fourgon sortit des rails et se renversa à demi. Il n'y eut pas de blessés, mais avouez qu'un train qui déraille le jour même de son inauguration n'est pas fait pour inspirer confiance aux voyageurs. Avant d'accabler ce pauvre tramway, laissons-le agir.

Le journaliste ne pouvait prévoir que, pendant cinquante ans, les déraillements du « pauvre tramway » constitueraient un des charmes quasi quotidiens de son existence. On mesure l'audace de ses techniciens et l'assurance de son personnel qui n'hésitèrent pas à embarquer un chef d'État et sa suite vers l'inconnu. Heureusement, le vaillant petit train sut se tenir. Ventru, poussif, avec un nombril en forme de volant, mais rutilant de cuivre et d'acier, il engouffra tout son monde dans de mystérieux tunnels au sortir desquels la barbiche de M. Poincaré était aussi propre qu'une balayette neuve. Sifflet d'un côté, applaudissements de l'autre. C'était un tramway nommé désir.

3.

La décision de construire le Transcorrézien répondait à une nécessité économique et sociale des plus évidentes. Les industriels et les financiers s'étaient surtout intéressés aux grands itinéraires, puis accessoirement aux petits où avait régné, jusqu'au plan Freycinet de 1878, une aimable anarchie.

Dès le milieu du XXe siècle, il avait été question d'un « Grand Central », nom prestigieux qui évoquait le gigantisme américain, pour aménager des liaisons ferroviaires dans le massif du même nom. Le projet fut définitivement enterré en 1857 et ses dépouilles partagées entre les compagnies P.O. (Paris-Orléans) et P.L.M. (Paris-Lyon Méditerranée), si bien qu'il s'en fallut de peu que les lignes Paris-Toulouse et Bordeaux-Lyon ignorassent Brive.

En 1900, la plupart des grandes et moyennes villes étant desservies, il fallut bien songer aux besoins des populations locales, qui non seulement éprouvaient la légitime curiosité de voir ce qui se passait ailleurs, mais surtout devaient procéder à des échanges de produits, bestiaux, fromages, foin, bois, et à l'expédition de récoltes excédentaires. La dernière ligne à voie normale construite dans le département étant celle de Limoges à Brive par Uzerche, ouverte en 1893, il est facile de constater, au vu d'une carte, les énormes lacunes qui subsistaient dans le domaine des communications ferroviaires, à une époque où il n'y avait d'autre alternative au train que la charrette à âne.

Comme il n'était pas question que les grands réseaux à voie normale (1,44 m) prennent en charge la totalité des petites liaisons d'intérêt local, c'est le département qui devait supporter les frais, assisté de subventions de l'État, et quitte à combler les déficits prévisibles. D'où certains principes d'économie - au sens banal du terme - qui pèseraient, par la suite, plus lourd qu'on n'aurait cru.

Dès 1903, la Corrèze était dotée d'un réseau dit « secondaire », à l'écartement d'un mètre, et rattaché au réseau Paris-Orléans. Ces voies reliaient Uzerche à Treignac et à Tulle puis à Argentat, avec extension prévue jusqu'à Bugeat et Salers, ce qui aurait alors réalisé une sorte de Transcorrézien nord-sud. La guerre de 14-18 ruina les ambitions du P.O.C. (Paris-Orléans en Corrèze) et c'est à la Compagnie des Tramways de la Corrèze (T.C.) qu'il appartint de relever le gant.

Le vrai Transcorrézien, qui reliait Tulle à Ussel, fut loin de bénéficier des mêmes avantages financiers et matériels que le P.O.C. Pour s'en convaincre, il n'était que de comparer les voies des deux trains qui, à Saint-Bonnet-Avalouze, se suivaient sur quelques centaines de mètres. Certes, l'écartement était le même, mais le P.O.C. qui filait sur Argentat possédait des rails solides faits pour

A bord d'un Marchandises-Voyageurs Le Mortier-Tulle.
Près de Saint-Bonnet-Avalouze, le long de la ligne P.O.C. Tulle-Argentat, tenue en bon état par la S.N.C.F., celle - aux fines herbes, cuite à point - du Transcorrézien, chichement entretenue par les T.C.
Photo André Lepage - août 1959

supporter des machines de 45 tonnes, au lieu que ceux du T.C. qui prenait le chemin d'Ussel, *via* Lapleau, ressemblaient à de misérables rubans plats à ras du sol, jugés suffisants pour supporter une locomotive Piguet de 17 tonnes, que sa légèreté et les caprices de ses évolutions avaient fait surnommer la Libellule. On ne s'étonnera pas, dans ces conditions, qu'elle ait si souvent quitté les rails, ni que ses wagons aient été soumis à un tangage excessif.

- On avait le mal de mer, dit André Lagarde. Rares étaient les femmes qui ne vomissaient pas entre Neuvic et Tulle.

Comme il n'y avait pas de toilettes, les voyageurs se rendaient sur les plates-formes situées aux deux extrémités du wagon pour soulager leur estomac. Lorsqu'il s'agissait d'un autre besoin pressant, on voyait à tour de rôle, toujours selon André Lagarde, et par n'importe quel temps, s'accroupir des femmes qui s'agrippaient d'une main à la rambarde et de l'autre tenaient leurs jupes relevées, tandis que les hommes, debout face au paysage, essayaient de chercher la bonne direction du vent.

Gare de Clergoux.
Train spécial F.A.C.S. à l'arrêt. Retour d'une miction secrète.
Cliché Jacques Forget - 3 mai 1959

De Tulle à Saint-Bonnet-Avalouze, et vice versa, le Transcorrézien empruntait donc la ligne du P.O.C. et rien ne l'aurait empêché de pousser jusqu'à Brive, comme il le fut envisagé. Son surnom n'en aurait été que plus significatif. Quelle gloire eût été alors la sienne de relier directement Ussel à Tulle-la-Paillarde et à Brive-la-Gaillarde, appellations qui remontent, paraît-il, aux guerres de Religion, mais dont seule la dernière a franchi officiellement les siècles, sans doute parce qu'elle dérive des fortifications qui entouraient la ville, ou fait allusion à son courage. Peut-être, alors, se serait effacée la sourde rivalité qui se perpétue entre la capitale du Bas-Limousin (50 000 habitants) et le chef-lieu (25 000 habitants) et qui faisait dire lyriquement, au cours d'un meeting, à un candidat député qui se voulait conciliateur :

- Brive, c'est le New York de la Corrèze et Tulle, c'est son Washington !

Le projet complet Tulle-Ussel ne sortit qu'en 1903 des bureaux de MM. Laurent, Pacaud, Planche, Pradel et Payard, associés en nom collectif (L. P. P. P. P.) et futurs fondateurs des Tramways de la Corrèze. Ce terme de « tramway » peut, appliqué à un train, surprendre ceux qui, comme moi, l'ont toujours réservé aux véhicules électriques, surmontés d'un trolley et conduits par un wattman, qui parcouraient les villes et leur banlieue. Mais si le mot s'applique exclusivement aux transports urbains et interurbains sur rail, il est parfaitement valable dans le cas du T.C., puisque ce dernier n'hésitait pas à pénétrer dans les villes et les villages et à s'arrêter partout comme un omnibus.

Ce projet faisait suite à un vote du conseil général où le docteur Hippolyte Rouby joua un rôle déterminant, assisté du sénateur Dellestable, conseiller général de Neuvic. Au cours des premiers scrutins, il y eut autant de suffrages pour que de suffrages contre. C'est alors que, dans les couloirs, Hippolyte Rouby avisa un de ses amis, le Dr Faige, conseiller de Meyssac, chef-lieu de canton au sud de Brive, en s'étonnant qu'il ne l'ait pas appuyé.

- Mon devoir est de défendre les intérêts de ma région, répondit noblement le conseiller.

Sans doute craignait-il que ce qui était attribué d'un côté soit retiré de l'autre. Hippolyte Rouby ne s'embarrassa pas de suppositions.

- Écoute, dit-il, si tu me donnes ton vote, j'en ferai autant pour toi lorsque tu sortiras ton projet de train de Brive à Meyssac.

C'est ainsi que le Transcorrézien l'emporta à une voix de majorité. D'autres lignes furent envisagées et même acceptées par le conseil général, mais les seules qui furent construites par les Tramways corréziens, outre Tulle-Ussel, relièrent La Rivière-de-Mansac à Juillac, et Aubazine à Beaulieu *via* Beynat, avec, chose promise chose due, un embranchement vers Turenne, *via*... Meyssac.

Lorsque M. Poincaré inaugura le Transcorrézien, c'était donc bien à un désenclavement de la Corrèze que l'on assistait, car ces petits trains permettaient à des dizaines et des dizaines de villages isolés depuis Vercingétorix d'être reliés aux lignes des grands réseaux, lesquels devaient être réunis plus tard dans le seul faisceau de la S.N.C.F. sous le patronage d'Henri Queuille, alors ministre des Travaux publics (1938). Pour tous ceux qui ont vécu et vivent encore sur le parcours du T.C., le voyage de M. Poincaré n'est pas loin d'être considéré comme l'événement du siècle et son portrait officiel est toujours suspendu dans le salon d'honneur de la mairie de Lapleau, où lui fait pendant celui de M. Giscard d'Estaing, après tant d'autres qui ont été accrochés et décrochés. Les présidents passent, M. Poincaré reste.

Du haut de sa position élevée, le visage jauni de Poincaré a vu défiler depuis soixante-sept ans un grand nombre de personnalités nationales et locales. Quelquefois, elles n'ont pas dédaigné d'emprunter le tacot, tel ce préfet de Tulle qui, entre les deux guerres, débarqua à Lapleau et, comme il était de règle sous la Troisième, se mit en devoir d'aller serrer la main du chauffeur de la Libellule. Ce jour-là, il s'agissait d'Étienne Luc, surnommé Tienne, qui, après s'être rapidement essuyé avec un chiffon aussi noir que sa machine, mit respectueusement sa grosse patte dans la paume soignée du haut fonctionnaire. Et ce fut pour s'entendre dire :

- Je vous félicite, vous êtes un as.

- Pas plus *ase* que vous, monsieur le Préfet ! répondit Tienne du tac au tac.

En patois, *ase* signifie âne. Et Tienne n'acceptait d'insolence de personne, si haut placé fût-il.

Mais, si l'on était correct avec lui, il savait montrer sa satisfaction.

Un jour, il se blessa avec sa hache en fendant du bois et fut soigné avec dévouement par une religieuse. Guéri, il l'aperçut dans les rues de Tulle et se mit à galoper après sa cornette car, effarouchée, elle pressait le pas.

- Ma sœur, cria-t-il, vous ne me reconnaissez pas ? Je suis Tienne Luc qui s'est fichu un coup de *cougnassou* dans la jambe !

Il la vit disparaître sous un porche et ne put que murmurer entre ses dents : « *Miladiou !* »

4.

Si Henri Queuille est aujourd'hui deux fois statufié à Neuvic, Hippolyte Rouby a son château à Lapleau, délicieuse et archaïque demeure du XVIIe siècle, récemment restaurée, flanquée de deux tours carrées. Elle avait été acquise par le père du sénateur, en 1866, et a échu finalement à son arrière-petit-fils, Alex Desgrez, propriétaire actuel.

Ces rencontres de noms ne sont pas rares en Corrèze où l'on trouve d'innombrables villages portant des patronymes et vice versa : Chirac, Madrange, Boutouyrie, Fage, Pouget, Vieillemaringe, Laborie, Lacoste, etc.

Il ne faut donc pas s'étonner que le Transcorrézien ait rapidement suivi la même coutume en devenant pour les uns « le train Rouby » et pour les autres « le train Queuille », par reconnaissance pour l'énergie avec laquelle ces deux hommes imposèrent et défendirent le tacot. Leur propre longévité politique les y aida puissamment. Le Dr Rouby, pour sa part, a battu le record de durée de la magistrature municipale lapleaucaise en restant maire trente-trois ans jusqu'en 1921, année de sa mort. Son fils Élie (Titi), qui avait eu les deux jambes coupées pendant la dernière guerre, en sautant sur une mine à Royan, prit sa suite jusqu'en 1945 et devint, lui aussi, président du conseil général jusqu'à sa mort, en 1970, année où disparut aussi M. Queuille, âgé de quatre-vingt-six ans. Si l'on songe que le propre père d'Hippolyte Rouby, Jean-Élie, qui venait en tête des contribuables les plus imposés de Lapleau, fut également maire, le grand-père, le père et le fils occupèrent à eux trois pendant soixante-deux ans la mairie !

La tripe républicaine de M. Poincaré a dû se réjouir de savoir que l'étymologie de Lapleau pourrait bien être *plebs*, soit en français plèbe, et par extension « assemblée du peuple », ce qui ferait supposer que ce village a été un lieu de rassemblement à l'époque gallo-romaine. Il est vrai que des spécialistes non moins distingués pensent, tout simplement, que Lapleau dérive du latin *pluvia*, en français pluie, ce qui justifierait le fait que Lapleau se soit appelé, au cours des siècles, Lapleu ou mieux encore La Pluye. Naturellement, son syndicat d'initiative se hâte d'ajouter qu'il ne pleut pas plus à Lapleau qu'ailleurs, bien que l'aspect de la région, avec « ses taillis, ses frondaisons épaisses, ses forêts, ses petites parcelles de champs et de prés, closes par des haies vives, plantées d'arbres d'essences diverses, où dominent le chêne, le hêtre, le charme, le bouleau et, autrefois, le châtaignier, ses landes couvertes de bruyère rose en été d'où émergent maintenant, en de nombreux endroits, des plantations de pins », lui ait mérité plus qu'ailleurs le nom de « pays vert ». La partie de la Corrèze où circulait le Transcorrézien appartient aux contreforts du Massif central et son relief comme ses cultures la rendent très différente du sud du département où Brive est déjà le « riant portail du Midi ».

C'est pourquoi le tacot, appelé aussi « tacot de Lapleau », était considéré comme un petit train de montagne, avec locomotive appropriée, moins apte aux performances qu'aux grimpées. Du même coup, son tracé se révéla particulièrement ardu. A tel point que lorsque parut, le 24 avril 1908, le décret d'utilité publique, signé par le président de la République Armand Fallières et le ministre des Travaux publics Louis Barthou, l'itinéraire n'était pas complètement fixé, notamment entre Lapleau et Soursac. Il ne le sera, dans sa première forme, qu'en novembre suivant, après « trois mois d'études difficiles et dangereuses par MM. Jubin, ingénieur, et Godin ».

Des études difficiles, cela se conçoit. Mais dangereuses ? Ou bien MM. Jubin et Godin risquèrent leur vie en reconnaissance dans les hauts plateaux, ou bien ils eurent à faire front aux menaces et aux récriminations.

Il n'était pas facile, en effet, de concilier les intérêts généraux et particuliers que la perspective du train portait à ébullition. Une légende tenace fait même état d'une mystérieuse « histoire de femme » : si Espagnac a été choisi comme station plutôt que Saint-Paul, distant de 1,500 km, c'est parce que l'ingénieur en chef était tombé amoureux d'une certaine Rosalie, demeurant à Espagnac, et pour les beaux yeux de laquelle un détour se justifiait amplement. De là une petite hostilité persistante entre les deux villages, qui feignent parfois de s'ignorer comme si un désert les séparait.

Selon d'autres, c'est « la maîtresse de l'ingénieur en chef » qui n'a pas voulu que le train passe devant chez elle. Sinon, il aurait dû monter par l'abattoir de Josse et se rendre à Bajolles, où se trouve une source miraculeuse. Mais alors, plus question d'Espagnac ni de Saint-Paul où se trouve d'ailleurs une autre source miraculeuse... En tout cas, le Transcorrézien, dès le départ, rivalisait d'emblée, pour ce qui est de l'aventure et du romanesque, avec ses grands devanciers, Orient-Express ou Malabar-Express, et il est bien normal qu'il ait voulu avoir sa propre version de *La Madone des sleepings.*

En ce qui concerne les municipalités, il tombait malheureusement souvent au niveau de Clochemerle. L'effervescence des édiles avait quelque chose de proprement sidérant. Un premier projet consistait à faire pénétrer le train dans Tulle, et donc à prolonger son parcours de deux kilomètres, de la gare à la préfecture ; le second, à lui faire sillonner les faubourgs, de Tulle à Laguenne ; le troisième, à le faire circuler sur la R.N. 120, etc. Le conseil municipal vota, en 1909, en faveur du premier projet, tandis que le conseil général en tint pour le second, avant de se rallier finalement aux deux.

La société L.P.P.P.P. remit tout en question, en refusant de prendre en charge la pénétration dans Tulle, à moins que la ville n'en construisît la voie et n'accordât une subvention annuelle de 3 000 F par kilomètre, destinée à couvrir les insuffisances d'exploitation. Du coup, l'enthousiasme des conseillers municipaux, dont les séances consacrées au tramway ne sont pas loin de rappeler les grands moments de la Convention, subit les affres de la douche écossaise. Ceux qui envisageaient avec audace une dépense de 60 000 francs-or, s'affolent à l'idée que le voyageur paiera sa place 30 centimes alors qu'elle n'en coûte que 15 dans l'omnibus.

Le conseil général abandonne les deux premiers projets et se tourne vers le troisième, qui prévoit une voie indépendante de Tulle à La Brange, mais les Ponts et Chaussées désapprouvent. Il en restera cependant l'idée d'une double voie de Saint-Bonnet à La Brange et d'un arrêt à Bussière, entre Laguenne et Saint-Bonnet.

A l'autre extrémité de la ligne, les difficultés ne sont ni moins grandes ni moins cocasses. La société concessionnaire L.P.P.P.P. n'arrive pas à bout des expropriations devant permettre la déviation qui évitera en grande partie la traversée d'Ussel. Le maire, M. de Lachaze de Saint-Germain, est un des propriétaires les plus récalcitrants et un plaideur des mieux avisés, puisqu'il est avocat. La fronde qu'il dirige, avec l'autorité que lui confèrent ses fonctions, ne vise à rien de moins qu'à obtenir, pour les terrains concernés, des indemnités supérieures à celles qui sont accordées pour la ligne entière ! Du coup, il est envisagé de poursuivre le tracé sur l'avenue de la Gare et la R.N. 89 qui traverse la Sarsonne par le pont routier, quitte à repousser la déviation. Mais une décision ministérielle interdit cette modification en décembre 1910.

C'est d'autant plus ennuyeux que la subvention annuelle de l'État ne peut être versée au département qu'après l'achèvement de la ligne, et le retard se répercute sur les paiements à la société concessionnaire et sur ceux qu'elle doit faire elle-même aux fournisseurs.

On décide alors de reprendre les démarches auprès du clan inflexible des propriétaires, groupés en carré de la Vieille Garde autour de leur maire. Comme il n'en sort rien, et que la perspective de commencer les travaux à la Saint-Glinglin apparaît très probable, on prévoit d'installer temporairement la voie sur la R.N. 89. L'ire du maire, dépossédé d'une bonne partie de ses moyens de pression, atteint des proportions inquiétantes. Il ne voit d'autre riposte que de demander au conseil municipal de voter une protestation unanime auprès du ministre. Ce fut là son erreur, car les conseillers, qui n'avaient pas les mêmes raisons que lui d'être intraitables, refusèrent de le suivre. Il ne resta plus à M. de Lachaze de Saint-Germain qu'à donner sa démission, le 16 février 1911.

Cet important obstacle levé, il fallait néanmoins poursuivre la laborieuse procédure d'expropriation, si bien qu'au printemps de la même année, le préfet autorisa l'occupation provisoire de la R.N. 89, qui obligeait à un rebroussement du futur train grâce à une plaque tournante. Cette sujétion dura jusqu'en 1931, date à laquelle furent enfin terminés les travaux. En attendant, le tacot grimpait bravement l'avenue Carnot, une des plus importantes et des plus encombrées de la ville !

Les exigences des propriétaires touchés par le passage de la ligne étaient incroyables : c'est le terme employé par Claude Michelet dans son livre *Des grives aux loups* où, à la faveur de l'histoire d'une famille, il évoque les drames qui entourèrent la naissance des petits trains. Claude, né en 1938, est le septième enfant du regretté Edmond Michelet, ancien ministre. Il a repris, en 1960, à Marcillac, près de Brive, avec sa femme Bernadette, la ferme paternelle qui est dans la famille depuis un siècle. Il a lui-même cinq enfants, âgés de cinq à dix-sept ans. Étant scout, il a eu l'occasion de prendre le Transcorrézien pour aller à Neuvic, mais il empruntait le plus souvent le train de La Rivière-de-Mansac à Juillac. Ce modeste tronçon de 28 km appartenait, on le sait, aux Tramways de la Corrèze et les problèmes qui se posaient à son sujet étaient fondamentalement identiques à ceux des deux autres lignes.

Un des principaux personnages du livre, Jean-Édouard Vialhe, notable municipal et gros cultivateur de la région, est « un des plus chauds partisans du projet ». Il a compris que, grâce au chemin de fer, il serait possible de livrer à destination des fruits et des primeurs qu'il fallait se contenter, pour le moment, de vendre au marché de gros d'Objat. De plus, on pourrait se rendre à Brive ou à Tulle dans un délai bien plus court. Mais il ne se fait pas beaucoup d'illusions : la politique est derrière tout cela.

De fait, le député du cru se fait le défenseur du projet et la fièvre gagne le bourg. A Jean-Édouard échoit la « délicate mission » non seulement de convaincre les opposants, mais aussi de ramener à des proportions raisonnables les prétentions des propriétaires, ce qui lui attire plus de réprobation que de sympathie. Il y a des « anti-train » qui, sournoisement endoctrinés par le curé, prédisent que son arrivée, et d'abord les ouvriers du chantier, pervertiront la commune. Il y a surtout les propriétaires qui mènent une dure bataille de gros sous et ont réussi à mettre tout le pays de leur côté en faisant valoir qu'ils se liguaient pour le salut public et que, s'ils échouaient, aucun bien ne serait à l'abri des convoitises des compagnies privées. Argument de poids pour des paysans viscéralement attachés au moindre pouce de leurs terres !

En un premier temps - nous sommes en 1906 - la Compagnie dépêche un de ses ingénieurs afin d'obtenir les autorisations. Il ne récolte pas une seule signature ! Faut-il entamer une procédure d'expropriation ? Son issue est incertaine et elle risque de se prolonger des années durant, de procès en procès, à la grande satisfaction des chicaneurs. Pour comble de malchance, le Midi viticole est en ébullition et les autorités ne tiennent pas à mécontenter les Corréziens et à les pousser à imiter les Méridionaux. Pour éviter ce danger, la Compagnie décide, dans un second temps, de jeter au panier le tracé initial qui avait le mérite d'être le plus court et le plus logique, mais l'inconvénient de heurter le bloc des propriétaires et, d'accord avec les Ponts et Chaussées, d'en proposer un autre qui suive tout simplement la route. Le kilométrage sera plus long et nécessitera des méandres grotesques, mais l'opération sera quand même moins onéreuse que des dédommagements au prix fort.

Reste une difficulté : comme il est nécessaire d'élargir la route, on devra empiéter de quelques mètres sur les domaines des riverains. Cette fois, ils ne peuvent guère exciper du sacro-saint droit de propriété, ni crier au morcellement, puisque la route existe déjà, mais il n'est quand même pas facile de leur faire céder les quelques mètres carrés indispensables à la pose des rails.

Accompagné d'un ingénieur et d'un aide-géomètre, Jean-Édouard se lance de nouveau à la conquête des autorisations. « Ici, c'est l'opposition d'un mauvais coucheur refusant de laisser couper deux chênes rabougris ou trois châtaigniers creux. Là, l'indignation d'un agriculteur à qui on devait rogner 1,50 m de prairie. Ailleurs, les hurlements d'un artisan à qui on prenait un bout de jardinet ou un demi-rang de vigne. »

Souvent, la pose de jalons nécessite de nouveaux palabres ; il faut aplanir les points litigieux. Mais même le père Treilhard, ce vieux grigou, finit par signer, au bout de six mois, après avoir essayé de faire croire qu'on allait lui couper sa source, alors que le filon arrive par l'autre côté. Et, naturellement, on soupçonne Jean-Édouard d'avoir touché une fortune pour les quelques arpents qu'il a dû céder, lui aussi !

Rien de tout cela n'est arrangé par le romancier. Claude Michelet a puisé sa documentation dans les archives de son grand-père, qui était médecin. Et l'on devine, par l'exemple de Tulle et d'Ussel, quelle véritable révolution va apporter en Corrèze l'apparition, à travers les champs et les collines, du vaillant tortillard. Quelle émotion, quelle fierté aussi, lorsque bientôt, c'est-à-dire dans six ou sept ans, on verra s'avancer au bord des rivières à truites ou au milieu d'un bourg la carcasse sombre de la machine surmontée d'un panache blanc ! Dans les côtes, ce panache augmentait de volume par jets saccadés et puissants au fur et à mesure que la Libellule semblait arracher ses wagons à l'attraction terrestre.

Saint-Mandé (Val-de-Marne). Musée des Transports Urbains, Interurbains et Ruraux - 1977.
Train antédiluvien, le Transcorrézien eut toujours « un air à musée ».

Il ne reste aujourd'hui qu'un seul exemplaire des dix-huit locomotives fournies aux Tramways de la Corrèze par la maison Piguet de Lyon. Elle porte le numéro 4 et, ayant échappé à la destruction, elle se trouve au musée des Transports urbains, interurbains et ruraux créé par l'association du même nom (A.M.T.U.I.R.), 60, avenue Sainte-Marie, à Saint-Mandé, non loin du zoo de Vincennes. On ne dirait pas qu'elle a accompli vingt ans de bons et loyaux services. Repeinte et astiquée, elle se tient crânement sur ses rails, comme si elle allait rempiler ou, mieux, comme si elle sortait des ateliers. Certes, elle n'a rien d'une Pacific ou d'une Clun Castle, mais, telle quelle, elle était parfaitement adaptée à sa fonction. Un écriteau est placé devant elle :

Tramways à vapeur de la Corrèze
Locomotive-tender type 030
Construite par Piguet
Poids : 18 tonnes
(Réformée en décembre 1959)

Ce qui frappe d'abord, c'est l'allure râblée de cette machine longue de sept mètres, car deux caisses à eau de forte carrure enserrent son cylindre, jusqu'au foyer et à la cabine du chauffeur et du mécanicien, l'abri. C'est une solide carcasse, bardée de rivets et peinte en vert pistache. Selon Claude Wagner, fondateur de la F.A.C.S. (Fédération des Amis des Chemins de fer secondaires), sa vraie couleur était un peu plus foncée, c'est-à-dire « vert grenouille » et, au fil des trajets et des mois, elle finissait par ressembler au noir. Mais n'étaient véritablement noirs à l'origine que la cheminée, le ventre rond du corps cylindrique à l'avant, les deux dômes placés dans l'alignement de la cheminée dont le premier, le dôme vapeur, contenait les soupapes de sécurité et le second, une sablière destinée à venir en aide aux roues défaillantes ; la caisse à outils, la prise d'eau, le toit de la cabine et, bien entendu, les roues et les bielles.

Ce qui surprend aussi le profane, c'est le nombre incroyable d'instruments et d'accessoires qui servaient de parure à la Libellule. Le ventre rebondi, soigneusement cerclé comme un bouclier, est flanqué, sur son côté droit, de deux solides barres à rivets et, au centre, d'un gracieux volant de cuivre qui n'est autre qu'une vanne. Grâce à elle, le bouclier s'ouvrait sur la boîte à fumée et l'on pouvait apercevoir à l'intérieur les tubes qui traversaient le corps cylindrique jusqu'à la boîte à feu. Tout cet ensemble constituait la chaudière dont je ne résiste pas à donner, pour les

A propos de la disparition du Transcorrézien.
Un poète, Martial Marthon, écrivit : il ira rejoindre « à la ferraille » le char égyptien, le chariot des Rois fainéants, les carrosses des Bourbons, la « petite diligence », l'omnibus à impériale, le Taxi de la Marne, carrioles et chars à bancs !...
Prosaïquement !
Où sont passés ces légendaires « canassons de fer » ? A l'équarrissage...
Henni ni, c'est fini.
Photo André Lepage

admirateurs de Denis Papin, une succincte définition, empruntée d'ailleurs au livre de G. Dubos, ingénieur à la Compagnie d'Orléans, *Le Monteur-Mécanicien des chemins de fer* :

> La chaudière est l'appareil producteur de vapeur. Elle comprend un vaste cylindre d'acier rempli d'eau *(corps cylindrique)* disposé dans le sens de la longueur de la machine et muni à l'arrière d'un foyer dans lequel brûle le charbon. Les gaz de la combustion traversent la masse d'eau du corps cylindrique dans des *tubes à fumée* et s'échappent ensuite dans l'atmosphère par une *cheminée* placée à l'avant. Sous l'action du feu, l'eau se transforme en vapeur qui s'accumule dans la partie supérieure de la chaudière et acquiert ainsi une *force d'expansion* appelée *pression* qui est utilisée dans les organes moteurs.

De chaque côté du ventre, donc de la porte de la boîte à fumée, se trouve une barre de cuivre qui permettait sans doute aux ouvriers de s'agripper pour monter sur le dessus des caisses à eau. D'ailleurs, on aperçoit des marchepieds qui pendent à l'avant des roues sous un large bandeau proéminent, appelé *traverse de tamponnement*, peint en rouge, comme il est de règle sur presque tous les grands express internationaux, avec un énorme tampon noir en son centre. Sous cette espèce de pare-chocs, pend une quincaillerie de ressorts à boudin, de tenailles, de chaînes terminées par deux crochets en forme de pinces de crabe, tout cela donnant à rêver sur la multiplicité des opérations de traction et de mécanique, surtout si l'on y ajoute un mystérieux petit robinet qui se situe à l'avant, sur le côté gauche, destiné peut-être à la vidange de la caisse à eau, à condition qu'elle durât des heures.

La Piguet 030, n° 4, est d'autant mieux prête pour le départ qu'on a placé, dans la cabine, une pelle et quelques briquettes de houille dont je n'ai pu déterminer s'il s'agissait de ce charbon flambant d'Albi dont la Libellule faisait sa nourriture coutumière. C'est un jeu d'enfant que de sauter dans la cabine et de s'imaginer quittant l'immense verrière pour rejoindre les vallées encaissées de Saint-Hilaire-Luc. On regarde par la lucarne, on se penche hors de la plate-forme, et il n'y a plus qu'à actionner le sifflet !

La cheminée domine la situation du haut de son cou de girafe auquel est accrochée une lampe ronde, surmontée d'un tube jaune. La tête est munie d'un *capuchon*, en réalité une plaque pivotante utilisée pour diminuer le tirage pendant les longs stationnements. Au musée de Saint-Mandé, le capuchon est baissé et on a préféré coiffer la cheminée d'un gracieux chapeau tronconique fait de résille métallique, ouvragé comme une broderie à son bord supérieur. Ce chapeau, ou panier, était en principe obligatoire pendant la marche et avait pour fonction d'empêcher les escarbilles de s'élever dans les airs et d'allumer des incendies. Seulement, il n'empêchait pas toujours les escarbilles de passer à travers.

Les débuts d'incendie furent donc extrêmement fréquents sur le trajet du Transcorrézien. Anna Fraysse, née Espinasse, se souvient de la mère Metou, une brave femme du village : « Elle partait de chez elle avec sa quenouille, un peu avant le passage du train, et attendait au bord de la pépinière du Loudeix afin d'éteindre les braises qui tombaient du foyer de la locomotive et auraient pu mettre le feu au bois de sapins. En dédommagement, elle avait droit au bois mort pour se chauffer. »

5.

Au musée des Transports, on a pensé, avec juste raison, que la Libellule s'ennuierait si elle restait seule. Aussi lui a-t-on attelé deux wagons, ou, pour parler en termes plus exacts, une voiture-voyageurs et un wagon-marchandises. Du second, il n'y a pratiquement rien à dire, sinon qu'il est moins large mais ressemble à tous les fourgons.

Lorsque l'AMTUIR présenta sa demande d'acquisition, « à des conditions de faveur », aux Ponts et Chaussées de la Corrèze, il n'était pas question du fourgon. La séance du conseil général du 9 décembre 1959 fait seulement état d'une locomotive et d'un « wagon à voyageurs » du T.C. La locomotive avait été estimée à 270 000 F anciens (15 F le kilo) et le wagon à 53 000 F. L'abattement consenti ramenait le prix à 263 000 F pour la première, mais faisait curieusement monter celui du second à 55 000 F ! Puis, tenant compte de ce que le musée ne devait pas « être très riche », on décida « d'offrir » les deux véhicules pour la somme de 270 000 F. Enfin, le département accepta de donner gratuitement le wagon, qui était plus exactement la voiture-voyageurs n° 52.

Naturellement, j'ai grimpé dans ce merveilleux châssis à deux essieux, mais surtout à deux « plates-formes extrêmes », ce qui en fait tout le charme. Ce wagon de bois de 6 tonnes, au plancher formé de lattes, comporte une banquette à claire-voie sur toute sa longueur qu'un espace sépare d'une rangée de sièges également en bois et à claire-voie, de deux places chacun et se faisant vis-à-vis. J'ai appris que ces sièges étaient amovibles et que la voiture était par conséquent « transformable en fourgon ». Je ne savais pas qu'un fourgon pouvait comporter autant de fenêtres.

On ne peut pas dire que cet attelage évoque la perspective d'une vitesse fracassante. La Piguet donne plutôt une impression de force et de tranquillité, celle d'une machine pépère qui va son petit bonhomme de chemin. Et de fait, lorsqu'on se penche sur ses performances, on constate qu'entre Ussel et Tulle, elle atteignait

Saint-Bonnet-Avalouze - Septembre 1951.
Image de western : « Awaka Oumeke » qui signifie en indien des vallées « Homme rêveur sur force tranquille ».
Photo François Collardeau

14 kilomètres à l'heure mais que cette moyenne tombait à 12 kilomètres dans le sens Tulle-Ussel. Encore s'agit-il d'estimations optimistes, car dans la réalité, le tacot rencontrait de multiples incidents de parcours qui l'obligeaient à des retards pouvant aller jusqu'à deux ou trois heures.

Le matériel fixe et roulant devait être de fabrication française et entrait en compte dans la contruction, c'est-à-dire qu'il était payé par le département et devait faire retour gratuitement à ce dernier en fin de concession. Celle-ci avait été accordée en 1908. Selon le numéro 67 de *Chemins de Fer secondaires*, organe de la F.A.C.S., auquel sont dus tous ces renseignements techniques et administratifs, la Compagnie des Tramways corréziens, qui ne fut régulièrement constituée qu'à la fin de 1910, n'était tenue à fournir que le quart des constructions. De plus, l'État s'engageait à équilibrer une part de l'excédent des dépenses d'exploitation jusqu'à concurrence de 87 123 F par an. Pour l'ensemble des trois lignes, le département lança, en 1909, un emprunt de 6 500 000 F, remboursable en soixante-deux ans. On prévoyait grand, puisque, soixante-deux ans après, il y avait belle lurette que les Tramways n'existaient plus.

Sans vouloir abuser des considérations techniques, donnons tout de même pour les connaisseurs un minimum d'indications, tirées du numéro cité de la F.A.C.S. :

> La Compagnie prenait à sa charge les dépassements qui pouvaient survenir sur les prix primitivement prévus : 2,35 F le m^3 de terrassement, un pont de 8 m d'ouverture, 8 000 F : la voie en rail de 20 kg, 20,50 F le mètre - gare constituée d'une salle d'attente, d'un bureau, d'un abri couvert avec halle à marchandises, 5 000 F, petit modèle, 4 000 F - remise pour

Gare de Clergoux, début mai 1940.
De dos, vieille dame assise très digne qui, sous le regard des curieux, inaugurait les banquettes up to date de la nouvelle salle d'attente... à ciel ouvert.
Document Madame Martinie

4 locomotives avec atelier complet et outillage, 44 500 F, soit sensiblement le même prix qu'une locomotive du type prévu, 42 000 F pour celle de 18,5 tonnes, et 39 000 F pour celle de 17 tonnes ; une voiture de 25 places, 7 000 F.
Le tarif des transports, très étudié, non seulement ne mélangeait pas les torchons et les serviettes, mais assurait une distinction très précise entre des matériaux tels que l'albâtre, la levure sèche ou les huîtres.
Gabarit du matériel roulant : 2,10 m, hauteur maximale : 3,50 m. L'ouverture des ouvrages d'art : 3,60 m sur 4 m de hauteur. Rayon minimal des courbes : 40 m, déclivités maximales : 50 m/m. Ces maxima et minima n'ont pratiquement pas été employés, le minimum des courbes se tenant à 50 m le plus souvent, et le maximum des rampes à 40 %. Hauteur de tamponnement : 0,80 m, cote de calage : 993 m/m.

Le souci d'économie, vraiment poussé à son extrême, avait limité les déviations, c'est-à-dire les parties de voie en plate-forme indépendante. D'où la longueur importante des voies courant sur les accotements des routes, sans compter celles qui franchiront carrément les villages pour couper au plus court, ce qui provoquera de nouveaux inconvénients et, comble d'impudence, servira plus tard d'argument à ceux qui réclameront la suppression du train : c'est parce qu'on avait trop économisé au départ qu'il revenait trop cher, puisqu'il devenait indispensable d'aménager quelques points noirs de son parcours !

Les rayons des courbes avaient été, selon le même principe d'économie, ramenés à leur plus simple expression : en dessous, parfois, de 40 mètres. Les déclivités atteignaient et même dépassaient 40 m/m par mètre. Or il suffit de savoir que les voies normales des express ne supportaient guère des rayons inférieurs à 500 mètres et des déclivités supérieures à 10 m/m par mètre, pour comprendre quelles peaux de bananes ou plutôt quelles écorces de châtaignes on semait en toute connaissance de cause sous les roues du futur tacot.

« Aberrant ! » C'est le mot que prononce M. Jean-Pierre Condat, ancien directeur du T.C. et du P.O.C. « Tout cela était fait en dépit du bon sens. »

LIGNE D'USSEL À TULLE
avec embranchement sur Laroche-Canillac

STATIONS		21	23	25	27	51
Ussel gare P.O.			5.47	9.10	17.30	09.05
Ussel-Thuel (Arrêt)			5.57	9.20	17.39	«
Ussel-ville			6.07	9.30	17.48	19.25
Pont-Tabourg (Arrêt)			6.19	9.43	18.00	19.35
Mestes			6.32	9.57	18.12	19.50
Chirac			6.44	10.10	18.24	20.02
Saint-Étienne-la-Genest			7.03	10.30	18.42	20.20
Sainte-Marie-Lapanouze			7.09	10.38	18.49	20.30
Liginiac			7.16	10.48	18.56	20.40
Serandon			7.31	11.08	19.11	20.55
Les Plaines (Arrêt)			7.40	11.17	19.20	21.05
Neuvic-gare	Arrivée		7.52	11.31	19.32	21.20
	Départ		8.02	11.51	19.40	Facultatif les jours de foire à Neuvic
Neuvic (Arrêt)			8.04	11.53	19.42	
La Siauve (Arrêt)			8.17	12.07	19.57	
Saint-Hilaire-Luc			8.28	12.18	20.09	
Saint-Pantaléon-Latronche			8.44	12.34	20.26	
Soursac			9.00	12.50	20.43	
Lapleau	Arrivée		9.45	13.35	21.30	
	Départ	4.25	9.55	13.50		
Saint-Hilaire-Foissac		4.45	10.15	14.10		
Lafage		5.09	10.38	14.33		
Marcillac-la-Croisille		5.28	10.57	14.52		
Clergoux		5.52	11.18	15.11		
Saint-Pardoux-la-Croisille		6.11	11.36	15.29		
Le Mortier-Gumond	Arrivée	6.20	11.45	15.37		
	Départ	6.25	11.56	15.45		
Espagnac		6.38	12.07	15.57		
Moulin-Douroux (Arrêt)		6.53	12.21	16.13		
St-Bonnet-Avalouze	Arrivée	7.04	12.32	16.24		
	Départ	7.07	12.35	16.28		
Tulle		7.35	13.00	16.55		
Laroche-Canillac		5.50	11.20	15.10		
Le Mortier-Gumond		6.10	11.40	15.30		

STATIONS		22	24	26	28	52
Tulle			6.25	10.50	18.00	Facultatif les jours de foire à Neuvic
St-Bonnet-Avalouze	Arrivée		6.53	11.15	18.27	
	Départ		7.05	11.20	18.32	
Moulin-Douroux (Arrêt)			7.15	11.30	18.56	
Espagnac			7.30	11.44	19.11	
Le Mortier-Gumond	Arrivée		7.42	11.55	19.20	
	Départ		7.50	12.10		
Saint-Pardoux-la-Croisille			7.58	12.21	19.29	
Clergoux			8.15	12.43	19.48	
Marcillac-la-Croisille			8.36	13.07	20.10	
Lafage			8.54	13.20	20.28	
Saint-Hilaire-Foissac			9.15	14.12	20.52	
Lapleau	Arrivée		9.35	14.32	21.10	
	Départ	4.10	10.10	14.45		
Soursac		4.55	10.55	15.30		
Saint-Pantaléon-Latronche		5.08	11.08	15.44		
Saint-Hilaire-Luc		5.24	11.24	16.01		
La Siauve (Arrêt)		5.35	11.35	16.12		
Neuvic (Arrêt)		5.47	11.47	16.26		
Neuvic-gare	Arrivée	5.50	11.50	16.30		
	Départ	6.05	12.10	16.45		15.00
Les Plaines (Arrêt)		6.17	12.22	16.45		15.00
Serandon		6.27	12.32	17.07		15.38
Liginiac		6.43	12.48	17.23		15.22
Sainte-Marie-Lapanouze		6.52	12.57	17.32		15.47
Saint-Étienne-la-Genest		7.02	13.05	17.41		16.00
Chirac		7.17	13.20	17.57		16.15
Mestes		7.27	13.30	18.13		16.25
Pont-Tabourg (Arrêt)		7.39	13.42	18.25		16.36
Ussel-ville		8.00	14.05	18.43		17.00
Ussel-Thuel (Arrêt)		8.05	14.10	18.48		«
Ussel gare P.O.		8.12	14.20	18.55		17.10
Laroche-Canillac		7.55	12.15	19.25		
Le Mortier-Gumond		8.10	12.30	19.40		

La voie métrique devait comporter des traverses en bois espacées de 88,5 cm. Le raccordement parabolique, qui permet une rectification du tracé en courbe pour varier continûment le rayon de courbure afin d'atténuer les effets de la force centrifuge, brillait par son absence.

L'armement de la voie se voulait d'une simplicité rudimentaire : rails à patin ou « vignole » pesant 20 kg par mètre et fixés sur la traverse et les éclisses, sans plus de précaution. On ne prévoyait aucune signalisation fixe, seulement des signaux mobiles, le téléphone dans chaque gare servant de relais. Ce système avait au moins le mérite sinon de favoriser la circulation, car avant de franchir les routes le train devait siffler éperdument, du moins de permettre une rare qualité de rapports humains, faits d'ententes réciproques et de services mutuels.

Sans même tenir compte des aspects humains, l'aménagement matériel, qui évoquait parfois le bricolage, permet de comprendre pourquoi, dès l'origine, le Transcorrézien parti de Tulle à 6 h 25 du matin arrivait à Ussel à 14 h 20, soit 8 h 05 de voyage pour 101 km, sans grill express, précisons-le. Il est vrai que pour couvrir l'embranchement de La Roche-Canillac au Mortier, soit 4,500 km, il ne lui fallait - théoriquement - que quinze minutes. Le tableau officiel des horaires en fait foi.

Lorsque, bien plus tard, en octobre 1924, apparut la première des automotrices, auxquelles succéderont des autorails (nuances de la terminologie administrative), prévues pour remplacer peu à peu les locomotives tirant les convois de voyageurs, on aurait pu raisonnablement espérer qu'il s'ensuivrait une amélioration du trafic. Or, fait étrange, les retards continuèrent.

Le plus remarquable de ces retards, enregistré à une époque où Neuvic était devenu un terminus de la ligne, ne fut pas dû à une avarie mécanique ni à un quelconque sinistre. Il m'a été raconté par Alexandre Fraysse, époux d'Anna Espinasse, dans les termes suivants :

- Un soir, le père Faucher, qui tenait la gare de Neuvic avec Fernand Paupard, avait vainement attendu l'autorail du soir. Il alla se coucher et se leva le lendemain à l'heure habituelle pour le départ du véhicule. A son grand étonnement, il entendit l'autorail qui comptait les joints et le brave agent se crut en retard. Plus il se rapprochait de la gare et plus il avait l'impression que la voiture venait vers lui. Enfin, il dut se rendre à l'évidence, l'autorail entrait en gare ! Les agents la *(sic)* tournèrent et elle reprit le départ aussitôt. Ce retard fut mis sur le compte d'une panne mais, à la suite d'in-

- Il arrive.

discrétions et de bavardages, on sut que nos trois gaillards, le chauffeur, le chef de train et le postier, avaient eu une bonne envie de se dégourdir les jambes en se rendant à un bal donné à l'occasion d'un mariage, non loin de la voie. Comme il n'y avait aucun voyageur ce soir-là, personne n'eut à souffrir de cette escapade.

Avouez qu'un train qui se permet de coucher toute une nuit en rase campagne, sans nuire au service ni inquiéter le chef de gare, mérite la palme de l'initiative française !

L'apparition de la première automotrice, une Saurer, causa une certaine émotion dont se fit écho *La Dépêche du Midi* dans son numéro du 16 octobre 1926 :

ESSAIS PRÉLIMINAIRES SUR LA LIGNE USSEL-TULLE

C'est un événement départemental du plus haut intérêt qui s'est produit lundi sur la ligne Ussel-Tulle des tramways

Vues à Neuvic-d'Ussel en 1925, deux automotrices Saurer dignes du « marché aux bus ! »
Collection Jaxques Maligne

départementaux : la Compagnie procédait à des essais préliminaires de l'automotrice, récemment acquise à Lyon par le conseil général et arrivée à Ussel, ainsi que nous l'avons déjà signalé, dans la journée du 6 octobre.
Dès lundi matin, M. Delbès et M. Péphard, du service de l'exploitation des Tramways, accompagnés d'un délégué de la maison Saurer, qui a livré l'automotrice, et de mécaniciens ont essayé la machine dans la traversée d'Ussel pour une dernière mise au point.
La population, vivement intéressée, assistait curieusement à cette expérience et ne ménageait pas sa satisfaction. Le programme de la journée, auquel nous avons été très aimablement priés d'assister, consistait en un voyage d'Ussel à Tulle qui constituait comme une avant-première de la séance d'épreuves et de réception définitive qui aura lieu prochainement à Tulle en présence du directeur de la Compagnie, de l'ingénieur de contrôle et du directeur de la maison Saurer.
Ce voyage devait démontrer le degré de maniabilité de l'automotrice sur une voie réputée comme de construction défectueuse et surtout, et à bon droit, comme particulièrement accidentée par des côtes, des pentes, des courbes

nombreuses et difficiles circulant autour de sites au pittoresque émouvant.
L'automotrice, dont nous donnons une photographie, a l'aspect exact des voitures de la Compagnie générale des tramways de Paris : soubassements verts, partie supérieure jaune clair ; sur l'avant, sont inscrits ces mots : « Département de la Corrèze. » Son moteur, de la force de 55 CV, réglé pour atteindre une vitesse en palier de 40 à 45 kilomètres à l'heure : son poids est de 5 800 kilos et son prix d'environ 80 000 francs. Elle comporte la loge du conducteur : un large compartiment pour les bagages et pouvant contenir, à la rigueur, de 12 à 15 voyageurs debout ; la voiture proprement dite où peuvent tenir place 18 personnes assises et, au besoin, 4 debout ; la plate-forme arrière, pour 10 places debout. L'intérieur est très confortable avec des banquettes en lamelles de bois souples ; elle est éclairée à l'électricité et munie de plaques chauffantes : des porte-bagages sont installés tout autour.
L'automotrice comportera, lors des épreuves officielles, une remorque pouvant contenir 16 places assises et possédant un très grand compartiment pour bagage ou marchandises G.V.

Gare de Tulle. Plaque tournante. 2 mai 1959.
N'est-ce point là trois avants du Sporting Club Tulliste à l'entraînement ?
Cliché Jacques Forget

La particularité très intéressante de cette automotrice réside dans un dispositif, breveté par la maison Saurer, qui permet de lui faire faire un tête-à-queue complet sur place, en pleine voie, sans avoir recours aux aiguilles ou à la plaque tournante pour assurer, par exemple, un service de navette. Ce dispositif est d'une simplicité et d'une ingéniosité rares : le châssis de la machine est muni, à l'avant, d'un chariot à boggies ; entre ce chariot et l'essieu arrière, au centre même du châssis, est installé le dispositif tournant maintenu à dix centimètres des rails.

La voiture étant à l'arrêt, le chef de train, au moyen d'une manette, fait descendre le fond du dispositif sur les rails contre lesquels il s'adapte longitudinalement ; quatre cylindres à piston relient, dans cette position, la partie du dispositif adaptée aux rails et celle qui est restée adhérente au châssis : le mécanicien manie un levier et un courant d'huile se précipite dans les cylindres à piston ; sous la pression du moteur, la voiture est soulevée et il ne reste plus qu'à la faire tourner en poussant légèrement jusqu'à ce que,

Neuvic-d'Ussel. On retourne l'autorail De Dion ZZ PE n° 51.
Deux cavaliers pour une valse lente avec la « micheline ».
Photo Arrivetz - 2 septembre 1947

ayant terminé le tête-à-queue, elle puisse reprendre place sur les rails par une manœuvre du dispositif inverse de celle que nous venons de décrire.
Il est hors de doute que cet appareil breveté facilite la manœuvre dans une large mesure et est appelé à rendre de grands servicces. L'ordrc du départ d'Ussel ayant été donné, nous avons pris place dans l'automotrice et, à 13 h 17, elle quittait la gare P.O. : elle traversait la ville au milieu de l'enthousiasme de la population accourue qui trouva vite le nom de baptême exact.
- Le train Queuille, disait-on dans la foule.
A 13 h 31, nous quittions la gare des tramways d'Ussel-ville pour une randonnée de 101 kilomètres jusqu'à Tulle, par un admirable après-midi de ce merveilleux automne où le soleil, qui a conservé tout neufs ses rayons d'août, faisait flamboyer la frondaison des futaies multicolores qui ornent à l'infini les gorges abruptes de nos cours d'eau.
Ce fut Chirac avec ses virages en dents de scie ; Sérandon, Neuvic, où la foule salua le passage de l'automotrice ; Soursac, où nous croisons un train à vapeur et où la voie domine la Luzège sur une arête de plus de 100 mètres d'altitude : paysage tourmenté, impressionnant, émouvant même sur lequel se profile le pont suspendu de Rochetaillade que nous traverserons dans un instant : un tunnel et c'est lui ; l'automotrice va lentement et, tandis qu'on songe malgré soi à une culbute dans ce chaos sauvage, le soleil projette sur l'écran des frondaisons d'en face, car il est 15 heures passées et il baisse à l'horizon, l'ombre de notre automotrice.
A un tournant, on aperçoit, dans les lacets à flanc de montagne, la fumée d'un train-vapeur parti peu après nous de Soursac et qui, vainement, s'essouffle. Dans les montées et les descentes de ce passage infernal, l'automotrice a maintenu une vitesse moyenne de 28 kilomètres à l'heure.
C'est ensuite Lapleau, puis Marcillac-la-Croisille où la foule se presse sur notre passage.
- Le train Queuille, dit-on encore.
C'est enfin Le Mortier où, par un arrêt de dix minutes, nous

> détendons nos nerfs et humectons nos gosiers d'une bière exquise.
> C'est enfin Saint-Bonnet-Avalouze, à 10 kilomètres de Tulle où, d'un train P.O.C. pour Argentat, descend une foule intriguée et vivement intéressée ; les règlements nous y maintiennent en station en raison des manœuvres sur la ligne, car c'est jour de foire à Tulle. Nous avons marqué notre arrivée à Saint-Bonnet à 17 h 19 ; le trajet pour 90 kilomètres a donc duré trois heures quarante-huit minutes y compris quelques arrêts.
> C'est donc environ quatre heures que comportera le trajet de Tulle-Ussel, à environ 25 kilomètres à l'heure, tandis que les trains-vapeur le couvraient en douze heures trente-deux minutes.
> Sur le parcours, la voie, parfaitement bien entretenue, nous a paru devoir être suffisante après, sur certains points, quelques renforcements indispensables ; l'automotrice s'est admirablement comportée.
> Les techniciens, lors des prochaines épreuves de résistance et de manœuvre, diront les derniers mots sur cette machine qui, à nous profanes, nous a paru exactement au point.
> M.P.

Elle fut secondée par une Tartary qui avait déjà parcouru 45 336 km sur la ligne La Rivière-Juillac et se vit principalement affectée à la navette nécessitée par l'embranchement du Mortier à La Roche-Canillac.

Le déraillement, le 9 mars 1925, sur le tronçon Aubazine-Beaulieu d'une automotrice De Dion, qui fit en se renversant près d'Albignac six blessés sur dix passagers, avait nécessité la remise en service d'un train à vapeur, mais n'avait pas arrêté le progrès. Une deuxième automotrice Saurer apparut sur Tulle-Ussel, flanquée bientôt de deux remorques. Plus tard, on vit circuler des autorails Billard.

Contrairement à ce qu'on prédisait, ces engins où étaient parfois accrochées, à l'extérieur, des grappes de vélos qui ne favorisaient pas l'aérodynamisme n'améliorèrent en rien, pendant des années, les moyennes du Transcorrézien. Elles lui auraient fait perdre beaucoup de sa poésie si, heureusement, les Libellules n'en avaient pas moins continué à tirer les wagons chargés de poteaux de mines ou de fûts de vin en attendant de rentrer, à cause de la Seconde Guerre mondiale, dans toutes leurs prérogatives.

Gare de Clergoux, le 10 août 1951.
Vélos (dépanneurs ?) en grappe accrochés à l'arrière, l'autorail ZZ PE n° 56 De Dion Bouton faisait une petite pause. Des sacs postaux gisaient sur le quai.
Etait-ce une « panne aux plis » ?
Photo François Collardeau

6.

Au moment où commencent les travaux du Transcorrézien, le premier conflit mondial - celui qui devait s'appeler la Grande Guerre - n'avait pas encore eu lieu. Mais pour trouver de la main-d'œuvre disponible, on ne pouvait songer à recruter uniquement sur place, parmi un peuple de cultivateurs qui manquait déjà de bras et où les premières machines agricoles faisaient à peine leur apparition. Heureusement, le cahier des charges de la Compagnie des Tramways ne stipulait pas qu'à l'instar du matériel les ouvriers dussent être d'origine française. A côté des chefs d'équipe parisiens ou lyonnais, on remarquait des terrassiers italiens, des poseurs de traverses et porteurs de rails bretons et auvergnats, parfois des Polonais et des Sénégalais.

Dans le livre de Claude Michelet *Des grives aux loups*, l'ouverture du chantier bouleverse l'existence d'un bourg appelé symboliquement Saint-Libéral, du nom d'un saint corrézien. La commune se voit chargée d'héberger une bonne centaine d'ouvriers et, bien qu'elle ait pris soin d'installer dortoirs et cantines à la lisière du village, celui-ci est submergé chaque soir par une foule hétérogène, bruyante et bagarreuse, au sein de laquelle ils se retrouvent par région ou par ethnie. Après le travail, l'auberge et les deux bistrots sont envahis, les hommes boivent, font du tapage et sifflent les femmes et les jeunes filles qui sont évidemment incapables, ne fût-ce que numériquement parlant, de répondre à l'énorme demande de ces mâles esseulés. Le pire, nous dit Claude Michelet, c'est le samedi soir, lorsque les jeunes gens de la région sont presque interdits au bal de l'auberge et que quelques Parisiens font comprendre aux joueurs de vielle et de cabrette que leurs ritournelles sont révolues et que la bourrée doit céder la place à la java.

Si l'on y ajoute la razzia sur les poulaillers organisée par la bande des Italiens, augmentée de plusieurs Français, et l'anéantissement des pintades honteusement piégées par un collet en tenderie ou par un hameçon enrobé dans un morceau de patate cuite, on comprend que les habitants de Saint-Libéral commencent à regretter d'avoir accepté le train.

Cependant les plus avisés comprirent très vite le bénéfice qu'ils pouvaient retirer de cette masse de consommateurs : « Certes, les ouvriers avaient leurs cantines, mais ils ne dédaignaient pas, à l'occasion, améliorer leur ordinaire ; la traque aux volailles en était la preuve. Un accord tacite, mais unanime, entraîna soudain la hausse des cours. La douzaine d'œufs sauta à 1,40 F, le litre de vin à 0,70 F, et la bouteille d'eau-de-vie de prune se monnaya jusqu'à 4 F. Pour combler un peu les pertes dues aux chapardages, les fermiers proposèrent la paire de jeunes poulets à 6 F, et exigèrent le même prix pour un couple de canards. »

Jean-Édouard Vialhe, dont nous avons déjà fait la connaissance, a été illuminé par la rencontre de l'intendant de la Compagnie. Il lui a demandé où il trouvait toutes les denrées nécessaires pour rassasier chaque jour tant de travailleurs de force affamés.

- Où je les trouve, mon bon ami ! a répondu l'intendant. Ce n'est pas toujours simple, croyez-moi, il faut galoper ! Une tonne de patates par-ci, cinq quintaux de haricots par-là...

- Si vous voulez, je vous en fournirai, moi, des patates...

Non seulement des patates, mais des haricots blancs, des fèves, des choux, des cochons, des vaches de réforme, des poules et des poulets... Les travaux étant prévus pour au moins deux ans, il y avait de quoi s'enrichir à la pelle.

Naturellement, ce fructueux commerce n'est pas propice à déjouer les calomnies qui courent sur son compte. Même le maire du village est accusé de favoritisme parce qu'un des charpentiers, qui est son beau-frère, est soupçonné d'avoir obtenu l'exclusivité des travaux. D'autres prétendent que si l'emplacement de la gare a été choisi à côté de la buvette, c'est parce que ses tenanciers sont les cousins d'un conseiller municipal. En réalité, sans cette initiative de bon sens, c'est plutôt la buvette qu'il aurait fallu rapprocher de la gare...

A l'échelle de la Corrèze, la construction de la ligne Ussel-Tulle représente un authentique western. A travers une nature souvent désertique et ingrate, dans un climat où des chaleurs torrides succédaient à des hivers froids et des printemps mouillés, une population exclusivement masculine partait à la conquête du fer. Les souffrances de ces explorateurs audacieux d'une nouvelle frontière, vêtus de pantalons bouffants et de petits gilets, coiffés de casquettes plates ou parfois de feutres délavés, n'étaient tempérées que par des parties de chasse, de pêche à la truite dans les eaux riantes et transparentes des petites rivières et aussi par la cueillette des cèpes que l'automne faisait sortir en abondance.

Comme pour tous les départs vers l'inconnu, les commencements furent hésitants et lents. Plusieurs entreprises se partageaient les travaux, j'allais dire la prospection. Les maisons Pellet et Geny s'attaquèrent aux deux premières sections de la ligne Tulle-Ussel, qui en faisaient trois sur le terrain : de la gare Ussel-P.O. à l'arrêt de La Siauve, après Neuvic ; de l'arrêt de La Siauve au ruisseau de Padeyrat, entre Saint-Hilaire et Lafage ; et du ruisseau de Padeyrat à la station de Saint-Bonnet, cette dernière étant confiée à la maison Chapput et Riffat. La construction de deux autres lignes des Tramways commença en même temps, mais leur détail ne nous concerne pas. Leur longueur - 27 km pour La Rivière-Juillac, 39 km pour Aubazine-Beaulieu - autant que la configuration du terrain ne permet pas de les comparer à une construction de plus de 100 km, semée d'obstacles fantastiques et qui constitue une fresque de l'ampleur de la *Tragédie de la mine* ou des *Travailleurs de la mer*.

M. Pierre Pouget, qui est âgé de soixante-dix-neuf ans et habite depuis longtemps Le Mortier, où il a occupé à partir de 1944 divers postes au T.C., depuis celui de menuisier jusqu'à celui de mécanicien, a vu commencer les travaux en 1907. D'après lui, il fallait que la ligne ait au moins 100 km pour être subventionnée par l'État.

- Le terrassement, dit-il, se faisait à la pioche, et les trous de mines aménagés dans les rochers pour y déposer de la dynamite se pratiquaient au burin. Les cailloux du ballast se cassaient à l'aide d'un marteau muni d'un long manche, appelé macette. Avec une masse, on cassait les blocs de rocher.

« Les ouvriers se mettaient à genoux pour réduire les cailloux au calibre désiré. Les chefs d'équipe veillaient à ce qu'ils ne soient pas trop gros. « Attention, disaient-ils, cassez plus fin ou je ne paie pas ! »

« On posait ensuite les traverses sur le ballast qui avait 30 à 40 cm d'épaisseur. Un ingénieur évaluait les mètres cubes. Sur la voie, on pouvait compter une dizaine d'équipes de trente hommes environ chacune. »

Beaucoup d'ouvriers et d'entreprises locales étaient peu habitués à ce genre de travail, ce qui se comprend aisément à cause de sa nouveauté et des difficultés rencontrées. Pris dans les déblais des tranchées rocheuses, le ballast, insuffisamment concassé malgré la surveillance, fut répandu trop gros. Entre Lapleau et Ussel le matériel arrivait souvent à la gare d'Égletons, distante de 11 km de la future station de Saint-Hilaire-Foissac, et de là, il fallait l'ache-

Installation de la voie ferrée du Transcorrézien, de 1909 à 1913.
- Alors les gars, toujours en ballast ? persiflait fréquemment un ingénieur qui faisait suer le burnous.
Collection Jacques Maligne

miner par la route sur les lieux appropriés. De Saint-Hilaire, la voie avait été poussée jusqu'aux abords, atteints en avril 1911, du futur viaduc de la Luzège pour faciliter le transport de sa partie métallique dont aucun élément ne devait dépasser 12,10 m de long. En février 1912, la voie est enfin aux portes de Neuvic et le 25 mars suivant, les habitants de L'Étang-des-Plaines peuvent voir en action la première Libellule, la n° 6, bientôt suivie des n°s 7, 8 et 9.

Le 17 août 1959, au dépôt du Mortier, belle photo de famille prise par André Lepage : mère Tacot et sa progéniture.

Les souvenirs d'Alexandre Fraysse remontent à 1911 :

- A cette époque, dit-il, j'habitais chez mes parents, fermiers à La Servarie de Lafage-sur-Sombre. Je revois tous ces hommes qui effectuaient les travaux de terrassement à la main. La terre était enlevée par un des wagonnets à bascule roulant sur une voie portative de 60. Les wagonnets étaient tirés par des ânes ou des mulets. Ensuite, j'ai vu la pose des rails et les premières locos.

Marcel Escassut se rappelle que, plus tard, du côté de Lapleau, c'était un contremaître nommé Genest qui contrôlait la grosseur des cailloux. A la guerre, il avait perdu un avant-bras qui était remplacé par un crochet. Lorsqu'il tournait le dos, les ouvriers lançaient les pierres trop dures dans le ravin, plutôt que de s'échiner à les casser.

André Lagarde tient de sa mère que, lors des travaux, elle allait, en compagnie d'une autre femme appelée « la Louise », apporter à manger aux ingénieurs. Il est vrai qu'elle tenait l'auberge proche du Châtaigner. Dans le panier se trouvaient beaucoup de lard, du porc, des châtaignes, des pommes de terre.

Au Mortier, on vit un jour arriver une maison en bois démontable qui avait servi aux ingénieurs d'Ussel. Remontée, elle devint la fameuse auberge Chalaud qui devait connaître un destin exceptionnel. Elle est toujours debout et, à certaines époques de l'année, sert encore de café. On regroupait les ouvriers en divers points de la ligne. C'est ainsi que ceux de la région de Lapleau furent installés à Vassejoux.

Alexandre Fraysse, dont la maison se trouve aujourd'hui à l'ombre du château d'eau de Soursac, a assisté à la construction de la voie. Avec des chenapans de son âge, il allait voler des écrous. Mais, après avoir accompli leur exploit, le remords les gagnait et ils s'empressaient d'aller les rapporter avant que les équipes ne reviennent sur le chantier.

7.

Quiconque voudrait se faire une idée de l'importance de ces travaux en fonction des proportions du Transcorrézien se comporterait comme un enfant qui croirait connaître la dimension de la Lune en mesurant son reflet dans l'eau. Ces travaux sont les plus considérables qui aient jamais été consentis en France, et peut-être dans le monde, pour un chemin de fer secondaire et, à plus forte raison, pour un « tramway départemental ».

Rappelons d'abord le trajet : parti de Tulle, le train traversait la Corrèze sur un pont de pierre, remontant la vallée de la Saint-Bonnette, gravissait le plateau où se trouve Le Mortier, suivait sensiblement le cours du Doustre qu'il franchissait entre Saint-Pardoux et Marcillac-la-Croisille, puis se dirigeait vers Lapleau, descendait vers la Luzège, la surplombait sur le viaduc des Rochers-Noirs, remontait vers Soursac, parcourait la distance qui sépare le Vianon d'un autre torrent affluent de la Dordogne, passait à Neuvic d'Ussel, traversait la Triouzoune, se dirigeait vers Ligniac, au-dessus de la Dordogne, puis, de Chirac et Mestes, joignait Ussel en se tenant constamment entre 600 et 700 mètres d'altitude, sur les hauteurs qui dominent le cours de la Diège.

Après avoir résumé ainsi le tracé du Transcorrézien, qualifié d'« extrêmement tourmenté », M. Pierre Joudoux, inspecteur des Transports du département, notait que les terrains traversés sont à peu près partout d'origine cristalline ou cristallophyllienne : granit, gneiss, micaschiste, schiste cristallin. Entre Marcillac et Ussel, la ligne traversait un énorme massif de granulite et de granit à mica noir très compact. On se souvient que le souci d'économie avait imposé des courbes très raides et de fortes déclivités, ce qui déconseillait doublement d'y introduire des ouvrages d'art. Seulement deux tunnels de faible longueur furent percés : l'un près du viaduc de la Luzège a 123 m et il est en rampe de 17 m/m ; l'autre, près de Soursac, n'a que 45 m de longueur, avec une rampe de 30 m/m.

A vouloir aller au plus court et au moins cher, les promoteurs du moment se retrouvèrent bientôt dans la situation d'Hitler au moment de sa campagne de Russie : il ignorait, selon Churchill, que le général Hiver existait, parce qu'il n'avait pas eu le temps de l'apprendre à l'école. Les ingénieurs se trouvèrent, entre Soursac ct Lapleau, devant un paysage magnifique, celui de la vallée de la Luzège, qui n'avait pour seul inconvénient que de nécessiter le franchissement d'un abîme de 250 m de profondeur.

SOURSAC - Tramway de la Corrèze - Vue du Petit Tunnel (coté Sud)
J. Mavier, photo. édit.

« En chantier de vous connaître ».

Pas question de faire descendre le tortillard au fond de la gorge, pour qu'il remonte ensuite sur la rive opposée. Il n'aurait pas pu grimper et pour atténuer la dénivellation, il eût fallu allonger le kilométrage et multiplier les travaux de terrassement. Or, le kilomètre revenait à 46 500 F. Il ne restait plus qu'à

Ouverture d'un tunnel, entre le viaduc des Rochers-Noirs et Soursac, en 1911 (côté Nord).
- Voilà des ouvriers... qui percent ! fit le photographe de presse malicieux.
Collection Jacques Maligne

trouver, au contraire, l'endroit le plus resserré pour permettre au train de contempler de très haut le cours argenté de la Luzège qui se faufile comme un lézard entre les énormes pattes velues du plateau corrézien.

Après avoir étudié divers projets, dont un viaduc entièrement métallique et un autre en maçonnerie qui aurait été fort coûteux et fort long à construire, on se décida pour un pont suspendu à nappes paraboliques triangulées, dit système Gisclard, du nom de son inventeur, et qui avait déjà donné d'excellents résultats sur une voie métrique de la Cerdagne (Villefranche-Tour-de-Carol). L'endroit choisi était celui des « Roches-Noires » et l'une d'elles était suffisamment saillante pour avoir mérité le nom de la « Roche-Tailladée ». Par la suite le viaduc, vu de Soursac, a été appelé « viaduc de la Roche-Tailladée », et côté Lapleau, « viaduc des Rochers-Noirs », selon que l'une ou l'autre commune était la plus puissante. Mais comme il s'agit de toute facon du même pont, on en tient plus volontiers pour les Rochers-Noirs. Il a une longueur totale de 158,37 m et domine de 92 m le cours de la Luzège.

Lorsqu'on arrive de Soursac, on suit exac-tement le trajet du Transcorrézien, entre deux parois de rochers creusés pour laisser passer la voie. Avant de franchir le tunnel, une citerne carrée, encore intacte, rappelle qu'à cet endroit la Libellule s'abreuvait

Au cours de l'année 1911, entre Lapleau et Soursac, pour l'édification des piles du pont suspendu des Rochers-Noirs qui s'élèveront à 396,997 mètres d'altitude, soit à 112 mètres au dessus du lit de la rivière, il a fallu d'innombrables tranches de moellons.
Collection Jacques Maligne

en vue d'épreuves futures. A la sortie, un feu rouge et un signal : « 5 tonnes. » Il reste à franchir un tablier large de 5 m, relié par des câbles à deux grandes piles de maçonnerie placées à chaque extrémité, surplombant la rivière de 136 m. Ces câbles sont réunis en fermes par moitié dans des chariots de dilatation montés à la partie supérieure des piles culées, et ancrés dans le rocher. Pour le profane qui constate que quatre câbles pendent de chaque côté du sommet d'une pile pour s'enfoncer dans la nature où ils vont faire le tour de la colline, il y a de quoi s'étonner que la solidité de l'ensemble soit, c'est le cas de le dire, suspendue à la stabilité du rocher. En été, les plaques du pont s'affaissent par dilatation et on a parfois, m'a-t-on dit, l'impression de tomber dans de petits trous d'air. 200 millions de centimes sont actuellement prévus pour réparer un câble qui menace de lâcher. Hâtons-nous de préciser que, devenu routier et piétonnier, le viaduc, dûment surveillé par les Ponts et Chaussées, offre toutes garanties de sécurité.

Ce paysage de moyenne montagne, à la fois sauvage, coloré et silencieux, où l'on ne voit aucun poteau, aucune ligne à haute tension, est un des plus beaux qui se puissent voir, et le pont suspendu accentue curieusement son caractère altier, peut-être parce qu'il y introduit une échelle de comparaison. Si l'on se place

Excursion du Syndicat d'Initiative de Tulle aux gorges de la Luzège par les tramways départementaux (12 octobre 1913).
Las de les attendre, le train s'en est allé laissant à leur contemplation tous ces excursionnistes - « ils s'envoûtaient complètement ».
Collection Jacques Maligne

d'un peu loin, les autos, sur le pont, semblent minuscules. Écrasantes, au contraire, paraissent les échines voûtées des collines où ont poussé librement frênes, hêtres, acacias, bouleaux, tilleuls, aulnes, charmes et pins, immense palette offerte aux saisons. Il faut se placer au milieu du pont pour apercevoir la Luzège qui fend d'un sourire clair les joues austères de ces montagnes qui, au gré des heures, se repassent le voile noir des grandes ombres portées.

M. Escassut m'a raconté qu'un des jeux qu'il affectionnait, étant enfant, consistait à grimper au sommet des piles et de les parcourir à quatre pattes sur toute leur largeur. De là, il pouvait presque voir Lapleau, dont le clocher domine une colline. C'est un nommé Laqueuille qui, accroché à une benne qu'il faisait coulisser, peignait les câbles du viaduc. Fonction si noble qu'elle ne lui permit pas de se charger de l'entretien des rails, comme la Compagnie l'y invitait. Mais l'exploit le plus étonnant est celui d'un cousin de Mme Escassut, nommé Lissac. La grand-mère paternelle de Mme Escassut était une Lissac, de la même famille que les célèbres opticiens. Donc, pendant la guerre, un cousin Lissac, qui se trouvait chez les Escassut à Lapleau, fit le pari de parcourir toute la longueur du viaduc, suspendu par les mains aux travées

Il peignait aussi le tunnel.

inférieures. Comme le tablier métallique est percé de trous sur ses bords, il y faisait passer un bâton qu'il tenait entre les dents. Ainsi suspendu dans le vide, il signalait sa progression aux camarades restés au-dessus. Il tranchit victorieusement les 158 m à la force des poignets. Petite précision : le cousin Lissac avait été envoyé chez les Escassut par ses parents pour qu'il y soit à l'abri du danger.

Les épreuves du viaduc furent effectuées le 8 mai 1913 en présence du constructeur, M. Arnodin. Il dirigeait une commission venue de Tulle par le train régulier partant à 6 h 35 du matin. Étaient également présents le directeur du P.O.C., M. Masson, le sénateur Hippolyte Rouby, les entrepreneurs Pellet et Geny, le chef monteur de la maison Arnodin, qui avait maîtrisé tout le montage, sans le moindre incident, et plusieurs ingénieurs. Le train d'épreuve, composé de deux locomotives de 23 tonnes et de 7 véhicules chargés, totalisait 137,5 tonnes. C'était le poids maximal envisageable sur la ligne. Une vitesse record fut atteinte : 20 km/h.

Ce premier franchissement du viaduc des Rochers-Noirs a été fixé pour l'histoire par Antoine Vialle qui, quatre mois plus tard, devait couvrir le voyage de M. Poincaré. Son appareil lui avait été acheté à Paris par Michel Coissac, auteur d'un livre fameux,

Pont métallique (longueur 207 mètres) au barrage de la Valette, sis entre Saint-Pardoux et Marcillac-la-Croisille.
Cliché Claude Wagner

Mon Limousin, et qui venait passer ses vacances à Lapleau.

Celui à qui revient le principal mérite de cet ouvrage d'art ne participait pas à l'inauguration. Le commandant du génie Gisclard avait trouvé la mort le 31 octobre 1909, lors de l'inauguration de son pont de la Cerdagne, en même temps que cinq ouvriers des Ponts et Chaussées.

Le second ouvrage d'art dont peut s'enorgueillir le Tulle-Ussel est le viaduc de Lantourne, près de Marcillac. Mais il ne fut construit qu'en 1949 pour permettre la traversée de la retenue du Doustre et l'édification du barrage de La Vallette.

Jusque-là, la rivière était franchie par un petit pont de pierre qui fut noyé sous 15 mètres d'eau. On lui substitua, à un emplacement différent, un pont-cage métallique de belle allure.

Un autre barrage, celui de Neuvic, sur la Triouzoune, avait nécessité un an plus tôt la modification du tracé de la ligne sur cinq kilomètres.

Ces derniers travaux dérivaient de plans hydroélectriques dans lesquels, a affirmé l'anglais Bryan Morgan dans son ouvrage *The End of The Line*, les Français « réussissent beaucoup mieux que pour faire monter l'eau dans un lavabo de chambre d'hôtel ».

Depuis la construction dudit barrage, que d'eau a passé (sur) le petit pont de Lantourne ! Celui où autrefois le tacot traversait le Doustre, affluent de la Dordogne. Epave désormais, comme à marée basse lorsque se vide le barrage il apparaît...
Un pont peut en cacher un autre.
Cliché Edmond Duclos

Observation dont on apprécie tout le sel lorsque dans le meilleur hôtel de Tulle, l'eau chaude s'arrête sans préavis ou qu'à La Roche-Canillac, elle coule avec une faiblesse proche de l'extinction.

Bien entendu, c'est le viaduc des Rochers-Noirs qui reste le fleuron du Transcorrézien, le témoignage tangible de son épopée demi-séculaire dans un cadre à la fois ingrat et pittoresque. Il est de la même race que les grandes réussites du siècle, comme la Tour de M. Eiffel ou son pont sur le Douro à Porto. Les touristes-ne s'y trompent pas qui ont fait de cet ouvrage un haut lieu du patrimoine corrézien.

Un jour, Marcel Escassut se trouvait aux abords du viaduc, lorsqu'il aperçut plusieurs voitures arrêtées et des gens qui se grattaient la tête en regardant des dépliants. Il s'approcha d'eux, se décoiffa poliment, et se mit à leur expliquer l'histoire du pont, à indiquer ses données techniques, à parler du train. M. Escassut, notons-le, est non seulement un connaisseur érudit du passé et des mœurs de la Corrèze où il a introduit le football ; ses mérites lui ont également valu de devenir président du Syndicat d'initiative de

Lapleau, secrétaire de l'Union départementale des Syndicats d'initiative, membre du conseil d'administration du comité départemental du Tourisme et de la Société archéologique de Brive... Quand il eut terminé son petit exposé, les touristes, très satisfaits, regagnèrent leurs voitures. Il eut alors l'extrême surprise de voir tomber dans le béret qu'il tenait encore à la main, des pièces de 0,50 F et même de 1 F !

J'oubliais de dire que M. Escassut a été directeur adjoint des impôts et qu'il a terminé sa carrière comme conservateur des hypothèques.

Viaduc suspendu de Rochetaillade, à l'époque de sa splendeur - bien avant de rendre son tablier.
Photo Claude Wagner - 2 mai 1959

8.

Les témoins directs de l'héroïque western corrézien, on ne peut les chercher que parmi les octogénaires et même, de préférence, parmi les nonagénaires. Ce n'est pas aussi difficile qu'on pourrait le croire. Bien que la Corrèze ne soit pas spécialement réputée pour ses yaourts, la longévité y est remarquable. Rien qu'à Lapleau,

Les vieux de la bielle.

sur 300 habitants, on compte 70 personnes de plus de quatre-vingts ans. Le forgeron Espinat, qui avait fait toute sa carrière au dépôt du Mortier, est mort en 1978 à l'âge de 90 ans.

A La Roche-Canillac, au cours d'une exposition du Foyer rural, Robert Soubrenie, fondateur d'un club du troisième âge, robuste gaillard de 66 ans qui se flatte d'avoir toutes ses dents, a fait le compte devant moi de ses oncles et tantes, Julienne, Marthe, Ernestine, Élie ou Baptiste, dont l'âge s'échelonne de soixante-dix-neuf à quatre-vingt-huit ans. Mais il est malheureusement vrai que les rangs des anciens du tacot s'éclaircissent. Rien qu'autour de Lapleau, en l'espace de deux mois, j'ai appris la disparition de cinq d'entre eux : le chef d'exploitation Longueville (82 ans), Michel Jarrige, employé à la voie (81 ans), François Lavie, reconverti dans la gendarmerie (80 ans), Daubech (79 ans) et Jean Vincent « qui était sur les autorails » (58 ans).

Pour comprendre l'événement formidable qu'a représenté l'apparition du Transcorrézien, il faut se replacer dans les conditions de l'époque. Si le père Espinat ne savait ni lire ni écrire, ce qui ne l'empêchait pas de prendre ses mesures impeccablement, Pierre Pouget, lui, a dû, comme tant d'autres, se contenter du minimum d'instruction. Né en 1900, employé au tacot jusqu'en 1960, c'est-à-dire jusqu'à la retraite, ce vieil homme aux yeux bleus et aux cheveux blancs a gardé une mémoire d'une vivacité et d'une exactitude étonnantes. Sa scolarité s'est terminée à neuf ans. Un jour de 1909, il dit à son instituteur :

- Monsieur, je ne viendrai pas demain.

- Pourquoi donc ?

- Je suis loué.

C'était l'expression consacrée. Le petit Pierre, fils d'un cantonnier du Coudert très porté sur la bouteille, connaissait la misère, « sous toutes ses formes ». Sa sœur avait été tuée, à l'âge de treize ans, par le tacot d'Argentat. On avait décidé de le placer comme pâtre.

- J'irai voir tes parents ce soir, lui dit l'instituteur. La conversation se déroula en patois.

- Vous allez louer le petit ?

Et, sur la réponse affirmative des parents, l'instituteur enchaîna :

- Il apprend bien. Vous ne pouvez pas le laisser une année de plus ?

- Non, parce que ça sort une bouche de là, dit le père en montrant son unique pièce.

Autrement dit : c'est une bouche de moins à nourrir.

En fait, l'unique pièce n'était pas nécessairement un signe de misère. En ce temps où le chauffage central n'existait pas, toute la vie familiale se concentrait dans une salle principale, dont le cantou était l'âme. Dans son exposition du Foyer rural, Robert Soubrenie en avait reconstitué une, semblable à celle où son père et lui-même ont été élevés. Les vastes sièges de bois à couvercle, les archibancs, étaient calés à l'intérieur de la cheminée, l'un d'eux servant de coffre à sel. Répartis le long des murs, une table de toilette, un lit assez haut, une armoire massive et le berceau à bascule, *lou bres*, où le gosse était emmaillotté et littéralement ficelé, pour ne pas qu'il se découvre. Généralement, la grand-mère se tenait tout près, filant la quenouille, tandis que, du pied, elle berçait le bébé.

A l'heure où jadis (vers dix-sept heures), on prenait le repas du soir pour économiser les chandelles, j'ai vu passer sous mon nez un plat de *pompes*, ces crêpes au sarrazin appelées aussi *tourtous*, et Robert Soubrenie a évoqué le temps où circulaient les triporteurs verts du *Califat*, modernisés plus tard en véhicules hippomobiles, où il achetait des paquets de cinq petits-beurre. Actuellement, m'a-t-il dit, des jeunes essaient de remettre en honneur les *réveillées* : ils demandent, les nuits de carême, des œufs dans les fermes, font des omelettes et lancent aux habitants qui mettent une tête dehors : « Tu chantes ou tu chantes pas ? »

Aux commencements du Transcorrézien, l'alimentation des paysans était essentiellement composée de pain de seigle, de châtaignes, de pommes de terre, de raves, de viande de porc, plus, évidemment, ces fameux *tourtous*. Rares étaient les produits venus d'ailleurs : sucre, café ou pâtes. La journée comptait quatre repas, parfois cinq, sans compter la tranche de pain de seigle avec gousse d'ail ou oignon, dégustée au saut du lit.

Un plat revenait au moins trois fois par jour sur la table : l'inévitable soupe composée de légumes cuits à l'eau, assaisonnée de graisse de porc. La tradition s'en est bien conservée et, à

Espagnac, en plein été, le menu de l'auberge où je me suis arrêté commençait obligatoirement par une assiette fumante où trempaient de copieuses tranches de pain.

C'est encore le bouillon ou plus exactement le *chabrol* (bouillon suivi de vin dans l'assiette) qui constituait l'essentiel du réveillon de Noël, car celui du Nouvel An était inexistant. Pour les festivités campagnardes, la soupe au vermicelle remplaçait la soupe de légumes. On n'y trouvait plus trace de tourtous, ni de farcidure, ces pommes de terre râpées qui, grillées, s'appellent millassou, ni de caillade, fromage de lait caillé si répandu dans les paniers des paysannes que le tacot était souvent dénommé « le train des caillades ». Ces aliments ordinaires cédaient la place à la tête de veau, au civet de lapin, à la dinde rôtie ou à la potée limousine, plus familièrement désignée comme petit salé ou cul d'andouille et, au chapitre des desserts, par les tartes aux pommes, les flognardes ou les clafoutis. Si l'eau et le cidre étaient autrefois les boissons les plus accessibles, elles ont été peu à peu remplacées par le gros rouge des Corbières. On le préfère à juste titre aux petits vins de terroir à faible teneur d'alcool qui relèvent de la piquette, et la spécialité du pays, le vin paillé, est en voie de disparition.

Les paysans de jadis, qui voyaient rarement du vin sur leur table, auraient été bien surpris d'entendre un troubadour du cru, le père Rémy, chanter entre les deux guerres le village de Lapleau comme « pays du picolo et de la bruyère ». C'est que, depuis, des marchands avisés s'étaient chargés de faire venir du Médoc quelques fûts d'origine incertaine qu'ils expédiaient à l'étranger sous l'appellation pompeuse de «vins de Bordeaux ». Ces fûts empruntaient souvent la ligne du Transcorrézien. Les revendeurs de Meymac, à l'ouest d'Ussel, étaient passés maîtres dans l'art d'écouler leurs produits aux Belges, si bien que leurs étiquettes portaient la mention : « Meymac, capitale des vins de Bordeaux », ou plus modestement: « Meymac, près Bordeaux » - la distance séparant les deux « capitales » n'étant que de 250 kilomètres. Une année, profitant du creux de la morte-saison, un des meilleurs clients belges décida de visiter le vignoble de Meymac, d'où lui venait tout son nectar. Arrivé sur place, il vit beaucoup de châtaignes et de pommes de terre, mais pas l'ombre d'un cep.

Comme il s'en étonnait, on lui répondit très sérieusement que, l'hiver, on rentrait les vignes dans les caves où on les enfermait à double tour. Il était du reste inutile qu'il vienne les revoir en été, puisque c'était l'époque où on les envoyait aux vendanges.

Il ne faudrait pas s'imaginer que les coutumes ancestrales ont été modifiées d'un seul coup, soit par l'apparition des vins de Meymac, soit par celle du Transcorrézien. Le Dr Étienne Madrange, qui n'a que soixante ans, a été élevé dans le « plein pays » où la mécanique était complètement ignorée. Il a vu son grand-père Joseph d'Ambert de Cérilhac, dont les ancêtres possédaient le château du Petit-Ventadour, partir à cheval dans la nuit avec une lanterne. Devenu médecin de campagne, il a été confronté à des situations extraordinaires, dont les moindres ne sont pas celles des sept cents accouchements qu'il a pratiqués par tous les temps. Il a connu les amulettes qu'on appelait « billets », petits sachets de toile que l'on mettait au cou des enfants. Ils contenaient de l'ail contre les vers, ou des poils de bouc pour la coqueluche. Une phrase secrète, transmise de génération en génération, signée d'une croix, était enfermée à l'intérieur. Quand on subissait une brûlure grave, on avait recours au « leveur de feu ». Le diabète n'était connu que sous le nom évocateur de « la diablette ». Il n'y a pas si longtemps que, s'étant fait prendre la tension, plusieurs malades du Dr Madrange constataient avec effarement qu'ils n'avaient que 15,8 ou même 18,10 de *température* ! Il a soigné une patiente qui se plaignait d'avoir mal à ses « os verts » et un vieillard qui, après la mort de sa femme, par un rare souci de fidélité posthume, avait enfilé à son pénis l'alliance de la défunte, ce qui le conduisit très rapidement chez le serrurier le plus proche pour une intervention chirurgicale d'un type spécial. Il y eut aussi un cas de *penis captivus*, ce phénomène heureusement exceptionnel qui tient les amants enlacés plus longtemps qu'ils ne le souhaitent. En l'occurrence, il s'agissait d'un couple adultère. Alertés par les cris des malheureux, les voisins désemparés décidèrent d'appeler les pompiers. Arrivés sur les lieux, ceux-ci constatèrent que leur matériel ne pouvait rien contre les feux de la passion. Alors, avec leur décision coutumière, ils enveloppèrent les captifs dans une couverture et déposèrent le ballot à l'hôpital le plus proche. On devine les profondes répercussions de ce fait divers dans la chronique locale.

- J'ai souvent pêché la truite avec le Transcorrézien pour voisin, dit le Dr Madrange. On l'entendait siffler de très loin. J'étais dans la Saint-Bonnette, sans cuissardes, avec de l'eau jusqu'au ventre.

Né le 11 août 1919 à Égletons, c'est-à-dire neuf mois jour pour jour après l'armistice (« Ça valait le coup ! » dit-il), le Dr Étienne Madrange, homme fin et cultivé, a passé son enfance, jusqu'à neuf ans et demi, chez les jésuites de Sarlat. Si la mécanique était encore ignorée dans son pays natal, son père y fut néanmoins l'un des premiers à y introduire des automobiles, ce qui ne l'empêchait pas d'être autant érudit que mélomane. En ce temps-là, qui n'est pas si loin, selon les dires de Gabriel Edme, un peu plus jeune que le docteur mais presque son voisin à Saint-Paul, lorsqu'une auto pénétrait dans le bourg, tout le monde sortait pour l'examiner. Le petit Étienne Madrange fut très vite séduit par ces engins nouveaux qui pétaradaient et zigzaguaient sur des routes tordues et, bien entendu, émerveillé - c'est son mot - par les locomotives neuves, crachant la fumée, silhouettes dantesques montant à l'assaut des campagnes dans un jaillissement d'étincelles. Émerveillement qui répondait tout à fait aux souhaits du père Hugo lorsqu'il écrivait :

> Quelle chimère magnifique nos pères eussent faite avec ce que nous appelons la chaudière... Te figures-tu cela ?

- Pollueur !

De cette chaudière, ils eussent fait un ventre écaille et monstrueux, une carapace énorme ; de la cheminée une corne fumante ou un long cou portant une gueule pleine de braise ; et ils eussent caché les roues sous d'immenses nageoires ou sous de grandes ailes tombantes ; les wagons eussent eu eux aussi cent formes fantastiques, et, le soir, on eût vu passer près des villes, tantôt une colossale gargouille aux ailes déployées, tantôt un éléphant la trompe haute, haletant et rugissant ; effarés, ardents, fumants, formidables, traînant après eux comme des proies cent autres monstres enchaînés et traversant les plaines avec la vitesse, le bruit et la figure de la foudre. C'eût été grand...

Les enfants, qui sont naturellement poètes, n'avaient pas besoin qu'on déguise leur train pour l'imaginer sous ces aspects fabuleux. Quand, le dimanche, Étienne se rendait du château de Lagarde-Enval à Égletons pour voir ses grands-parents, il suppliait son père de s'arrêter au Mortier où se trouvait le dépôt plein de monstres fumants et où se faisait la jonction avec le troncon de La Roche-Canillac. Le hameau était devenu une ville-champignon surgie de la forêt humide comme un bus-stop de western.

- Si tu es sage et si tu travailles bien, on s'arrêtera au Mortier, lui promettait-on.

Le Dr Madrange, dont la généalogie maternelle remonte au premier Plantagenêt, habite aujourd'hui, à Lagarde-Enval, une ravissante demeure portant le nom de La Méchaussie, dont les vieux murs sont recouverts d'ampélopsis aux superbes feuilles vertes ou rouges, selon la saison. De la terrasse, on découvre un paysage vaste et tranquille qui n'a subi aucune injure. Tout près se trouve une borne portant cette date : 1807. Elle commémorerait la mort d'un officier de la Grande Armée, sur la route impériale qui reliait Tulle à Argentat.

Le Dr Madrange, qui fut médecin de l'Armée secrète à l'époque de la Résistance, a été pendant dix-huit ans, à partir de 1947, conseiller municipal et, pendant douze ans, de 1965 à 1977, maire de Lagarde-Enval (600 habitants). Seuls des ennuis de santé ont mis fin à son mandat. Sa femme, qui lui a donné trois enfants, est la nièce du Dr Jacques Lacoste, ancien maire de Sainte-Fortunade.

Le grand-père de Mme Madrange était avocat de la partie civile dans le procès du fameux « corbeau » de Tulle, Angèle Laval, dont les lettres anonymes ont défrayé la chronique et inspiré à la fois Cocteau et Clouzot. Enfin, Hippolyte Rouby, qui joua le rôle que l'on sait dans la naissance du T.C., était le cousin germain de sa grand-mère maternelle, en même temps d'ailleurs que le cousin germain du père de Charles Spinasse, l'ancien ministre mort en 1979.

A force de sillonner les routes pour faire ses visites, le Dr Madrange a fini par connaître toutes les gardes-barrières de la ligne. En fait, elles étaient au nombre de deux seulement et se trouvaient sur le tronçon du P.O.C. de Tulle de Saint-Bonnet-Avalouze qu'empruntait le T.C. Il s'agissait des passages à niveau de Laguenne, sur la R.N. 120 et du pont de la Pierre, sur la R.N. 140, aux portes sud de Tulle. Ailleurs, la voie coupait la route de facon prioritaire, et seul un écriteau « Attention au train » le signalait aux conducteurs. Mais il est vrai qu'il s'annonçait de loin par son sifflet, son bruit et son halètement.

Sur les deux dames gardes-barrières, il y avait toujours l'aimable et la ronchon. A l'aimable, le docteur faisait signe d'ouvrir, quand le train était encore loin. La seconde le laissait attendre. Alors, quelquefois, la conversation s'engageait entre les automobilistes qui se connaissaient. Si les voitures étaient de marque différente, il n'était pas rare qu'on vérifie leurs performances respectives en organisant, sitôt l'obstacle levé, de véritables courses de côte en direction des Jordes ou de Sainte-Fortunade, tandis que le tacot, indifférent, poursuivait son bonhomme de chemin le long des rivières à truites ou sur le plateau des étangs.

- Le souvenir que m'ont laissé ces passages à niveau est ineffaçable, dit le Dr Madrange, car ils permettaient de voir en action le petit train qui devenait de plus en plus folklorique à mesure que passaient les années. Les gosses descendaient souvent des autos et se cramponnaient à la barrière pour le voir de plus près, sifflant, fumant et crachant. Malheureusement, il était généralement en retard et la nonchalance des gardes-barrières ne faisait rien pour y remédier.

Non seulement ces dames, sans doute pour donner plus de solennité à leurs fonctions, ne pressaient guère le mouvement, mais, dans un strict souci du règlement, elles commençaient toujours par ouvrir la barrière derrière laquelle n'attendait aucune voiture. Ensuite, elles faisaient mine de s'assurer, avant d'ouvrir la seconde, qu'aucun bolide ne s'annonçait à l'horizon, ce qui, compte tenu des horaires, eût ressorti au miracle.

En fait, cette précaution n'était pas tout à fait inutile puisqu'une machine se mit une fois en route toute seule au dépôt du Mortier, événement non prévu par le *Règlement général pour l'exploitation des lignes de la Corrèze* de 1904.

Ce phénomène insolite m'a été expliqué par Pierre Pouget. Les machines à l'arrêt avaient leurs régulateurs bloqués par une cale en bois. Ces régulateurs commandaient les tiroirs servant à la distribution de la vapeur. Or, la locomotive restait constamment sous pression. Le chauffeur, avant de l'abandonner pour la nuit, remplissait d'eau la chaudière et rabattait le capuchon de la cheminée pour qu'il n'y ait pas de tirage, mais le feu continuait à couver. Il suffisait, le matin, d'enlever le capuchon, de donner un coup de ringard et de souffleur, et la machine, timbrée à 14 kg, était remise sous pression.

Bref, ce soir-là, on n'avait pas prévu que la vapeur ferait ouvrir

Aperçue près de Saint-Pardoux-la-Croisille, une petite machine qui faisait une fugue... C'était une locomotive haut le pied, qui en avait marre de ses wagons si ternes !
Photo Edmond Duclos - 15 octobre 1959

le régulateur, et la Libellule se mit naturellement en marche, prenant insensiblement sa vitesse de croisière sur la route de Saint-Pardoux-la-Croisille. A un certain moment, elle croisa un cycliste qui se crut victime d'une hallucination. Comme c'était un cheminot, les esprits lui revinrent vite et il se mit en devoir de poursuivre la machine en liberté jusqu'à ce que, ayant abordé une côte, elle donne des signes d'épuisement. Alors il grimpa dans l'habitacle avec son vélo et la ramena triomphalement à son dortoir.

Ce cheminot, qui venait d'être licencié, fut du même coup réintégré au dépôt avec des félicitations. Quant aux cales en bois, elles furent désormais remplacées par des goupilles en fer.

S'il n'avait pas envisagé l'évasion des locomotives, le *Règlement général*, dans sa grande sagesse, avait en revanche exploré le cas douloureux des « wagons échappés » (article 37) :

> Dans le cas où, par suite de la violence du vent ou d'autres causes, des wagons s'échappent d'une station et s'engagent sur la voie de circulation, ou traversent une station, le chef de cette station en informe le plus tôt possible, par le téléphone, le chef de station vers laquelle les wagons se dirigent.

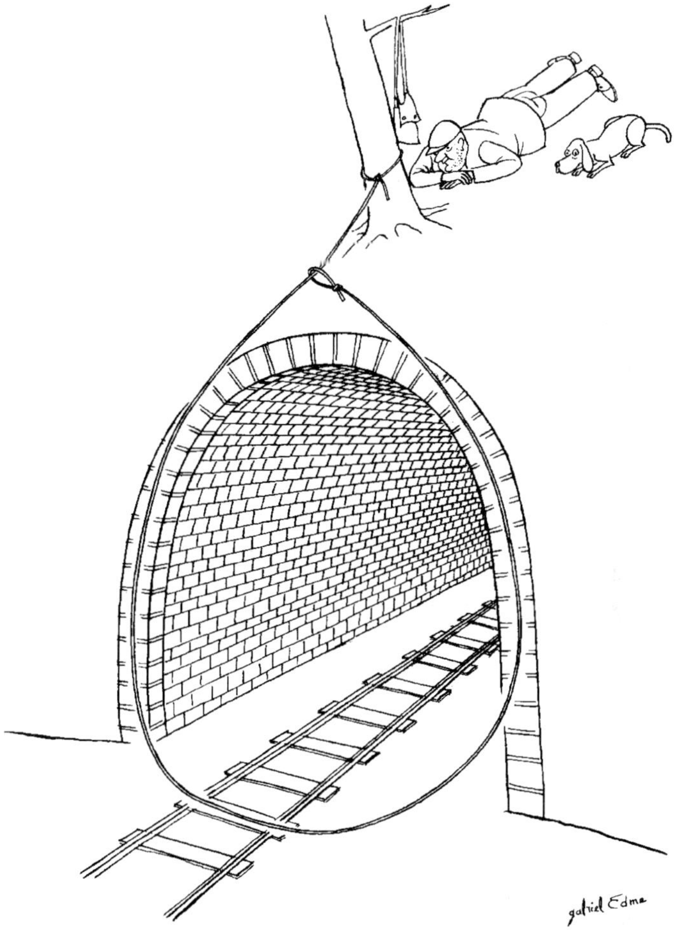

Le chef de station qui reçoit avis que des wagons échappés viennent vers sa station, prend aussitôt des mesures pour prévenir un choc ou pour arrêter les wagons dans le cas où ils arriveraient jusqu'à la station. S'il craint de ne pouvoir arrêter ces wagons, il prévient aussitôt le chef de la station suivante.
Les agents de la voie qui aperçoivent venir un véhicule en dérive doivent, à la hâte, couvrir les rails de tas de terre espacés de mètres en mètres, afin d'arrêter ce véhicule ou de le faire dérailler. Ils le couvrent aussitôt réglementairement à l'avant et à l'arrière et s'il est déraillé, ils se mettent au plus vite en mesure de le remettre sur rails.
Tout chef de station qui a connaissance que des wagons

échappés peuvent être engagés entre sa station et la voisine, fait le signal d'arrêt à tout train ou à toute machine circulant isolément qui se présente dans sa station.
Si les wagons sont arrêtés entre deux stations, ils sont considérés comme wagons détachés d'un train ; ils sont soumis, en conséquence, aux règles des ruptures d'attelage...

Ainsi, aux chimères et aux dragons imaginés par Hugo, les Tramways de la Corrèze avaient tout simplement ajouté une version inédite du train fantôme. C'était grand ! On se rend compte quel parti un réalisateur de films fantastiques aurait pu tirer de cette vision de locomotives et de wagons roulant tout seuls dans la nuit vers on ne sait quel rendez-vous de Samarcande !

Les passages à niveau n'auraient pu éviter les conséquences de telles échappées, puisqu'ils n'étaient pas gardés continuellement. Réservés aux routes nationales, ils étaient forcément l'exception sur la ligne du Transcorrézien qui franchissait allégrement routes départementales et rurales. C'est ainsi que le Dr Madrange faillit passer sous le train le matin même de son mariage. En ce jour de

Au niveau des passages à niveau, le passage à niveau à Laguenne était l'un des rares passages à niveau de la ligne Tulle-Ussel via Neuvic. Au-delà de Saint-Bonnet-Avalouze, au niveau des passages à niveau le tacot était dispensé de passage à niveau, car au niveau inoffensif il était de haut niveau.
Carte postale éditée au niveau de 1932

1947, au volant de sa 201 Peugeot vieille de dix-sept ans, vêtu de son costume de cérémonie, il fonçait allégrement vers Lagarde-Enval, pressé de rejoindre la femme de sa vie. Tout à ses émois sentimentaux, il n'entendit pas le tacot et s'engagea intrépidement sur un passage non gardé près de Laguenne. Il passa de justesse devant le tampon de la Libellule qui n'en eut pas le souffle coupé pour autant.

9.

Lorsque le père d'Étienne Madrange parcourait la campagne à cheval, pour la plupart des paysans, la vie était encore extrêmement dure et les principes d'économie si rigides qu'ils faisaient parfois penser à de l'avarice. Le père avait une autorité incontestée et régnait sur tout son petit monde. Il n'empêche que pour Claude Michelet, les villages du Limousin ont connu leur « heure de gloire » au début du siècle. Mais il fait allusion à ces cultivateurs pour qui la famille, constituée en véritable tribu, vivait en autarcie complète sur six ou huit hectares de terrain qui fournissaient les primeurs et les fruits, où paissaient les moutons, où les vaches commençaient à s'émouvoir au passage du tortillard. Tout le monde travaillait à la ferme, les parents, les enfants qui gardaient les bêtes, les grands-parents tant qu'ils étaient valides, sans compter un domestique. Étant donné qu'ils avaient toute l'alimentation sous la main, y compris cochons, lapins et volailles, les frais étaient réduits à rien. Le tisserand passait dans les villages et tissait le lin pour les habits. Au marché, ils achetaient seulement ce qu'ils ne pouvaient pas produire, et se gardaient bien de contracter le moindre emprunt.

Toutes les familles, on l'a vu par l'exemple de Pierre Pouget, ne vivaient pas aussi bien, surtout celles qui se trouvaient en Haute-Corrèze. Mais la mentalité était la même, et ses effets se font encore sentir. A tel point que Jacques Peuchmaurd, né en 1923, aujourd'hui directeur littéraire des Éditions Robert Laffont, m'a affirmé qu'il n'avait jamais pu se résoudre à acheter quoi que ce soit à crédit. Je pensais que c'était là une attitude rarissime, héritée d'un vieux fonds paysan, mais le dessinateur Gabriel Edme (de son vrai nom Edmond Boutouyrie) et l'écrivain Michel Peyramaure m'ont dit qu'ils en avaient toujours fait autant.

Le grand-père paternel de Jacques Peuchmaurd était un pauvre métayer qui cultivait cinq hectares de mauvaise terre autour de Saint-Paul et ne possédait que deux vaches. Le père de Jacques, né en 1889, était le dernier de cinq enfants dont trois seulement survécurent. A quinze ans, en 1904, après avoir travaillé dans la ferme familiale, il monta à Paris en sabots, rejoignant son frère et ses deux sœurs qui, comme tant d'autres, chassés par la misère, avaient commencé cet exode qui dépeuplerait peu à peu les campagnes. Il devint manœuvre dans le bâtiment, grimpant aux échelles, un seau de ciment sur les épaules. Puis il devint garçon boucher, travaillant de 5 heures du matin à 8 heures du soir, logeant dans une soupente, n'ayant que l'après-midi du dimanche pour se reposer. En 1909, il est appelé au régiment : trois ans de service dans l'infanterie. Deux ans de vie civile et on remet ça : la guerre. Il est démobilisé comme caporal en 1919 et, l'année suivante, se marie avec une Bretonne. Alors, c'est l'ascension : on prend une boucherie à Clichy et, quelques années plus tard, on s'installera dans le 17e arrondissement.

Mais d'abord, il aura fallu élever les enfants. Une petite fille est née à Clichy. Comme la mère travaille à la boucherie, et n'a pas le temps de s'en occuper, on décide de la mettre en nourrice chez le cantonnier d'Espagnac, M. Masse, dont la femme est couturière. Quand Jacques naît à son tour, en 1923, ses parents l'envoient également à Espagnac, dans les plus brefs délais, et c'est la fille des Masse, Maria, vingt-deux ans, qui vient le chercher à Paris.

- N'ayez nulle crainte, lui dit la mère. Vous n'aurez aucun mal. C'est un beau garçon. Il est très gros.

« Je ne le trouvais pas si gros que ça, dit aujourd'hui Maria, âgée de soixante-dix-huit ans. Je l'ai couvé tout le temps pendant le voyage pour voir s'il respirait. Arrivée à Brive, le lait du biberon avait tourné. Je suis allée au buffet de la gare et j'ai demandé de l'eau, car je ne voulais pas changer son lait. »

Après avoir pris le train pour Tulle, puis le tacot, Maria atteignit enfin Espagnac avec son précieux chargement.

Et c'est ainsi que Jacques Peuchmaurd, âgé de sept jours, a battu, sans le savoir, un record : celui du plus jeune voyageur transporté par le Transcorrézien. Bien que l'homologation n'ait pas été faite, on ne sache pas que cette performance ait été améliorée, aucun accouchement n'ayant été signalé entre Tulle et Ussel.

Mais ce n'est pas tout : en accomplissant sans effort son exploit, le petit Jacques ne se doutait pas que celle qui le tenait dans ses bras deviendrait, vingt-quatre ans plus tard, sa belle-mère ! En effet, Maria épousa bientôt Germain Massoulier et eut une petite fille, Raymonde. Jacques avait douze ans, et Raymonde dix ans, lorsqu'ils tombèrent « bêtement » amoureux l'un de l'autre. Ils eurent toutefois la patience d'attendre 1947 pour se marier.

En fait, lorsque Jacques Peuchmaurd regagna à l'âge de deux ans et demi Paris, n'ayant comme premier vocabulaire que des mots de patois, les Masse faisaient en quelque sorte partie de la famille. Devenu écolier à Condorcet, il passait chaque été un mois au bord de la mer et son second mois de vacances se déroulait à Saint-Paul, plus exactement au hameau de Chirac, chez des cousins qui louaient la maison, sans eau ni électricité, que son grand-père avait abandonnée parce qu'il la trouvait trop chère. C'est là qu'il retrouvait Raymonde, qui habitait Brive, et tous les deux prenaient souvent le tacot qui s'essoufflait dans la côte d'Espagnac. Pour revenir sur Tulle, on lui faisait confiance. Le train avait un sifflet très rauque, il « meuglait », dit Jacques. Dès qu'on l'entendait, on prenait ses bagages et on se dirigeait en pressant un peu le pas, vers la gare d'Espagnac distante de 1,5 km, où on le rejoignait, juste comme il sortait du défilé. Généralement, les enfants ouvraient la marche, suivis par la tante de Tulle et la cousine Marie, fière d'avoir appris l'anglais et qui portait délicatement un paquet suspendu à chacun de ses petits doigts.

Jacques Peuchmaurd affirme que, jusqu'à la guerre de 40, et même jusqu'en 1948, il a toujours vu les costumes d'autrefois. Les vieilles, et même les jeunes, étaient habillées sinon toujours en noir, du moins en couleur très foncée. Cela s'expliquait par le fait que l'on observait scrupuleusement le deuil et qu'il durait trois ans, suivi ensuite par le demi-deuil où l'on s'autorisait à porter du violet, du mauve, et un peu de blanc. A la messe, on arborait un grand voile de crêpe. De plus, on portait non seulement le deuil des parents proches, mais aussi des oncles, des tantes, voire des cousins. « Maintenant on ne respecte plus les morts », dit Jacques, qui a perdu son père en 1978. Il était âgé de quatre-vingt-dix ans.

Il n'était pas rare que, chez elles, les femmes se retrouvent avec trois tabliers sur leur robe. En effet, lorsque survenait quelqu'un, elles prenaient un tablier propre qu'elles ajustaient rapidement sans enlever celui qu'elles portaient. Ce n'est également qu'après la dernière guerre que le charretou et son bourricot ont fait place à l'auto et, spécialement dans ces dernières années, à la R 4.

En revanche, Marie Pénicaud, née en 1911, « n'en revient pas » de l'évolution qui s'est produite pendant les cinquante dernières années. Cette femme à l'œil bleu vif et malicieux, habite à Tulle le quartier de la Mécanique, où elle occupe un petit appartement, mais agréablement situé, au-dessus d'anciennes installations industrielles. Toutefois, elle constate que l'évolution n'a pas touché tout le monde puisque, dit-elle, « il y a des vieux qui ne sont jamais montés dans le tacot ».

Marie Pénicaud, qu'on appelle respectueusement « Madame Marie », a passé son enfance dans les premiers temps du Transcorrézien, alors que les paysans allaient aux foires dans des charrettes à bœufs. Deuxième d'une famille de sept enfants, elle n'a même pas son certificat d'études, ce qui ne l'empêche nullement de montrer une intelligence déliée et une finesse qui pourrait presque passer pour de la ruse, n'étaient la spontanéité et le pittoresque de ses réflexions.

- A onze ans, mon père m'a dit : « Tu préfères l'école ou les vaches ? » J'ai répondu : « Les vaches ». On était heureux comme tout.

Ses parents étaient métayers à Affieux, situé à 35 km de Tulle. Son père avait été envoyé au catéchisme, mais pas à l'école. Elle même se dit « très croyante, mais pas pratiquante ».

- Enfants, nous étions très bien habillés, dit-elle. Ma mère savait tout faire. Elle me mettait un tablier noir, de longues vestes de laine, je portais des sabots et, plus tard, des socques, c'est-à-dire des galoches montantes avec semelles de bois. Avec les autres enfants, on faisait des glissades sur les étangs gelés et des roudoulous dans la neige : on se roulait dedans.

« Deux de mes sœurs se sont partagé la ferme de mes parents, 140 hectares. Autrefois, les métayers et les maîtres se divisaient le produit des récoltes. Maintenant, mes beaux-frères sont appelés fermiers. Ils donnent peut-être 5 000 F par an et sont plus heureux que les patrons.

« De mon temps, nous avions vingt bêtes à cornes. Aujourd'hui, il y en a cent. On cultivait des pommes de terre, du blé noir (le sarrasin), du seigle et un peu de blé. Ça prenait beaucoup de temps, mais c'était beau. Aujourd'hui, mes sœurs ne travaillent plus la terre ; elles faisaient des cochons, mais n'en font plus, sauf pour elles. On leur porte de petits veaux de huit jours, une cinquantaine, et on les soigne. Au bout de quatre-vingts jours, le propriétaire vient reprendre ses veaux et paie leur peine. Ce sont les femmes qui font ça à temps perdu, une demi-heure le matin, une demi-heure le soir. Une de mes sœurs et sa fille font ça. Un million tous les trois mois, ça leur rapporte. Mais c'était mieux quand ils tétaient leur mère, ces petits veaux. »

Même quand son père était au front, en 1914, Madame Marie affirme que la famille avait toujours de quoi manger. Cependant, la fièvre des villes devait la gagner, comme tant d'autres. Elle se maria à seize ans avec un facteur, et se rendit à Paris.

- J'ai cru que je faisais une affaire, dit-elle, parce que mon mari gagnait 500 F par mois en 1927.

Un an après, elle devenait mère et regrettait déjà la Corrèze où elle ne devait se fixer à nouveau qu'en 1938, après avoir travaillé à la Halle aux Vins pour la mise en bouteilles.

- Les gens d'ici quittent la terre pour devenir facteurs ou flics. Mais je les vois quand ils reviennent. Ils sont morts !

De retour à Tulle, Madame Marie a retrouvé avec joie le tacot. Naturellement, il avait ses inconvénients : « En arrivant, on pouvait se débarbouiller ! » Mais il avait aussi ses avantages et il les avait même avant de circuler :

- C'est depuis qu'on a construit le train qu'il n'y a plus de loups, affirme-t-elle. Les petits villages avaient peur du loup. Il mangeait les moutons. Quand ils l'entendaient, les moutons se rassemblaient en groupe et les chiens prenaient peur aussi. Au lieu de défendre les moutons, ils se blottissaient contre eux. Alors, les femmes tapaient le sol avec leurs sabots ferrés ou appelaient les hommes qui faisaient du bruit avec leurs faux. Mais lorsqu'on a commencé à construire la ligne, il a fallu creuser des rochers, et les explosifs ont chassé les loups. Ils ne sont plus revenus.

Et, probablement, ils courent encore !

10.

« La pauvreté n'empêche pas d'être heureux. Au contraire ! » C'est ce que m'a dit aussi Maria Massoulier qui conserve « un très bon souvenir » de son enfance. Elle gardait les vaches au moment où les ouvriers faisaient la voie, au moulin Douroux. Comme tous les gosses, elle allait admirer les ouvriers vêtus de leurs blouses bleues et de leurs pantalons de velours. Les rapports étaient excellents avec les chefs d'équipe et les ingénieurs. La mère de Maria leur faisait la lessive, en plus des travaux « à la journée » qu'elle accomplissait dans le bourg. Son père, le cantonnier Masse, ayant logé sa famille à Besse, « faisait le bois » chez l'un ou chez l'autre, dès qu'il avait une heure libre. Comme les cantonniers étaient mis d'office en congé sans solde deux mois de l'année pour qu'ils puissent participer, bon gré mal gré, aux moissons, Masse se mettait chaque été courageusement « à la tâche », et non à la journée, ce qui lui permettait de gagner davantage, tout en étant nourri.

Ce grand fauché se révéla vite un grand faucheur, à tel point que, en deux mois, il récoltait presque autant d'argent que durant tout le reste de l'année, ce qui n'était quand même pas le Pérou : « Heureusement, il n'avait qu'un enfant », dit sa fille. En qualité de « maître faucheur », on le voyait notamment au Breuil, près d'Espagnac, dans une maison bourgeoise où il dirigeait quelque trente manieurs d'armes d'ost. Germain Massoulier aidait son futur beau-père, qui n'hésitait pas à le mettre à l'épreuve, peut-être pour vérifier s'il était digne d'être son gendre.

La maison des Masse se composait de deux grandes pièces, avec cave attenante, et le propriétaire y venait manger la soupe tous les soirs. Maria a connu la Cléopâtre d'Espagnac pour qui la ligne fut détournée. Son mari était si fier d'elle, et si naïf, qu'il ne sut jamais rien. D'ailleurs, l'ingénieur amoureux qui était, sinon un fort bel homme, du moins un fort gros homme, sans doute épuisé par ses ardeurs, eut une fin aussi soudaine que l'illustre Antoine : il succomba à une attaque sur le théâtre de ses exploits.

Les ingénieurs étaient si gentils avec les enfants que Maria, à l'âge de neuf ans et demi, reçut de l'un d'eux le missel de première communion de son propre fils, pour que ça lui porte bonheur. Pendant ce temps-là, celui qui devait devenir son mari, Germain Massoulier, faisait, comme beaucoup d'autres galopins, de petits travaux sur la voie pour gagner quelques sous. Plus tard, il devint lui aussi chef cantonnier, puis conducteur de tramways, mais d'abord, à l'âge de seize ans, il monta à Paris. Sa jeune femme l'y rejoignit, mais n'y resta pas plus de deux ans et demi. Les époux Massoulier revinrent s'installer à Brive, où ils habitent aujourd'hui une maison agréable, dont la terrasse fait vis-à-vis avec la piscine municipale, installée de l'autre côté de la rue. On ne leur donnerait pas leur âge. A soixante-dix-huit ans, Maria s'est cassé le col du fémur et s'en est rétablie plus vite que son compatriote Chirac. A soixante-dix-sept ans, cheveu brun, lunettes, petite moustache conquérante, Germain perpétue physiquement la lignée des Victor Boucher et des Adolphe Menjou. Pendant les beaux jours, assis sous leur parasol, ils se trouvent au même niveau que les naïades et les tritons bronzant sur leurs nattes ou riant dans les gerbes d'eau javellisée. Et Germain de soupirer, au sein de ce brouhaha :
- On était plus heureux que les jeunes d'aujourd'hui !

Pour revivre cette époque lointaine où le Transcorrézien se construisait, les « jeunes d'aujourd'hui » n'ont évidemment que le récit de leurs grands-pères ou arrière-grands-pères au travers duquel ils peuvent se faire une idée des vieilles vertus de leur race. Elles ne sont peut-être pas si effacées qu'on le croit, même si les conditions d'existence ont changé. Elles ont de quoi inspirer l'étonnement ou l'admiration.

Georges Barial, instituteur honoraire, né à Donzenac en 1904, a connu, vers 1910, ces veillées dans le cantou au cours desquelles son grand-père triait de pleines assiettes de haricots secs. On n'avait pas jugé bon de mettre l'électricité au grenier. Une chandelle faisait l'affaire. Pour l'allumer, la grand-mère prenait une allumette et présentait au feu de la cheminée son bout non soufré, afin qu'elle puisse servir une seconde fois. Ainsi faisait-elle par avance mentir Pagnol lorsqu'il affirme, dans Marius : « L'honneur des filles, c'est comme les allumettes, ça ne sert qu'une fois. »

En revanche, l'honneur, et son corollaire l'honnêteté, existaient au même degré et avec la même scrupuleuse conviction chez le père de Marcel Pagnol et chez le père de Georges Barial. Ce dernier, né en 1872, s'était coltiné des rails de 16 mètres de long sur la ligne Paris-Toulouse qui passait à Donzenac, au point que, le soir, il avait l'épaule « comme du foie ». Devenu gendarme à Eygurande, au-dessus d'Ussel, il s'adressait en ces termes à son fils, sur le quai de la gare :

- Tu sais, mon petit, ce que je veux te dire : ton honneur et ta santé, mais ton honneur d'abord.

Élève à l'école primaire supérieure d'Uzerche, Georges Barial fut parmi les dix-sept candidats du département qui se rendirent à Tulle par le tramway pour passer le concours. Deux seulement furent admis, dont lui, mais comme il était fils unique, la bourse lui fut refusée. Nullement déçu, malgré les sacrifices qui en résulteraient pour lui, son père fut au contraire soulagé :

- Comme ça, dit-il, tu ne devras rien à la communauté. Entré à l'Ecole normale de Tulle, Georges donnait quelquefois un coup de main à l'économe qui lui faisait recopier des états pour la Cour des comptes et, pour le récompenser, lui versait un verre de vin supplémentaire. S'en étant ouvert à son père, celui-ci déclara sévèrement :

- Tu ne devrais pas accepter. C'est pris sur la communauté.

Et il lui arrivait de remarquer :

- Je serais le plus malheureux des hommes, si j'étais à la charge de la communauté.

Pendant l'été, pour se faire quelque argent, Georges Barial accepta d'être surveillant de colonie de vacances à Servières-le-Château. On cherchait de jeunes élèves-instituteurs qui en imposent par leur autorité et, justement, Georges avait de très belles moustaches, relevées au bout par un coup de fer, ce qui le faisait paraître plus âgé, à tel point que lorsque à quelque temps de là il se maria, une dame crut qu'il était le beau-père de sa propre femme.

Avec trois autres jeunes volontaires de l'École normale, il avait fait, sur le tacot, la connaissance d'un mécanicien, un brave garcon nommé Bastien, qui, à Laguenne, les faisait monter dans la locomotive, ce qui était d'ailleurs absolument contraire au règlement. Il suffisait de tourner une manivelle horizontale et le train démarrait. Avant le tunnel de Pandrignes, Georges trempait une éponge dans du pétrole, l'allumait au foyer et la suspendait au toit de la cabine en guise d'éclairage. Elle fumait terriblement pendant toute la traversée du tunnel. A la sortie, Bastien s'enquérait aimablement de l'état du gosier de ses hôtes : bière ou vin blanc ? « Siffle deux fois », dit-il à Georges, au cours du premier voyage. « Pourquoi ? - Parce que deux coups, c'est le vin blanc, et un coup la bière. » Le système fut très vite compris. A l'arrêt de Saint-Chamant, on voyait accourir la tenancière du café tout proche, qui ne se trompait jamais sur le code.

Nommé instituteur à Lamazière-Haute, près de ses parents chez lesquels il revint habiter car il ne touchait que 350 F par mois, il se présenta le 1er octobre à l'école. Personne ! Les élèves n'arrivèrent que quatre jours après la date de rentrée parce qu'il leur avait fallu participer au ramassage des pommes de terre.

En 1929, Georges Barial épousa une jeune fille de Donzenac qui était sortie quinze jours plus tôt de l'École normale. Deux traitements n'étaient pas un luxe pour s'installer, puis pour vivre, même si le couple avait un appartement de fonction et si Georges était secrétaire de mairie. Ils occupèrent deux postes durant toute leur carrière : Billac, aux confins du Lot, et Saint-Cernin-de-Larche, aux confins de la Dordogne. Ils eurent récemment la curiosité de revoir leur dernier poste. Quand elle partit à la retraite, au moment de la mort du Transcorrézien, Mme Barial avait quarante-quatre élèves. La même classe n'en compte aujourd'hui que huit ! Sur ce petit nombre, ils trouvèrent avec émotion des petits-fils de leurs propres élèves.

Georges Barial a gardé un souvenir merveilleux de ses années d'enseignant. Il avait la vocation et s'est dépensé sans compter ; ce dévouement fait aussi partie des qualités vivaces de la province. Quelle différence entre cette « France profonde » et celle des villes tentaculaires, de la vie parisienne surtout ! Le premier soir de mon arrivée à Tulle, descendu dans un hôtel du centre, j'ai demandé si la réception était ouverte la nuit. « Nous fermons à minuit, m'a-t-on répondu, mais si vous rentrez plus tard, vous trouverez la clef sur la porte de votre chambre. - Comment, vous laissez les clefs sur les portes ? - On n'a jamais rien volé jusqu'à présent... » Pour être tout à fait crédible, il me faut dire cependant qu'à La Roche-Canillac, mon réservoir d'essence a été asséché lors d'une nuit sans lune.

Qui n'a pas une pensée de tendresse et de reconnaissance pour ces vieux maîtres des écoles primaires d'autrefois - car ils nous paraissent vieux - qui accomplissaient leur tâche avec une conscience dont il restait fatalement des traces dans l'esprit des enfants ? Rien n'est plus agréable à Georges Barial que de recevoir ses anciens élèves devenus adultes, certains quinquagénaires, dont les visages s'éclairent en le voyant : « Cela me fait davantage plaisir, dit-il, que si l'on me donnait dix mille francs de retraite de plus par trimestre. »

Aujourd'hui, avec sa charmante femme, il est revenu vivre à Donzenac où il occupe, près de la gendarmerie, une maison dont la terrasse propice aux repas de plein air ouvre sur un vaste panorama, égayé au premier plan d'arbres fruitiers. Mme Barial excelle à préparer la galantine, les marrons frits, le veau rôti et l'andouille assaisonnée de sauce à l'ail, la caillade et la compote. Ces mets raffinés ne font pas oublier à Georges ses jeudis de pêche dans la Couse, lorsqu'il partait le matin avec sa canne et, pendus à son flanc, la musette et le casse-croûte : omelette aux fines herbes, boîte de sardines, morceau de fromage, pain, fruit et chopine de rouge.

L'activité professionnelle de Georges Barial lui a permis de connaître il y a quarante-cinq ans à Paris, où son fils Jean est aujourd'hui un journaliste connu, un homme à grande barbe blanche dont il commentait les œuvres devant ses élèves. Cet homme s'appelait Armand Galopin, nom prédestiné puisqu'il n'écrivait que pour les enfants. Deux ou trois ans après, les Barial lui préparèrent un grand colis de truffes, mais lorsqu'ils le présentèrent à la poste, le receveur leur dit qu'il venait d'apprendre par le journal la mort du destinataire. Le colis partit quand même et ce fut sa veuve qui remercia. On n'a pas toujours la chance d'être consolé de si intelligente façon.

Mme Barial prétend avoir raté l'affaire de sa vie le jour où, sa mère voulant lui faire un cadeau, elle préféra « par coquetterie » un manteau de poulain à une ménagère. Cette ménagère en argent massif avait été donnée à Marie Dubas par un prince russe. Elle se trouvait alors en possession de joailliers, nommés Vinez, qui voulaient quitter Donzenac un peu avant la guerre, pour rejoindre Tahiti. C'est là que s'étaient installés leur fille et leur gendre, lequel, grand sportif, avait perdu une jambe à la guerre de 14. Pour ne pas que ses fils risquent à leur tour de perdre leurs jambes, il avait pris celle qui lui restait à son cou et s'était fixé le plus loin possible d'un champ de bataille présumé. Le joaillier Vinez, qui enseignait une langue internationale, l'ido (simplification de l'espéranto), comprenait parfaitement ce sentiment et voulait se débarrasser de cette ménagère qu'il brada pour quelques billets de mille. Saisi par le mal du pays, il revint d'ailleurs à Donzenac où il reprit ses cours d'ido de village.

Non loin de Donzenac, se trouve le château de Castel Novel, à Varetz, où Colette habita avec Henry de Jouvenel et où elle écrivit *Chéri*. C'est là qu'était né Robert de Jouvenel, frère d'Henry, mais la famille possédait un autre château à Curemonte.

Beaucoup plus près, on aperçoit sur la hauteur le château de Mirabeau dans lequel la sœur de Valéry Giscard d'Estaing a marié sa fille au romantique Gonzague Saint-Bris. Le fait que la jeune épousée soit aussitôt montée en ballon n'a pas échappé à la chronique gauloise. La sœur du président Giscard d'Estaing est l'épouse du comte de Lasteyrie du Saillant, descendant de ce Lasteyrie qui, ministre des Finances, avait fait grimper le paquet de gris de 1 F à 1,10 F, ce qui lui valut d'être accueilli en 1923 à Eygurande par les cris de : « Double décime ! Double décime ! » et de perdre son siège de député.

On n'en finirait pas, d'ailleurs, de relever, ici et là, les noms de personnalités contemporaines. Pendant l'occupation, André Malraux a habité un château à Saint-Chamant, avec sa compagne

A l'arrêt facultatif Le Châtaignier, Gaston Picard (l'un des fondateurs du prix littéraire Théophraste Renaudot en 1925), tantôt trouvait une place dans le giron du tacot, tantôt il le suivait... d'un pas léger.
Photo Claude Wagner - 25 mai 1958

Josette Clotis qui eut en 1944 une fin tragique, les deux jambes broyées par le tacot d'Argentat. C'est dans cette dernière ville que se réfugièrent, durant toute la guerre, Emmanuel Berl et Mireille, et on y a inauguré, en octobre 1979, une rue Emmanuel Berl. Albert Camus a fait escale dans la région avant de rejoindre la Haute-Loire. Les écrivains Louis et Marc Chadourne avaient leur domaine près de Brive, leur ville natale. Gaston Picard, l'un des fondateurs du prix Théophraste-Renaudot, est venu pendant vingt-six ans passer des vacances au Châtaignier, chez André Lagarde, avec sa femme, Suzanne Sourioux-Picard. Pierre Benoit, Francis de Miomandre, Marcelle Tinayre, le dessinateur Bib, Pierre Calef, parolier des *Vieilles de notre pays*, y ont également séjourné. Dès 1916, le metteur en scène Julien Duvivier était l'hôte de la famille Lagarde, à proximité de la voie du Transcorrézien, et il empruntait les voitures à âne du grand-père de Toinou pour les besoins de *Poil de Carotte* qui fut un des succès du cinéma d'avant-guerre. Plus près de nous, c'est Clouzot qui s'inspira très librement, pour son Corbeau, de l'affaire des lettres anonymes dont l'auteur, Angèle Laval, était la sœur du secrétaire général de la préfecture.

Un acteur célèbre a bien connu, adolescent, le tacot : Michel Piccoli qui, apparenté à la famille d'Edmond Périer, membre de l'Institut, vint vivre au moulin de Brochs, où elle était installée, près de Tulle, sur les bords de la Céronne. Enfin, Maurice Biraud a une propriété près de Collonges-la-Rouge dont son beau-père, M. Soulié, a été maire. Si un chef de train audacieux avait eu l'idée d'ouvrir un livre d'or, voilà quelques-uns des noms fameux qu'on aurait pu y lire au long d'un demi-siècle.

11.

Dès qu'il fut placé sur ses rails, le Transcorrézien donna naissance, si l'on peut dire, à une nouvelle civilisation locale. Avant même que les coutumes et les habitudes fussent bouleversées, on vit apparaître, sur le plateau corrézien, des types humains complètement inconnus et avec lesquels il faudrait désormais s'habituer à vivre. Parmi eux, le chauffeur et le mécanicien étaient les héros de ce théâtre permanent. Véritables personnages de tragédie antique, ils bravaient les éléments, domptaient le monstre aux entrailles de feu et prenaient une stature luciférienne. Le *Règlement général* (article 6) définissait ainsi leurs « attributions » et leur « responsabilité » :

> Les Mécaniciens sont chargés de la conduite et de l'entretien des machines qui leur sont confiées.
> Ils doivent assurer, en ce qui les concerne, la marche régulière des trains.
> Les Chauffeurs sont spécialement chargés de l'alimentation du foyer, de la manœuvre du frein à main et du nettoyage de la machine concurremment avec le Mécanicien. Ils sont placés sous les ordres immédiats des Mécaniciens.
> Les Mécaniciens et les Chauffeurs sont responsables de tous les faits de leur service.
> Dans les stations, les Mécaniciens et les Chauffeurs sont sous

Entre autres rustiques prises d'eau, en ce lieu agreste, on abreuvait le « tacot » à la source d'Aussinange qui n'était point « trop polluée pour être honnête ».
Photo Claude Wagner - 25 mai 1958

les ordres des Chefs de station ou de leurs représentants pour tous les mouvements et les manœuvres ; en route, ils sont sous les ordres des Chefs de train en ce qui concerne le service des trains et les manœuvres.

Le Chauffeur doit être capable d'arrêter la machine en cas de besoin. Les Mécaniciens, lorsqu'ils sont en service, doivent être munis :

1. D'un drapeau rouge ;
2. D'un drapeau vert ;
3. D'une lanterne à verres blanc, rouge et vert ;
4. D'allumettes chimiques ;
5. De signaux pétards ;
6. Du tableau de la marche des trains ;
7. D'un exemplaire du présent règlement ;
8. D'une montre bien réglée leur appartenant.

Les Mécaniciens doivent s'assurer que les lanternes de leur machine sont en bon état d'entretien.

Ils sont chargés, sous leur responsabilité, de l'éclairage en temps utile de ces lanternes.

Avant le départ du train le Mécanicien doit faire, avec le plus

Gare de Tulle. Quai n° 1. Attention au départ !
Inquiet, le mécanicien alors se demanda si la locomotive n'avait pas des vapeurs, voire une fuite ?
Photo Jean-Claude Riffaud

grand soin, l'inspection de la machine et s'assurer qu'elle est en état de bien fonctionner. Il doit vérifier si les approvisionnements d'eau, de combustible et de graissage sont complets. Il est tenu de visiter notamment les essieux, les roues, les bandages, les ressorts, les clavettes, les boulons et les goupilles des pièces du mouvement, les appareils d'alimentation et les freins, même ceux des véhicules de son train.

Il doit faire lui-même le graissage de toutes les pièces de la machine qui peuvent en avoir besoin. En route il est tenu de faire le même examen dans les arrêts. Il doit surveiller constamment toutes les parties de sa machine et notamment le niveau d'eau de la chaudière, la tension de la vapeur, le feu du foyer. Il veille à ce que rien n'embarrasse la manœuvre des freins.

Au moment où le train est formé, ou lorsque les attelages en ont été modifiés en cours de route, pour une cause quelconque, le Mécanicien doit faire l'épreuve des freins continus au serrage et au desserrage, avant de mettre le train en marche. Il doit veiller à ce que le cendrier soit fermé en arrière dans le sens de la marche.

Il ne doit sous aucun prétexte changer les points d'arrêt des balances des soupapes de sûreté, ni même pousser sur leur levier pour obtenir une pression supérieure à la pression normale.

Le Mécanicien et le Chauffeur doivent prendre leurs mesures pour éviter que leur machine ne fume en marche.
Quand une machine stationne, le frein doit être serré, le régulateur fermé et le levier de marche au point mort.
Les mêmes précautions doivent être observées quand la machine est en tête d'un train arrêté.
Pendant les stationnements prolongés et aux dépôts, le régulateur fermé doit être cadenassé et les roues motrices calées, en avant et en arrière...

Ces deux hommes, le mécanicien et le chauffeur, étaient revêtus, selon Pierre Vignerie, beau-frère du Dr Madrange et retraité des cadres S.N.C.F., d'une grosse blouse, bleue, noire ou gris délavé, en tissu spécial dit de « droguet », comparable au jean d'aujourd'hui. Ils portaient une casquette à très longue visière, avec une calotte bleu marine enfoncée jusqu'aux oreilles, ainsi que de grosses lunettes de protection, souvent remontées sur le front à l'exemple de leurs camarades des grandes lignes. A leurs pieds, de grosses chaussures, genre godillots militaires, ou bien des sabots leur permettant de marcher sur les tôles brûlantes.

Le mécanicien tenait à la main un éternel chiffon pour se défendre de l'huile, du charbon ou du fraisil (produit de la

Saint-Hilaire-Luc.
Intérieur de la cabine d'une 030-T Piguet (juin 1956).
Fréquemment, mécanicien et chauffeur y parlaient chiffons...
Cliché Claude Wagner

combustion du charbon sous forme de cendres ou d'escarbilles). Pour empêcher que ce fraisil brûlant ne leur pénètre sur le corps, les hommes portaient autour du cou un foulard rouge ou noir, quelquefois un grand mouchoir à carreaux. Leurs vêtements de dessous étaient toujours très ajustés pour la même raison.

Le mécanicien conduisait la machine le plus souvent la tête à l'extérieur, à cause de l'opacité des vitres, et il avait de ce fait un faciès buriné par les intempéries, la peau du visage pigmentée de taches de brûlures punctiformes, plus rarement de vraies cicatrices bleues de charbon.

Dans certaines stations, le mécanicien faisait le tour de la locomotive, tâtait à main nue la température des bielles, usait éventuellement de la burette ou encore « faisait de l'eau » dans les citernes.

Mœurs spéciales au Mortier ? Une belle loco dite la Libellule y flirta beaucoup avec une grue (hydraulique)...
Collection Jacques Maligne

Pour le petit peuple corrézien, les détails du règlement comme ceux donnés par P. Vignerie n'avaient qu'une importance relative, et le mécanicien et le chauffeur étaient non seulement inséparables, mais indiscernables l'un de l'autre. Ils étaient « les chauffeurs ». Leur légende s'imposa si vite que, instituteur à Saint-Paul de 1909 à 1919, Jules Peyrical, né en 1863, donnait pour devoir de récitation à ses élèves ces vers d'un certain Vessiot :

Comme dans un rêve,
Sans merci ni trêve,
Toujours en avant,
Battu par le vent,
Tout noir de fumée,
A demi gelé,
Vois-tu le chauffeur ?
Baigné de vapeur,
Trempé de sueur,
Ruisselant de pluie,
Tirant la scorie,
Attisant son feu,
Voilà donc sa vie !
Quelle vie, oh Dieu !
Quelque temps qu'il fasse
Il passe et repasse
Dans les grondements,
Dans les sifflements
De ce monstre avide
Aux yeux aveuglants,
Qu'il lance, rapide,
Sur les rails brûlants.
Ah ! Dieu, quelle vie,
Rude et bien remplie !

L'instituteur avait ajouté cet envoi final de son cru :

Respect et honneur
Au vaillant chauffeur !

La fille de Jules Peyrical, Jeanne Vialle, surnommée Jeanou ou Jaja, née à Saint-Paul, dixième de onze enfants, a été elle aussi institutrice et s'est mariée avec un instituteur. Ils habitent tous deux une agréable maison à Égletons. Lorsque je suis allé leur rendre visite, j'ai demandé à deux vieilles dames où se trouvait leur rue.

- Qui voulez-vous voir ? m'ont-elles répondu.

Et comme je m'étonnais qu'il faille d'abord donner l'identité de la personne avant de savoir où se trouvait sa rue :

- Oh ! vous savez, m'ont-elles dit, nous sommes ici depuis longtemps.

Et, en effet, au seul nom de Vialle, elles se sont écriées en chœur :

- Les retraités ?

Comme s'il n'y avait que deux retraités dans une ville de 6 000 habitants...

Retraités, M. et Mme Marcel Vialle ne sont nullement inactifs et ils se tiennent fort au courant de la vie intellectuelle. Il y a quinze ans, Marcel Vialle a gagné 12 000 francs nouveaux au jeu de Pierre Sabbagh, *L'Homme du XXe siècle*, battant une demi-douzaine de concurrents. « Nous sommes diplômés de Max Favalelli », dit aussi sa femme, depuis qu'ils se sont distingués tous les deux dans un championnat de France de mots croisés.

Pleine de vivacité, Mme Vialle-Peyrical souhaite que les épouses gardent leur nom de jeune fille, comme la loi leur en offre la possibilité, ce qui, selon son mari, si la chose se généralisait, introduirait une belle pagaille dans l'état civil. Mais c'est que Mme Peyrical, femme Vialle - appelons-la Jaja pour tout simplifier - est envahie par la nostalgie de sa jeunesse, intimement associée aux exploits du Transcorrézien.

- Ces chauffeurs en bleu de chauffe, peu souvent lavé et maculé de suie et de graisse de machine, une casquette en toile sur l'oreille, ces chauffeurs, nous aimions les voir ! s'exclame-t-elle. Leur visage noir de suie, leurs yeux brillants et « blancs », contrastant avec leur peau noire, un sourire jovial éclairant leurs traits, tout cela nous paraissait à nous, jeunes enfants, quelque chose d'inhabituel et d'extraordinaire. J'ai retrouvé le chauffeur du tacot dans le Jean Gabin de *La Bête humaine* avec infiniment d'émotion.

Jaja a encore « dans la tête » le halètement du train. Il était entendu de Saint-Paul, à la grande joie des écoliers qui s'amusaient à l'imiter. Garçons et filles relevaient leur tablier noir (celui de Jaja s'ornait d'un col claudine rouge, privilège partagé avec la fille du notaire), et saisissaient les pans tordus en se mettant à la queue leu leu, soufflant et faisant « teuf-teuf » très fort, mais sans avancer pour

Ah ! La Belle Epoque ! 2 août 1914.
Si la voie du petit train était obstruée, il contournait l'obstacle. Quant au mécanicien il se prenait déjà pour Jean Gabin dans « La bête humaine ».
Collection Jacques Maligne

autant. Pour figurer un déraillement, ils se laissaient choir sur l'herbe humide du bois de Boulogne, un bois de châtaigniers, à cent mètres de l'école (« on monte au bois de Boulogne » était l'expression consacrée). Puis la joyeuse troupe se relevait et recommençait.

- Parfois, dit-elle, Gustou, un « pauvre être » de Saint-Paul, nous affirmait que le tacot disait : *porta-puta* (porte-pute), et c'était vrai qu'à nos oreilles ce *porta-puta* était exactement l'onomatopée du tortillard lorsque, trop chargé, il peinait pour monter la rampe de Douroux.

« Un jour, le pauvre tacot avait chargé des demi-muids pour des marchands de vin d'Espagnac et de Saint-Paul. Arrivé à cette fameuse côte de Douroux, il ne put la grimper. Alors, en désespoir de cause, il s'est vu dans l'obligation de reculer jusqu'à la gare d'avant la côte, de décharger ses futailles et puis, soulagé, de repartir avec ses voyageurs hilares devant la mine déconfite des chauffeurs. »

Les chauffeurs devaient avoir, de toute façon, le caractère bien trempé, ce qui n'allait pas quelquefois sans une certaine rudesse, témoin ce mécanicien, nommé Mailloche, qui buvait et chiquait, ne s'embarrassant pas de prévenances envers le public, mais dont les plaisanteries et le bagou faisaient pardonner le reste. Comme les machines n'avaient pas de tender, et que les chauffeurs avaient le poitrail chaud et le dos gelé, on avait installé, pour l'hiver, une tôle de protection à l'arrière de la locomotive. La retraite était prise à cinquante-cinq ans.

Les circonstances obligeaient parfois à des raffinements. Ainsi le mécanicien Émile Soustrot, d'Espagnac, étant devenu chef de train, se fit couper la pointe du pied en procédant à un attelage. Du coup, il préféra renoncer à son avancement et on le remit sur une machine. Il s'aperçut qu'il fatiguait trop. Alors, on lui confectionna spécialement un petit tabouret. Émile Soustrot devint, de la sorte, le premier mécanicien à conduire assis une locomotive ! Les riverains, stupéfaits, apercevaient une tête, munie des lunettes caractéristiques, dépassant à peine la cloison basse de la cabine, et croyaient avoir affaire à un nain. Malgré toute sa bonne volonté, revigorée par de fréquentes rasades de pinard, Émile ne put supporter cette nouvelle épreuve de chauffeur au petit pied. Il redevint poseur de rails, mais garda sa qualification.

L'abus de boissons alcoolisées, de vin surtout, était le péché mignon du personnel roulant. Le règlement prescrivait pourtant

que « tout mécanicien ou chauffeur reconnu en état d'ivresse, *même en dehors de son service*, sera immédiatement révoqué ». Jamais règlement ne fut plus souvent transgressé, d'ailleurs sans conséquence disciplinaire, sinon il aurait fallu renoncer à faire circuler les trains. L'excuse principale était évidemment la déshydratation provoquée par la chaleur du foyer, à tel point que même la machine devait boire ; mais, curieusement, il ne vint jamais à l'esprit d'aucun chauffeur de combattre cette déshydratation par de l'eau plate, bien que les rivières fussent fraîches et limpides. Il est vrai qu'autour de chaque station avaient surgi un ou plusieurs cafés qui rendaient la tentation trop forte et savaient y répondre avec un zèle au-dessus de tout éloge. Les chefs de gare étaient parfois complices. C'est ainsi que celui de Marcillac téléphonait à la station suivante de Lafage, non seulement pour annoncer le train, comme il était tenu normalement à le faire, mais aussi pour commander les consommations des chauffeurs. Ce procédé avait l'avantage, si un inspecteur se trouvait dans le convoi, d'échapper à ses sanctions, car le mastroquet apportait les boissons aux hommes de la locomotive qui n'avaient donc pas à descendre sur le quai où ils eussent été en infraction. Mais, généralement, la commande était passée au moyen du sifflet, ainsi que Georges Barial en eut la révélation. Un jour, à Marcillac, le mécanicien et le chauffeur décidèrent subitement de faire grève. Objet de leur revendication : que les voyageurs leur paient un litre de vin rouge, ce qu'ils firent sans barguigner. Ce fut la plus courte grève de l'histoire des chemins de fer.

A d'autres moments, on s'amusait aux dépens des biberonneurs invétérés. Le menuisier Farge, par exemple, n'était jamais opérationnel avant neuf heures du matin. Il prenait le tacot à Lapleau et roupillait jusqu'au Mortier, où il travaillait au dépôt. Il remontait le soir et cuvait le vin de la journée. Une fois, le conducteur, c'est-à-dire le chef de train, pour lui faire une farce, décida de ne le réveiller que sur le viaduc des Rochers-Noirs. Le père Farge dut se rafraîchir les idées en faisant quatre kilomètres à pied pour revenir chez lui, ce qui ne changea nullement ses habitudes.

A tel point que, par un après-midi de forte chaleur, il s'assoupit près de son établi sur un tas de copeaux et s'y ensevelit presque complètement. Il poursuivait son somme réparateur lorsque des

Le Mortier-Gumond.
Souriant sinon rigolard menuisier du dépôt, Raymond Farges rafistolait les wagons-lie. Un jour de 1959, portant sous le bras un fagot de lattes, il railla « contre la suppression du Transcorrézien, moi je porte plinthe ! ».
Photo Claude Wagner - 1956

bruits de voix le réveillèrent. Venu faire une petite inspection, M. Longueville aperçut tout à coup la trogne congestionnée et hagarde du père Farge émergeant de sa couche improvisée. Au lieu de sévir, M. Longueville, qui savait parfaitement à quoi s'en tenir, s'écria : « Mais cet homme est malade ! Il a dû attraper une insolation ! Il faut appeler un médecin... Je compte sur vous. » Et sur ce, il tourna les talons. L'anecdote illustre très bien cette solidarité qui régnait à tous les échelons du T.C. et contribuait à en faire une grande famille.

Bien que les chefs de train fussent tenus par le règlement de ne jamais être en état d'ivresse, ni « de se charger du transport d'aucune correspondance étrangère au service », ni d'aucun colis ou bagage, les rapports de bon voisinage leur conseillaient parfois tout le contraire. A Saint-Paul, le tacot passait derrière la grange d'Émile Machat qui répugnait à se déranger lui-même pour faire ses courses à Tulle. Il inscrivait donc sur un bout de papier tous les produits ou objets dont il avait besoin et le passait au chef de train, le convoi ayant suffisamment ralenti pour les besoins de la cause. Le soir, il se postait de nouveau sur la voie, mais cette fois avec une bouteille à la main et un verre. Le tacot respectait cette halte rituelle. Émile Machat versait successivement au chef de train, au mécanicien et au chauffeur un « canon ». Par ordre hiérarchique, chacun buvait son verre, le secouait et le passait au suivant. Émile Machat repartait avec ses commissions et sa bouteille vide, et tout le monde y trouvait son compte.

Sauf, bien entendu, quelques vertueux dont l'un n'hésita pas à donner des conférences dans le pays au nom d'une ligue antialcoolique. Pour convaincre un auditoire passablement blasé, il usa, certain soir, d'une comparaison audacieuse :

- Tenez, dit-il, prenez un âne, mettez devant lui un seau de vin et un seau d'eau. Pourquoi choisit-il l'eau ?

Alors, une voix, du fond de la salle :

- *Per quo qu'é un ase !* (Parce que c'est un âne.)

Le reste du discours se perdit dans l'hilarité générale.

Pour tout dire, le tacot jouissait de l'indulgence plénière. Personne ne s'étonnait que, à la saison où les sous-bois humides sont pleins de cèpes, de girolles, de coulemelles ou de rosés des prés, le convoi s'arrête sans avertir pour permettre aux voyageurs de cueillir des champignons unanimement appréciés. Une fois, un mécanicien stoppa aux Pradelles et traversa tout le bourg de Lapleau pour aller acheter deux melons qu'il avait sans doute promis à son épouse pour le menu du soir. Souvent, on avait le temps de cueillir des fraises des bois sur le parcours. Même les instituteurs ne pouvaient rien pour empêcher l'interruption spontanée de la classe, lorsque le train éprouvait des difficultés à monter la rampe à la sortie de Lafage, en direction de Marcillac. Quand il était chargé de bois, le tortillard était obligé de se scinder en deux. La Libellule grimpait avec deux wagons, puis revenait chercher les deux autres. Le spectacle se déroulait devant l'école et il n'était pas question de le manquer.

Toujours à Lafage, comme la prise d'eau se trouvait souvent gelée en hiver, le mécanicien devait la réchauffer avec de la paille enflammée. En attendant que les tuyaux redeviennent utilisables, le père Farge, qui avait tout prévu, prenait sa ligne et allait pêcher dans la Sombre.

Cette souplesse d'adaptation aux réalités quotidiennes permettait au tacot d'avoir des attentions exquises. Non seulement il attendait les retardataires, mais on pouvait faire avec lui du train-stop. Une fois, les chauffeurs aperçurent une charmante

Entre Lafage-sur-Sombre et Marcillac-la-Croisille.
Du bois : « on s'en mettait plein la rampe ! ».
Cliché Jacques Forget - mai 1957

cycliste qui se dirigeait, sur la route, vers un passage non gardé. D'un commun accord, ils stoppèrent spontanément leur machine, de manière que la demoiselle ait la priorité et reçoivent leur hommage désintéressé. Pour les hommes du rail, la vieille galanterie française n'était pas un vain mot.

Il reste encore suffisamment de chauffeurs de la Libellule pour pouvoir recueillir les impressions vécues sans faire appel à des reconstitutions approximatives. Alexandre Fraysse est de ceux-là. Lorsque je me suis rendu la première fois à Soursac où, nous le savons, il habite, je n'ai pu lui parler car il faisait la sieste. Mais, la seconde fois, il était bien éveillé, plein d'allant, et tellement envahi de souvenirs qu'il avait préféré les consigner par écrit :

« C'est en 1923 que j'ai été engagé au T.C. comme chauffeur, chauffeur autorisé par la suite, c'est-à-dire que je pouvais remplir le rôle de mécanicien. J'ai fait ce travail jusqu'en 1932. Le service roulant était pénible, l'été, à cause de la chaleur ; c'est qu'il fallait chauffer la houille malgré la température extérieure, et l'hiver à cause du froid, car nous n'étions pas protégés. La neige ne nous

empêchait pas de passer, mais il arrivait qu'on rencontre des congères. A ce moment, il fallait foncer, reculer puis refoncer à nouveau dans l'espoir de traverser.

« Je ne peux parler de ces années sans penser aux camarades qui ont peiné avec moi. C'est Tintignac, surnommé Tintin-la-Guenon, parce qu'il faisait des singeries chaque fois qu'on voyait des enfants, Trégan, « bon chan », Soustrot Milou, « bourdel de Dios », Gustave François, « tonnerre de dieu de mille dieux ! », Tonin Duvert, qui devait devenir chef de gare à Neuvic, etc.

« Je me souviens de mon premier hiver au T.C. Il y eut une période très froide. Je me trouvais en déplacement à Ussel, avec mon camarade François Lavie. Dans ce cas, nous couchions au dortoir du dépôt. Avant d'aller à la soupe en ville, nous avons garni le poêle, afin de trouver une bonne température au retour. En effet, au retour, la pièce était chaude et nous nous sommes mis au lit. Nous sombrons dans le sommeil quand un bruit insolite me réveille. Je dresse l'oreille et je comprends que Francois râle. Je saute dans le lit, ouvre toutes grandes la porte et la fenêtre et je traîne mon camarade à l'air. Quand il ouvrit les yeux, ce fut pour me dire : « Nous ne l'allumerons plus, ce poêle », et c'est ainsi que nous avons échappé à l'asphyxie. Une autre anecdote plus plaisante, toujours sur le dortoir. Celle-ci se passait à Lapleau.

Le Mortier-Gumond - 20 juillet 1956.
« Me tassez plus les houilles ! ironisa le chauffeur. J'ai une chaudière et un cœur, sans oublier le casse-croûte dans le panier. Heu-reux !... ».
Cliché Jacques Forget

Ce furent les filles du coin qui nous mirent des orties dans les lits.

« Une autre fois, en compagnie du camarade Camille Soustrot, étant couchés, nous décidâmes d'aller boire la bière chez Pérussie, en passant par la porte de derrière. Il n'y avait que quelques mètres à parcourir, ce que nous fîmes en chemise. Nous avons consommé notre bière et ce n'est qu'au départ, lorsque nous avons enjambé le banc pour nous retirer, que Mme Pérussie s'est aperçue que nous étions en chemise. Cette brave femme a ri longuement de ce que nous avions fait, elle ne s'en consolait pas.

« En ce temps-là, chaque gare avait son bistro qui faisait recette, puisque la plupart ont fermé au moment de la suppression de la ligne, car il se trouvait presque toujours un voyageur complaisant qui offrait la tournée. On partait au pas de charge, chacun avalait son verre et on s'en revenait de même, quitte à tirer sur le régulateur pour rattraper ces quelques minutes perdues. »

En ces circonstances, les *Instructions générales* du Service de la traction, édictées en 1911, par la Compagnie, étaient quelque peu bousculées. D'abord, en ce qui concerne les stationnements, puisqu'il était prescrit que le mécanicien et le chauffeur ne devaient pas s'absenter en même temps, l'un d'eux étant tenu de « toujours rester préposé à la garde de la machine » ; mais aussi en ce qui concernait les « démarrages » et la « régularité de la marche » :

> Les démarrages exigent de grande précautions pour ne pas avarier les attelages par la violence des chocs. Ils ne doivent pas être trop brusques, mais ils ne doivent pas être trop lents, afin de satisfaire aux vitesses très tendues pour certaines lignes du réseau, imposées par les horaires.

Ces « vitesses tendues » et ces « horaires » impératifs ne manquent pas d'humour lorsqu'on se rappelle l'allure réduite et les retards du T.C. Quant à l'inconvénient qui pouvait résulter, pour les voyageurs et leurs *impedimenta*, de démarrages brusques, l'administration ne s'en souciait pas.

A Lapleau, j'ai rencontré un autre chauffeur-mécanicien, Émile Lachaud, qui a exercé de 1929 à 1932. Émile, qui est de la classe 32 - c'est ainsi qu'on déclinait son âge, au temps où le service militaire était un événement majeur - porte un béret, un pantalon bleu, des bottes et des lunettes noires. Retraité des Ponts et Chaussées, c'est un petit homme gai, qui rit souvent de toute sa dent suspendue à la mâchoire supérieure. Actuellement, il remplit au village l'antique fonction de *lou campanié*, c'est-à-dire sonneur de cloches lors de cérémonies et d'enterrements, puisque les églises n'ont plus de sacristains et presque plus de curés.

Deux machines 030T Piguet au dépôt du Mortier.
Sœurs jumelles ? Ou bien le photographe avait-il « de la cuite dans les idées » ?
Cliché André Lepage - 20 août 1959

- Au Mortier, me dit-il, nous étions trente-deux personnes. Il y avait toujours une machine sous pression pour les manœuvres, et une ou deux en révision ou en réparation. Au lavage, on les remettait à neuf, elles étaient complètement déshabillées. On envoyait les roues à Périgueux pour changer les bandages.

Une nuit, sur le coup de 11 heures, Émile Lachaud entendit frapper à sa porte.

- Qui est là ? demanda-t-il.

- Tu es poltron ? répondit une voix qu'il reconnut être celle de M. Longueville, inspecteur de la traction.

Naturellement, Émile ouvrit aussitôt.

- Il faut que tu partes tout de suite à vélo au Mortier, lui dit M. Longueville. Un autorail est en panne à Neuvic. Tu prépareras une machine pour aller le chercher demain matin.

- Elles sont toutes éteintes.

Cette affirmation surprenante n'était pas de nature à ébranler M. Longueville.

- Tu en rallumeras une, dit-il.

- Je n'ai pas de lumière à mon vélo.

- Si tu as un accident, la Compagnie paiera.

A bout d'arguments, Émile dut se mettre en route. Lorsqu'il arriva au Mortier, il s'aperçut qu'une entretoise de la machine fuyait et fut obligé d'entrer dans le foyer bouillant. Aidé par son camarade Roger Guionnet, Émile ralluma la locomotive et s'en fut chercher à Neuvic l'autorail qui fut attelé à la Libellule. Revanche de la traction à vapeur sur les automotrices !

D'ailleurs, les locomotives jouèrent jusqu'au bout un rôle important. Camille Soustrot, qui mourut presque aveugle, fut le dernier chef de dépôt du Mortier. Avec Albert Dumas, simultanément chauffeur et chef de train, il fut chargé pendant les six derniers mois du Transcorrézien, de descendre à Saint-Bonnet-Avalouze les machines, les autorails, le matériel et le mobilier, et donc de faire le mécanicien.

Un jour, un grand convoi s'apprêtait à descendre vers Tulle : une locomotive sous pression, deux autres locomotives froides, un autorail inerte et plusieurs wagons. Un jeune garçon, Jacky Pouget, le fils de Pierre Pouget, qui traînait toujours dans le coin, se vit proposer par Camille Soustrot de grimper dans la troisième machine

A proximité de la gare de Lapleau, au printemps de 1959.
Comme un cosaque de la Croix du Don, Camille Soustrot debout sur son « cheval de fer » n'eut pas un problème d'assiette, et fit un numéro équestre roulant.
Photo Edmond Duclos

et ceci pour la bonne raison que seuls les freins de la première fonctionnaient normalement. Dumas serrerait donc à main les freins de la deuxième locomotive, tandis que Jacky se chargerait de ceux de la troisième. Pour les wagons, les freins à balancier étaient coincés avec leur crémaillère.

Au départ, la machine de tête « serra le total » avec ses freins Soularein, mais au bout d'un moment, emporté par son élan, le convoi commença à s'emballer. Il fallut que les trois hommes serrent les freins de toutes les machines qui, roues bloquées, se mirent à glisser avec un bel ensemble. De temps à autre, ils relâchaient un peu les freins, pour que ça roule quand même, mais ils les resserraient rapidement à nouveau.

Dans ces conditions de vitesse inaccoutumée, le premier virage, au lieu d'être abordé progressivement, fut pris en trois fois, qui furent autant de secousses violentes. Heureusement, le père de

Jacky lui avait dit : « Si un jour tu te trouves sur une loco qui s'emballe, agrippe-toi au levier du régulateur ou au volant de la marche. » C'est à ce sage conseil que Jacky dut de rester dans la cabine et de ne pas être éjecté.

Le convoi étant miraculeusement arrivé à destination, Camille Soustrot proposa, pour récompenser Jacky, qu'il conduise la machine qui remontait seule au Mortier. Ce qui fut accepté d'enthousiasme. A un moment du parcours, Camille qui regardait vers l'arrière, dit à Jacky sans se retourner : « Attention, il va y avoir une branche. » Jacky, qui conduisait comme un authentique vétéran, la tête penchée à l'extérieur, vit en effet surgir un grand arbre dont une branche s'avançait sur la voie, à hauteur de la cabine.

Camille connaissait tellement bien la ligne, que son expérience lui servait de radar !

Le mal incurable dont le tacot fut affligé dès le début n'était autre que le déraillement. Là, les chauffeurs n'y étaient pour rien et on peut s'étonner, au contraire, qu'ils aient réussi à assurer le service de tout temps, alors que la voie était si mauvaise. Tantôt ils se heurtaient à la neige, tantôt les feuilles mortes agglutinées faisaient patiner la machine et l'empêchaient de grimper. Il fallait alors faire usage de la sablière, revenir en arrière et « prendre de l'élan », comme on disait.

« Tous les quatre matins, le tacot déraillait », dit Pierre Pouget. Mais il ajoute aussitôt, désireux de l'excuser : « Je vais vous expliquer : il y avait des courbes à soixante degrés... » Puis il reprend :

- Je vais vous citer deux déraillements. Une fois, on part du Mortier chargé à bloc : 5 wagons, 50 tonnes de bois. Le mécanicien a son frein armé. En arrivant à Espagnac, après la descente, il y a un tournant, mais il le voit trop tard parce qu'il parlait avec le chauffeur. Il donne un coup de frein brutal. Un wagon se couche, les autres sortent des voies.

« Une autre fois, en venant de Tulle, on prend un wagon de ferraille à Saint-Bonnet. A Douroux, le wagon déraille. On regarde les bandages. Un peu plus loin, ça recommence. On s'aperçoit alors que le wagon avait été chargé d'un seul côté. Dans les

virages, les roues ne touchaient pas les rails. On a fait un rapport à Tulle.

« En automne, quand les feuilles tombées faisaient glisser les roues, le train devait reculer pour semer le sable sur les rails et repartir à l'assaut. « Ce putain de tacot, il y a des feuilles, il va dérailler aujourd'hui », disaient les conducteurs. Le sable très fin, chauffé par la vapeur, descendait devant les roues du milieu qui étaient motrices. Mais il fallait faire attention à ne pas épuiser la vapeur, quand ça patinait. »

Marcel Escassut se souvient d'un voyage caractéristique qu'il fit en hiver :

- A Marcillac, où se trouve la pente la plus forte, il y avait de la neige sur les rails. Impossible de grimper. Les conducteurs et les voyageurs se mirent à déblayer devant la machine. Le train avançait de quelques mètres, puis il était obligé de revenir à la gare de Marcillac pour s'élancer de nouveau. On a fait ça sept ou huit fois. On se croit sauvés. Quand le tacot arrive au haut de la côte, plus d'eau ! On nous fait descendre encore une fois et la machine va « où le train boit » c'est-à-dire à Lafage, distant de cinq kilomètres.

Plus grave et plus spectaculaire fut le déraillement dont il fut victime en 1943. A ce moment-là, la ligne était mal entretenue, les boulons de la voie se desserraient et l'écartement des rails devenait incertain.

Parti de Lapleau de bon matin pour aller inspecter des perceptions, Marcel Escassut était accompagné de Charles Clair, alors directeur de la Mutualité agricole. Le convoi se composait seulement, outre la machine, d'un wagon de marchandises et d'un fourgon postal où les voyageurs se tenaient debout, parmi les bagages. Heureusement, il y avait, en tout et pour tout, trois personnes.

Le train arriva sans encombre à Neuvic à 9 heures. Le retour s'effectua, comme prévu, à 18 heures, avec les mêmes passagers. Au bout d'un kilomètre et demi, ces derniers furent brusquement projetés les uns sur les autres, et se retrouvèrent à genoux. Charles Clair s'était précipité, tête la première, sur le postérieur de Marcel Escassut qui, en heurtant la paroi du wagon, en était déjà quitte pour un œil au beurre noir. C'était le déraillement !

- Pourvu qu'on ne se renverse pas ! dit Charles Clair lorsqu'il recouvra ses esprits.

Heureusement, les wagons étaient seulement inclinés et la Libellule semblait prendre du repos, allongée contre le talus. Elle avait l'air d'y être pour un bout de temps. Aussi Charles Clair et Marcel Escassut décidèrent-ils de rentrer à Lapleau en essayant de faire de l'auto-stop, ce qui était assez rare à l'époque. Par chance, une traction avant à gazogène survint et les prit à bord. Elle était conduite par M. Pimont, chef de cabinet du préfet, qui ne put cependant les avancer que de trois kilomètres. Il leur en restait quinze à parcourir. Ils arrivèrent ainsi bravement à Saint-Pantaléon et se restaurèrent.

Restait à franchir le pont sur le Vianon qui venait d'être dynamité par la Résistance. Sous la pluie, dans la nuit qui était désormais noire, les deux amis, accompagnés par le troisième voyageur qui regagnait les chantiers de jeunesse de Lapleau, s'engagèrent sur une planche jetée au-dessus des eaux, en s'éclairant à la flamme d'un briquet.

L'obstacle passé, il ne leur resta plus, si l'on ose dire, que quatre kilomètres à effectuer. Comme ils arrivaient, fourbus, place de l'Église, ils entendirent avec stupéfaction un sifflet joyeux et caractéristique : le tacot avait été remis sur les rails et faisait une entrée victorieuse à Lapleau !

- On a refusé de nous rembourser nos billets ! constate amèrement M. Escassut.

Sans doute voulait-on les punir d'avoir manqué de confiance dans les capacités du Transcorrézien à redresser les situations compromises. Les déraillements étaient d'ailleurs expressément prévus par les *Instructions générales* de la Compagnie, encore qu'elle fissent sa part à l'initiative du personnel :

> Il est difficile, y lisait-on, d'indiquer d'une façon précise les mesures qu'il convient de prendre en cas de déraillement d'une locomotive remorquant un train, car les circonstances des déraillements sont très variables.
>
> Il y a cependant deux cas à envisager : ou la machine est déraillée des deux roues avant ou arrière ; ou elle est déraillée des quatre roues ou même de toutes les roues.
>
> Dans le premier cas, le mécanicien peut assez facilement, avec le matériel dont il dispose dans son train, avec l'aide des poseurs de l'équipe sur le cantonnement duquel s'est produit le déraillement, prévenus suivant les moyens les plus rapides dont on disposera, remettre rapidement sa machine sur les rails.
>
> A cet effet, il devra caler les boîtes d'avant entre les entretoises de plaques de garde et les boîtes, celles d'arrière entre les boîtes et les longerons, afin de ne pas fatiguer les ressorts, puis placer le verrin sous la traverse d'avant en son milieu, en recherchant bien entendu une assise solide pour reposer ce verrin ainsi que les crics dont il pourra disposer, c'est-à-dire en les plaçant autant que possible sur les traverses de la voie ou en les appuyant sur des pièces de bois choisies à cet usage, toujours en approvisionnement dans le convoi, et que l'on devra placer sur un terrain absolument résistant.
>
> Alors on lèvera la machine jusqu'à ce que les boudins des roues soient au-dessus du rail, en ayant soin de faire suivre un bon calage horizontal, avec des traverses placées au fur et à mesure de l'élévation de la machine au-dessus du rail, pour l'empêcher de retomber dans le cas ou le verrin

> viendrait à s'enfoncer dans le sol ou à se rompre, ce qui rendrait le travail exécuté à recommencer, souvent dans des conditions encore plus difficiles.
> La machine étant bien assise ainsi, les crics ou les verrins au cran de sûreté, on soulèvera un peu la machine au-dessus du calage et à l'aide de la vis de rappel du verrin, ou de crics mis en poussée, on fera glisser tout le système jusqu'à ce que les roues soient au-dessus du rail ; il suffira alors de descendre pour produire l'enraillement.
> Le même procédé sera employé si les roues arrière sont déraillées, après avoir bien entendu séparé la locomotive du fourgon ou du wagon avec lequel la machine est attelée.
> Avant de se remettre en marche, le mécanicien enlèvera les cales placées en dessous et au-dessus des boîtes à graisse et visitera attentivement sa machine, laquelle aura été constamment entretenue pendant les relevages.
> Dans le deuxième cas, où la machine est déraillée de quatre roues ou totalement, si le mécanicien reconnaît qu'avec les moyens dont il dispose, il lui faudra beaucoup plus de temps à la remettre sur la voie qu'en demandant la machine de secours et l'aide du chef de dépôt avec l'outillage et les ouvriers du dépôt, il téléphonera aussitôt pour demander celle-ci, mais en attendant, il examinera les travaux préparatoires à exécuter pour le relèvement de la machine...

Comme on le voit, le règlement n'envisageait ce genre de déraillement qu'à proximité d'un appareil téléphonique, alors qu'on n'en pouvait trouver que dans les gares ou les villages. On appréciera du même coup l'injonction impérative de l'article 24 :

> Il est interdit à tout train de quitter une station avant l'heure fixée par l'itinéraire et d'arriver à une station plus de trois minutes *avant* l'heure fixée par l'itinéraire.

En ce qui concerne les wagons et les voitures, il était estimé que « le personnel du train, aidé des ouvriers de la voie, doit toujours être suffisant pour produire l'enraillement dans un temps relativement très restreint ».

Ce qui laissait supposer qu'une activité si fébrile régnait tout au long du parcours, qu'il était facile d'y trouver, à n'importe quelle heure du jour et de la nuit, entre Saint-Pantaléon et Soursac ou entre Saint-Hilaire-Foissac et Neuvic, des cheminots à pied d'œuvre.

- A trois, le chef de train, le mécanicien et le chauffeur, on remettait la machine sur les rails, explique Pierre Pouget. Nous avions des leviers et deux ou trois crics capables de soulever dix tonnes. Charbonnel était champion pour dérailler et enrailler. Charbonnel, c'est celui qui a donné le coup de frein brutal dont je vous ai parlé. Seul le fourgon postal avec les voyageurs était resté sur les rails. Ma belle-mère était dedans... (ici, que voulez-vous, on ne put s'empêcher de rire).

« Charbonnel était fort et vaillant et il avait déraillé si souvent qu'il avait l'entraînement.

- Il était distrait ou il buvait ?

- Les deux.

A la fin de l'année, malheureusement, il en éprouvait les effets. Une prime était accordée sous la forme d'un mois double. Mais il fallait pour cela que les notes soient satisfaisantes et elles devaient être successivement signées par le chef de dépôt, l'inspecteur, le sous-directeur et le directeur des Tramways. Quand la machine était « bien déraillée », il fallait faire un rapport.

Les autorails ne furent pas non plus à l'abri des déraillements.

- Il m'est arrivé de sortir de situations épineuses, raconte Alexandre Fraysse. Je travaillais sur la voie au-dessus de Saint-Hilaire-Luc. Je vois un groupe de gens qui venaient vers moi à pied et qui me disent : « Nous avons laissé l'autorail au Pré de l'âne, elle est en travers de la route. Nous allons téléphoner à Neuvic pour demander de l'aide. » Entre-temps, je descends voir ce qui se passait. Avec le chauffeur Leygnac, nous avons tourné autour du véhicule, puis une idée me vint à l'esprit : « Antoine ! Monte là-dedans et recule, recule tout doucement, nous arriverons peut-être à la remettre sur les rails. » Leygnac, qui n'y voyait qu'à moitié, tente de me dissuader : « Eh ! *chin dio* ! (cent dieux !) nous allons la faire verser ! » Mais tout doucement, tout doucement, Antoine reculait, reculait, et l'autorail reprenait sa place sur la voie. Et nous voilà partis vers Neuvic, quand nous voyons venir vers nous un car avec des hommes que M. Longueville avait requis. Ils s'arrêtent, sidérés. L'autorail était devant eux. Nous passâmes aux explications et M. Longueville ne sut que me dire : « Oh ! ça ne m'étonne pas de vous ! Et si vous l'aviez renversée ? »

« Il faut dire qu'avec mon caractère rouspéteur, les chefs n'avaient pas le dernier mot. Ainsi M. Péchard me dit un jour : « Fraysse, je vous mets à la porte ! » La réponse fusa : « Je n'ai jamais vu de porte, je suis toujours dehors », et j'y suis resté trente-trois ans. »

Reste à savoir ce que pensaient les voyageurs de ces déraillements. Ils s'y étaient très bien faits. Comme ils n'avaient généralement aucun mal, ils descendaient de leur voiture plus ou moins inclinée, discutaient entre eux et donnaient au besoin un coup de main aux enrailleurs. Comme le dit Jaja :

- On prenait le temps de vivre et de rire !

12.

On pourrait penser que les incendies avaient apporté une note moins optimiste dans la vie du Transcorrézien. Pas du tout. Une des filles de M. Escassut, Mme Castex, surnommée Nono, allait voir, enfant, la forêt qui brûlait comme s'il s'agissait d'un spectacle récréatif. A Lapleau, non loin de chez Jacques Maligne, se trouvait un poirier situé en bordure de la voie, ce qui lui donnait une physionomie tout à fait particulière : une moitié normale, c'est-à-dire

verte, l'autre moitié, celle qui était tournée vers le train, complètement calcinée. C'était, dans le monde des poiriers, l'équivalent du Dr Jekyll et de Mr. Hyde. Au fond du bourg, aux Pradelles, les étincelles du tacot ayant la fâcheuse habitude de tomber sur le toit de chaume d'une maison, la Compagnie des Tramways préféra payer un nouveau toit en lauzes, plutôt que de risquer de voir flamber toute la maison, ce qui eût coûté plus cher.

Le feu était d'ailleurs signalé tout de suite et les secours étaient d'autant plus rapides qu'il se produisait presque toujours au même endroit, entre Espagnac et Le Mortier, région spécialement pourvue d'arbres et de bruyère. Une machine était constamment préparée, l'été, pour se rendre sur les lieux du sinistre et les employés du dépôt du Mortier se tenaient prêts à répondre immédiatement à l'appel, armé de pelles et de pioches. Les gens du pays venaient prêter main-forte. Étant donné que la cheminée du train était munie d'une grille qui empêchait théoriquement la dispersion anarchique des escarbilles, et d'un chapeau qui fermait le tirage, on peut s'étonner que les incendies aient été si fréquents. Mais c'est que, justement, il fallait du tirage et que le chapeau n'était pour ainsi dire rabattu qu'au Mortier.

- Lorsque le train roulait la nuit, on voyait la flamme du foyer, dit Pierre Pouget. Sous ce foyer se trouvait un cendrier protégé d'une grille. Il fallait parfois accélérer la combustion. Lorsque le chauffeur donnait un coup de ringard, une partie de la braise tombait sur la voie et se répandait sur la forêt. Par la cheminée, les escarbilles tombaient sur l'herbe sèche et le vent les attisait.

« Les incendies se produisaient toujours dans les côtes où l'on donnait des coups de ringard. Il y avait un gros échappement et ça pistonnait. Au moment où les pistons travaillaient le plus, ça tirait. Pof, pof, pof, quand il y a un gros échappement, ça entraîne le feu. »

Le problème du feu se posait aussi pour les voyageurs, mais là, c'était en hiver. Les wagons en bois étaient chauffés par un poêle placé en leur milieu. Au cours des arrêts dans les gares, bien qu'ils ne fussent pas tous aussi longs que celui du Mortier où il durait une heure, le chauffeur déposait du charbon enflammé à même le quai pour que les voyageurs qui n'allaient pas au café, ou en revenaient, puissent se réchauffer. Puis il portait des braises dans le poêle des wagons si bien que, lorsque le train repartait, on avait le

- La locomotive est en panne de charbon, pour le chauffage il va falloir se resteindre !

choix entre une demi-asphyxie et une demi-chaleur, si l'on devait se résoudre à ouvrir les fenêtres. Mme Escassut, qui a fait nombre de voyages dans ces conditions, déclare :

- J'ai tellement été incommodée que maintenant encore je ne peux plus voir le jambon fumé.

A part deux ou trois exceptions, les seules victimes du T.C. furent les animaux, spécialement les vaches et les poules. Aux Pradelles, le train roulait si près de la maison de Marcel Maureille, surnommé Cilou, que ses poules avaient tout intérêt à « se tirer » à temps. Sinon, elles passaient sous l'autorail et avaient quelque chance d'en ressortir vivantes ou bien, s'il s'agissait de la Libellule et de ses wagons, elles étaient le plus souvent coupées en deux. A tel point qu'on disait plaisamment que c'était par ce moyen qu'on tuait les volailles à Lapleau. Comme une règle sacro-sainte voulait que le tacot, dans ce cas, ne fût jamais en défaut, les dégâts étaient toujours à la charge du propriétaire.

Les parents de Charles Clair, aujourd'hui maire de Lapleau, avaient une propriété, deux kilomètres avant le bourg. Étant gamin, vers les années 25, Charles, que l'on appelait Lolo, allait garder les vaches dans un pré assez éloigné. Pour ramener le soir sa douzaine de bêtes, il lui fallait suivre la route pendant trois ou quatre cents mètres.

C'était un tranche-montagne, selon Paul Guth, mais à la bonne franquette : le Transcorrézien, le petit tacot qui se faufilait de gorges en précipices, de monts en vaux et... vaches.
Photo François Collardeau - 10 août 1954

- On calculait notre coup pour passer en dehors des heures du tacot, dit-il. Mais, une fois, il a débouché sur la route alors que je ne m'y attendais pas et il m'a renversé une vache. Elle a pris le tampon en plein flanc et a été projetée à dix mètres. Puis elle s'est relevée.

- Qu'est-cc qu'elle a eu ?

- Des contusions multiples, comme on dit aujourd'hui.

Vingt-cinq ans plus tard, c'est une vache de Henri Ponty, maire de Saint-Hilaire-Foissac, qui se retrouva sur le capot d'un autorail, tandis qu'une autre était poussée sans ménagement, pattes en l'air, par l'avant de l'engin. Elles avaient eu le tort de paître, en compagnie de quelques autres, dans un pré que la voie coupait en deux.

L'extraordinaire faconde avec laquelle les Corréziens évoquent les péripéties du tacot n'a rien à envier aux meilleures histoires marseillaises, sauf que tout y repose sur des faits authentiques. Ainsi, pour Gabriel Edme, la mésaventure survenue à deux bovidés de Lafage-sur-Sombre s'apparente bel et bien à une véritable scène de corrida :

- A la sortie du bourg, dit-il, devant la maison du sabotier, un paysan avait imprudemment garé sur la voie sa charrette tirée par deux vaches. Le train ne put freiner à temps et heurta l'attelage à l'arrière. Dans le choc, les pauvres bêtes eurent les cornes cassées.

« Elles ne pouvaient plus être liées au joug et attelées au timon. De plus, elles étaient grotesques sans leurs attributs redoutables. Leur propriétaire essaya de protester, mais il n'était pas dans son droit. A mon avis, il aurait mieux fait d'accorder aux deux chauffeurs, devenus inopinément matadors, la queue et les oreilles. »

C'est oublier un peu vite qu'il ne s'agissait, en somme, que d'une corrida landaise et que ces deux vaches de trait avaient encore un bel avenir derrière elles.

L'imprudence des animaux : voilà où se situent, selon Alexandre Fraysse, les responsabilités. A la lumière de cette formule lapidaire, on mesure l'incroyable légèreté de ces poules, de ces vaches, de ces ânes qui s'engageaient sur la route sans regarder ni à gauche ni à droite, et feignaient d'ignorer la priorité d'un train qui pouvait surgir à l'improviste, et cela même en pleine nuit. Certes, reconnaît Alexandre Fraysse, « l'éclairage était sommaire, aussi bien pour la loco que pour les voitures ». Raison de plus pour prendre des précautions et ne pas imiter « le brave bourricot du père Pantablat » qui errait sur la voie dans l'obscurité.

- Nous l'avons heurté dans la nuit et il n'a pas survécu à un tel choc. Quand son propriétaire a voulu l'enterrer, il s'est rendu

Neuvic-d'Ussel 1940.
Vaches folles (du tacot).
Photo Daniel Fraysse

compte qu'une patte manquait et il lui fut impossible de la retrouver (car le père Pantablat tenait évidemment à ce que la sépulture fût parfaite et le cadavre entier). C'est quelques jours plus tard qu'en faisant le graissage de la machine, je fus attiré par une odeur nauséabonde. C'était la patte du malheureux âne qui était restée sous la machine et qui se décomposait.

Autre imprudence caractéristique, celle de ce cheval qui flânait sur la voie et s'aperçut subitement que le tacot arrivait derrière lui. Au lieu de faire un écart comme la monture du père de Victor Hugo, au risque que le chapeau de la loco tombât par terre de stupéfaction, il se mit à galoper vers l'avant, de plus en plus vite, toujours poursuivi par le train, s'engouffra dans le tunnel de Soursac, déboucha crinière au vent sur le viaduc, mais là, affolé par le bruit de ferraille, fit volte-face et se précipita bravement sur l'adversaire qui l'envoya d'une bourrade hors des rails. Il s'en tira miraculeusement avec quelques blessures.

Quelquefois pourtant, l'imprudence des animaux était encouragée par la négligence des hommes. Alexandre Fraysse reconnaît des circonstances atténuantes à cette paire de vaches attelées qui s'en revenaient toutes seules, comme des grandes, de la foire de Neuvic :

D'après Michel Sorbier, « la force bovine supplée aux manœuvres à Lapleau » - où pour un pis-aller il fallait deux pis à lait.
Cliché François Fontaine

- Leur propriétaire avait éprouvé le besoin de se désaltérer et ces pauvres bêtes, lasses d'attendre, étaient parties vers l'étable. Elles furent accrochées dans une courbe avant que nous ayons pu ralentir.

Les courbes étaient redevables de beaucoup d'incidents ; elles donnaient, comme les déraillements, de terribles émotions aux paysannes qui se rendaient au marché avec leurs paniers d'œufs sur les genoux et qui ne pouvaient toujours les rattraper au vol. Les plates-formes des wagons, à l'avant et à l'arrière, étaient seulement fermées, sur leurs côtés, par des chaînettes. Vers 1930, Charles Clair se trouvait sur une de ces plates-formes lorsque, dans un virage, il vit un passager projeté à l'extérieur avant de disparaître dans un massif de ronces. Lui-même ne dut son salut qu'à s'être agrippé sans réfléchir à la cheville d'une charmante jeune fille qui tenait bon la rampe. Le train s'arrêta un peu plus loin et l'on organisa une battue pour retrouver le disparu qui, heureusement, en fut quitte pour la peur.

Daniel Orluc, géant barbu de 1,97 m, ancien rugbyman, qui possède une superbe maison de campagne avec piscine à Nouillane et s'occupe d'assurances à Tulle, a été l'un des derniers usagers du T.C.

- Sur la plate-forme, dit-il, on avait l'impression curieuse, à cause du déhanchement des wagons, qu'ils ne suivaient pas la loco. Dans les pentes, c'était impressionnant et il arrivait souvent que le tortillard rate la gare et s'arrête au-delà.

L'éclairage sommaire dont parlait Alexandre Fraysse ne contribuait guère à l'appréciation des événements nocturnes. Il consistait en deux lampes à pétrole, protégées par un verre, et placées de chaque côté de la machine à l'avant, tandis que le même genre de lampes était accroché au plafond des voitures, projetant des lueurs inquiétantes sur les parois de bois. Cette ambiance de veillée funèbre n'avait pas de quoi exalter les postiers ambulants qui accompagnaient le courrier dans un wagon spécial. L'un d'eux, particulièrement mécontent et sans doute aussi bon rugbyman que Daniel Orluc, s'avisa un beau soir d'expédier un coup de pied rageur dans le lumignon, qui expira sur-le-champ. Mais il n'avait pas pensé que le support métallique de la lampe retiendrait son pied, si bien qu'il se retrouva suspendu dans le noir, la tête en bas, gigotant comme un quartier de bœuf en folie. Alerté par ses cris, le chef de train vint voir ce qui se passait dès la station suivante et délivra le postier de ses fers.

Si les accidents de personnes s'étaient bornés à ces scènes plus comiques que tragiques, le tacot aurait traversé un demi-siècle dans une innocence parfaite. Malheureusement, il fut cause de faits plus graves, encore que fort peu nombreux, et sans doute inévitables dans une existence aussi remplie. Le père Soustrot, dont le fils Camille fut le dernier chef de dépôt du Mortier, circulait un jour en carriole avec, à son bord, sa mère, son petit-fils et sa petite-fille, lorsque, à la hauteur de la Croix-de-Fer, ancienne localité du Mortier, il fut rattrapé par le train. Le cheval prit peur, s'emballa, et la charrette fut accrochée par le convoi et se renversa. Tombées sous les roues des wagons, la grand-mère et la petite-fille furent tuées. Le petit-fils, alors âgé de quatre à cinq ans, jeté entre les rails, se releva indemne (il a aujourd'hui dépassé la cinquantaine). Quant au père Soustrot, qui avait sauté à terre pour maîtriser sa monture, il s'en tira sans une égratignure, non plus d'ailleurs que le cheval.

Plus douloureuse encore fut la mort du père Rémy, dont le pays se souvient toujours. Le père Rémy était un marchand de journaux aveugle qui vendait notamment *La France*, mais aussi un poète du cru qui composait et vendait ses chansons qu'il interprétait lui-même dans les fêtes villageoises où il était très apprécié. Ce jour-là, après avoir prodigué son concours à La Roche-Canillac, il reprit le chemin de Tulle. Il n'y avait pas de train dans l'immédiat : 24 km à pied, c'était en ce temps-là une bagatelle. Il faisait nuit mais, de toute façon, il faisait toujours nuit pour le père Rémy. Il se mit donc en route. Au bout d'un ou deux kilomètres, il entendit du bruit et crut qu'il s'agissait d'une auto. En effet, comme le dit Pierre Pouget, « sur le plat le tacot ne faisait pas teuf-teuf ». Le père Rémy se gara sur la droite : c'était justement ce qu'il ne fallait pas faire puisque le train venait à sa rencontre, sur le même côté, se dirigeant vers La Roche. Le troubadour fut écrasé.

Au fur et à mesure que les années passaient et que s'intensifiait le trafic routier, le trajet du train dans les villages et au long des routes devenait de plus en plus gênant. Les autorails surtout, avec leurs deux phares à l'avant, ressemblaient, dans la nuit, à des automobiles roulant sur leur gauche, ce qui avait de quoi perturber complètement le conducteur d'en face, ignorant cette singularité.

Mais la vraie catastrophe ferroviaire, et la seule du Transcorrézien, eut lieu deux ans seulement avant sa disparition. Le 4 juin 1957, le chef de gare intérimaire de Saint-Bonnet-Avalouze laissa partir l'autorail Billard P.O.C. n° 605 venant d'Argentat, oubliant complètement que ce jour-là circulait le train mixte tri-hebdomadaire Le Mortier-Tulle aller et retour. S'apercevant de sa tragique erreur, il essaya inutilement de courir après l'autorail qui, contrairement à l'habitude, avait démarré, c'est le cas de le dire, en catastrophe. Pendant ce temps, le T.C., ayant quelques minutes seulement de retard, gravissait à toute vapeur la dernière rampe avant la gare de Saint-Bonnet. Dans la courbe en tranchée précédant le passage à niveau, les deux titans se trouvèrent nez à nez et, malgré un freinage désespéré, s'écrasèrent l'un contre l'autre. Plusieurs blessés, dont un très grave dans l'autorail, furent relevés parmi le personnel et les voyageurs.

Le lendemain, *Le Populaire du Centre* annonçait l'accident sous ce titre : « Le feu était vert. » Pure métaphore, puisqu'il n'y avait pas de signaux, du moins tels qu'on l'entend aujourd'hui, car le *Règlement général* leur consacrait un important chapitre, intitulé précisément « Signaux », dans lequel il distinguait entre « signaux acoustiques et signaux à vue », en « signaux de jour et signaux de nuit » :

> Les différents signaux acoustiques se font au moyen :
> du cornet,
> de la corne,
> du sifflet de poche ou de marine,
> du sifflet à vapeur,
> des pétards.
> Les différents signaux à vue se font au moyen :
> des bras seuls,
> d'un objet quelconque violemment agité,
> du drapeau vert ou du drapeau rouge,
> de la lanterne à feux blanc, vert et rouge,
> des guidons,
> des mâts de signaux.

Pendant la nuit, les signaux à vue se font au moyen de lanternes.
Les signaux acoustiques sont à la fois des signaux de nuit et des signaux de jour.
Les signaux de nuit sont employés du coucher au lever du soleil. Ils sont, en outre, employés pendant le jour, lorsque l'état de l'atmosphère, le brouillard par exemple, empêche d'apercevoir les signaux de jour à une distance de 200 mètres. Dans ce cas et autant que possible, les signaux de jour sont faits concurremment avec les signaux de nuit.

Examinons maintenant comment on utilisait les ustensiles précédemment cités et qui nous semblent relever davantage du jeu de cache-tampon que d'une compagnie ferroviaire, et auquel la Marine apporte même sa contribution :

Art. 11.
CORNET :
Un coup de cornet prolongé donné par le chef d'un train arrêté dans une station ou en dehors d'une station, ordonne au mécanicien de mettre le train en marche. Ce même signal, répété après le départ du train ou en cours de route, commande l'arrêt au mécanicien .
Art. 12.
CORNE :
Un coup de corne prolongé est un signal d'avertissement et commande l'attention.
Les agents font ce signal lorsqu'ils aperçoivent ou entendent un train qui s'approche, et dans toute autre circonstance où il peut y avoir lieu d'exciter l'attention.
De nombreux coups de corne secs et vivement répétés sont un signal d'alarme. Les agents ne font ce signal que dans des circonstances graves nécessitant un renfort urgent.
Il commande à tout agent qui l'entend et qui n'est pas retenu par un service forcé de se porter le plus tôt possible sur le point d'où il est fait.
Ce signal peut également être employé par un agent sur la

voie pour attirer l'attention des agents d'un train qui passe.
Art. 13.
SIFFLET DE POCHE OU DE MARINE :
Quand un train est arrêté dans une station, l'ordre de départ de ce train est donné au chef de train par le chef de station ou son représentant au moyen d'un coup de sifflet de poche. Si le train mis en marche doit être aussitôt arrêté pour une cause quelconque, le chef de station en donne le signal par des coups de sifflet saccadés.

Arrêt station à Lapleau. Juin 1932.
« Vive l'arrêt public ! »
Document Claude Besse

Les articles suivants examinent successivement les attributions du sifflet à vapeur dont un coup prolongé annonce la mise en mouvement de la machine et deux coups brefs et saccadés ordonnent de serrer les freins ; des « pétards fulminants » qui, placés sur les rails, commandent l'arrêt lorsqu'ils « détonent sous les roues de la machine » et qui peuvent être disposés à distance réglementaire d'un obstacle, dans les deux directions, lorsque l'agent se trouve seul et uniquement muni d'un drapeau le jour et d'une lanterne la nuit.

Le côté rudimentaire, quoique soigneusement exploré, de la signalisation connaît son expression parfaite dans l'article 16 qui traite des « signaux faits au moyen des bras seuls ou d'un objet violemment agité », ce qui n'est pas sans évoquer les mouchoirs secoués aux portières :

> Les bras tendus et agités violemment de haut en bas, au-devant ou au passage d'un train, commandent l'arrêt de ce train. Ce signal doit être employé par les agents à défaut de tout autre signal d'arrêt de jour.
> Un objet quelconque tenu à la main et violemment agité commande l'arrêt.
> Pendant la nuit, toute lumière violemment agitée commande l'arrêt.
> Le bras tendu horizontalement dans la direction suivie par un train indique que la voie est libre pour ce train...

Les drapeaux étaient verts et rouges. Le vert, tenu par un agent ou planté sur l'accotement, commandait le ralentissement. De la même facon, le rouge commandait l'arrêt. Mais il pouvait être aussi « abattu et couché sur la voie ou sur l'accotement », livré en somme à lui-même, comme un animal blessé.

Les lanternes, outre des feux verts et rouges, dont la signification était identique à celle des drapeaux, possédaient aussi un feu blanc indiquant la voie libre. Les guidons, en revanche, plantés sur l'accotement, n'avaient pas de face rouge. La verte imposait le ralentissement, la blanche le supprimait.

Plus délicate était la situation d'un agent lorsque, se trouvant dans un train en marche, il ne pouvait communiquer directement avec le mécanicien pour lui prescrire, en cas d'urgence, d'arrêter sa machine. Il avait alors le choix entre des gestes désordonnés qui risquaient d'être aperçus par le chauffeur, surtout dans un virage ; ou mieux encore de « faire le signal d'arrêt en serrant et desserrant, à plusieurs reprises, les freins et en donnant des coups de cornet répétés ». On imagine cette scène, digne de Roncevaux, où le preux cheminot embouchait désespérément la trompe, tandis que de sa main restée libre il vissait et dévissait son volant, provoquant chez les voyageurs une inextricable mêlée.

Il était prévu aussi le cas du train qui « tombe en détresse », expression pleine de romantisme mais où les raisons du mal ne sont pas précisées, et les « ruptures d'attelages ». Le mécanicien ne devait pas alors s'arrêter brusquement, mais régler sa vitesse de manière à ne pas être rattrapé par le tronçon poursuivant. Mais il pouvait fort bien ne constater la cruelle rupture que lorsque la seconde partie du train n'était plus en vue. Dans cette hypothèse, il lui fallait « sans s'arrêter, continuer sa marche le plus rapidement possible, sans toutefois dépasser la vitesse maxima admise sur la section jusqu'à la station suivante » afin de donner l'alerte.

Dans une revue satirique *Tulle a dit...*, créée au Théâtre municipal du chef-lieu le 15 juin 1942, Marcel-Pierre Rollin a mis en scène un ingénieur de la traction, décidé à améliorer la moyenne et donc à corriger les « abus » qui à la saison des champignons et des châtaignes transformaient le parcours en partie de cueillette ou en pique-nique, quand le chef de train n'éprouvait pas le légitime désir d'aller embrasser un petit filleul dont la mère était garde-barrière. La femme de l'ingénieur, qui l'attend en gare de Lapleau, inquiète des excès de vitesse, le voit enfin revenir plein d'un lyrisme qui s'exprime par ces vers :

Comme au bord du navire, le fier capitaine
Veut commander, lui-même, au milieu du combat,
Au clocher de Lapleau, cinq heures sonnaient à peine,
Quand prêt à tous les risques, moi-même j'étais là.
J'inspectais du regard notre tout petit train.
A grands coups, mon Toublet alimentait son feu.
Et le mécanicien, c'était le père Tintin,
Un homme dont j'étais sûr, un cœur valeureux.
Un coup de sifflet ! L'heure grave est venue.
Les voyageurs devaient deviner le danger
Car j'entendis l'un d'eux dire, la voix émue :
« Sûr, qu'avec mon char'tou, j'aurais dû m'en aller. »
Les Pradelles passées, l'allure devint rapide,
Tien' Luc, sur la voie, recula effaré.
Tintin me regardait. Je restais impavide.
Et ne voulus comprendre son regard éploré.
« Forcez », lui dis-je, et à Toublet « Enfourne »
Vois ce gosse qui court, il faut le dépasser !
Ah ! Bravo ! nous gagnons ! C'est fait, il s'en retourne,

Marcillac-la-Croisille, le 25 mai 1958 : coquin de sprintant !
Photo Claude Wagner

Essoufflé et furieux de n'avoir pu lutter.
Le long de la route, on ne voit plus personne,
Comme un éclair de feu, nous paraissons voler.
Sous le vent de la course, les grands arbres frissonnent
Et les vaches qui paissent, nous regardent passer.
Froumajoux-en-Gouttagnat, Saint-Hilaire, arrêt.
Mais Joseph, le facteur, n'est pas encore là.
Il arrive, suant, soufflant, tout éberlué,
D'être en retard aujourd'hui, il n'en revient pas !
Mais après Saint-Hilaire, ce fut une folie.
Je crois que la vitesse avait dû me griser.
Et prudemment, je dis à Tintin : « Ralentis ! »
Nous avions dépassé le dix-huit, en palier !
Firmin, le convoyeur, déjà pris de peur
S'écriait : « Voilà le train qui s'emballe !
Sûr et certain qu'il va nous arriver malheur!
Tintin devient fou ! C'est la débandade !
Le reste du voyage fut presque sans heurt.
Dix fois, les voyageurs crièrent : « Arrêtez ! »
Et, lorsqu'en arrivant à Tulle, vers onze heures,
Je vis les wagons vides, je compris qu'effrayés,

Un à un, profitant des arrêts, des virages
Où l'on ralentissait, il faut être prudent,
Chacun d'eux avait fui, la pâleur au visage,
Croyant que le convoi prenait le mors aux dents.
Et seul, de son fourgon, Gustave, chef de train,
Les cheveux grisonnants sous sa casquette sombre,
Descendit sur le quai en crispant ses deux mains,
Jeta sur la gare, déjà pleine de monde,
Le regard ébloui d'un qui revient de loin,
Puis reprenant ses sens, raide comme à la parade,
Fit quelques pas vers moi et s'élançant soudain,
De tout son brave cœur, me donna l'accolade ! ...

- Tiens, voilà le facteur !

L'épouse, émerveillée, frémit rétrospectivement d'un trajet si rapide : cinq heures environ au lieu de six pour parcourir cinquante kilomètres. Et maintenant il est neuf heures du soir, alors que son mari a quitté Tulle à quatre heures.

- Comment es-tu revenu si vite ? demande-t-elle. Encore des imprudences !

- Non pas, mais je te savais inquiète et j'avais un peu faim. Alors je suis descendu à Marcillac et j'ai dit au brave Tintin : « Ne forcez plus, reprenez votre allure habituelle. » Voilà pourquoi le train n'est pas encore là.

- Alors, comment es-tu rentré ?

- Mais à pied, voyons !

13.

Il est encore des Corréziens qui se souviennent des premières locomotives Piguet, toutes fraîches émoulues des ateliers lyonnais, bien briquées, avec leur robinetterie étincelante, les cercles de cuivre astiqués enserrant d'une étreinte rougeâtre la tôle de la chaudière, les caisses à eau vertes comme le printemps, les rivets bien apparents, disposés en forme de guirlandes géométriques, le tampon écarlate, le tout ressemblant au pimpant assemblage d'un Meccano géant.

Pour les wagons, les souvenirs sont plus flous. Pierre Pouget distingue outre les « voitures vertes du début au toit de papier goudronné, les petites voitures au toit noir qui devenaient grenat au fil des années, les grandes voitures toujours noires, les wagons de marchandises et les wagons à plates-formes noirs ». Pour Mme Vialle, « chaque wagon en bois comprenait un petit compartiment de quatre banquettes, deux à droite et deux à gauche, recouvertes de moleskine noire plus ou moins râpée. Ce compartiment de première classe était séparé du reste du wagon, lequel comportait des banquettes à claire-voie ».

Mme Edith Leguet, institutrice à Paris, qui avait obtenu à la veille de la dernière guerre un poste à La Roche-Canillac pour suivre son mari, envoyé à Tulle pour monter une usine d'armement, empruntait souvent le tacot puisque deux fois par semaine, le jeudi et le dimanche, elle se rendait au chef-lieu et en revenait

Le Mortier.
Dans les années 50, le dessinateur Gabriel Edme promenait sa locomotive préférée La Libellule.
Photo Christian Plume

de très bonne heure le matin. Elle ne revoit qu'une seule voiture de voyageurs, en bois, comprenant deux banquettes à lattes qui se faisaient face, en longueur, et aussi le compartiment de première classe avec huit places « vaguement rembourrées » disposées en largeur.

- Ce qui me frappait, c'était la lenteur, dit-elle, mais le paysage était toujours très beau. Il m'a fallu plusieurs semaines pour m'habituer à ces voyages, car les gens ne parlaient que le patois, et je n'y comprenais rien.

A cette époque, le tronçon Le Mortier-La Roche-Canillac avait été supprimé et remplacé par une vieille guimbarde de l'hôtel Saint-Exupéry où elle logeait. Edith Leguet attendait la patache à l'auberge du Mortier, transformée, aux moments propices, en important centre de ramassage de champignons. Le chauffeur avait soin de prendre un coup de gros rouge au comptoir avant de revenir à l'hôtel qui a depuis longtemps changé de propriétaire. Dirigé par « Cui-cui » Coudert et sa femme, il est devenu l'Auberge limousine.

Jeanine Bourguet, conseillère municipale de La Roche-Canillac, où sa maison confortable est sise au centre du village, a eu tout le loisir d'apprécier les scènes qui surprirent si fort son amie Edith. Un jour, se rendant à Tulle, son attention fut captée, au même titre que celle des autres voyageurs pourtant blasés sur les scènes folkloriques, par la présence d'un enfant d'environ cinq ans, dont le visage était surmonté d'un turban volumineux confectionné avec d'épais bandeaux d'étoffe. Elle finit par s'enquérir auprès de la mère de ce qu'il avait :

- Eh ! ma pauvre ! répondit-elle, il a mis le pot de chambre sur sa tête et on n'a pas pu l'enlever. Alors, on l'emmène à l'hôpital.

Opération fenêtres ouvertes.
A cause de « la chaleur communicative des banquettes ! »
fit remarquer notre pote Jipégé (du *Canard Enchaîné*)

Il s'agissait d'un de ces ustensiles de campagne recouverts d'émail blanc et assortis d'une anse. La mère n'avait pas osé promener son gosse chapeauté de la sorte, nonobstant le succès qu'il n'aurait pas manqué d'obtenir, même dans une contrée peu touchée par le surréalisme, et elle avait préféré lui fabriquer ce déguisement de grand vizir mâtiné de « tambour » avant la lettre.

Une autre fois, avisant sur le quai une de ces paysannes coiffée d'un grand chapeau de paille noir, elle lui demanda si le train qui se trouvait là allait bien à Tulle. La paysanne ne répondit pas. Jeanine Bourguet crut qu'elle n'avait pas entendu. Elle réitéra sa question. Toujours pas de réponse : c'était peut-être une sourde ? Alors, d'une voix plus forte, elle reprit :

- Ce train va bien à Tulle ?

- Ça vous regarde ?

Les contrôleurs n'étaient pas à l'abri de ce genre de réactions farouches. L'un d'eux, examinant le billet d'une vieille femme, lui demanda :

- Où allez-vous ?

- A un enterrement.

Il est vrai que, parfois, les voyageurs innocents avaient de quoi être éberlués, puisqu'ils pouvaient assister à un numéro de Frégoli étonnant : le même employé apparaissait tantôt comme chef de train, tantôt comme postier ambulant, se contentant de changer de

Moulin de Palissou (arrêt facultatif), août 1945.
« Toujours le hameau pour rire ! »
Document Madame Martinie

casquette. Ils le retrouvaient un autre jour, lunettes sur le front, aux commandes de la machine. De quoi se frotter les yeux !

Pierre Pouget, employé au Mortier, qui fut lui aussi amené à remplir diverses fonctions, affirme que la Piguet n° 4 qui se trouve à Saint-Mandé était « très difficile à chauffer parce que le foyer était en cuivre. Il ne fallait pas la bourrer. Plus tard, on a doublé les tubes et le foyer en acier, avec une parabole par-dessus en grès, pour renvoyer la flamme dans la tubulure ».

Si chaque fois qu'il est question de petits trains, les hommes, ne fût-ce qu'à cause de leur métier, se comportent souvent en spécialistes ou en « fans », prêtant une attention minutieuse à la mécanique, à la construction et aux caractéristiques les plus diverses, les femmes qui ont connu le T.C. en retiennent surtout l'aspect familier et quotidien. Anna Espinasse, épouse d'Alexandre Fraysse, que j'ai surprise à parler du « tacot », malgré la répugnance qu'elle affichait pour ce terme, a recu récemment la visite d'un ami d'enfance.

- Je ne l'avais pas revu depuis cette époque, dit-elle, excepté une brève poignée de main à l'occasion du décès d'un membre de sa famille. Il garde la nostalgie de ces vacances qu'il venait passer avec son frère chez ses grands-parents, de très braves gens dont je conserve un merveilleux souvenir. Il se rappelle les bonnes flognardes que la grand-mère leur faisait, cuites au four du village ; il n'en a plus mangé d'aussi bonnes. Nous avons parlé, entre autres, du petit train. Il regrette que les rails aient été enlevés entre Soursac et Lapleau. Je lui ai rappelé que tous les gamins du village, dont nous faisions partie, ainsi que d'autres enfants en vacances ajoutés à la bande, se rassemblaient pour jouer sur la route à côté de la voie, en attendant le train.

« Quand nous voyions déboucher cette bonne grosse bête du tunnel que formaient les sapins du Loudeix, il nous disait : ‘ Si c'était un express nous n'aurions pas le temps de nous sauver, il nous happerait au passage ’, ce qui nous faisait frémir, nous qui n'avions rien vu.

« Mais notre train ne nous faisait pas peur. Il nous impressionnait par sa force et nous restions là, à le voir passer tout près, et nous admirions toutes ces bielles qui fonctionnaient admirablement. Mon ami m'a rappelé que nous avions maintes et maintes fois placé des cailloux sur les rails pour pouvoir assister à un déraillement, déraillement qui n'a jamais eu lieu dans ce cas. Il a évoqué également son grand-père qui lui avait parlé du père Laqueuille, qui avait la charge de l'entretien du viaduc et ignorait le vertige.

« Nous avons vécu avec le train. J'ai entendu journellement mes parents dire : ‘ Le train est passé, on peut sortir les vaches. ’ Ou bien : ‘ Tu les ramèneras après le passage du train. ’ Mais, malheureusement, il n'était pas toujours à l'heure. Que s'était-il passé ? Bien souvent, un déraillement, sans danger je précise. Si nous nous trouvions dans les champs vers deux heures de l'après-midi, nous observions ses manœuvres en gare de Lapleau, nous le voyions partir et suivions sa fumée à travers les arbres qui surplombent la vallée de la Luzège. Puis, tout disparaissait à nos regards. Un moment de silence, et de nouveau nous l'entendions souffler très fort et nous savions qu'il était à la grande tranchée et qu'il allait bientôt entrer en gare.

« Nous le regardions manœuvrer pour prendre ou laisser des wagons, car il a transporté énormément de marchandises, bois de toutes sortes, bestiaux les jours de foire, sans oublier les engrais, la chaux pour amender les terres. Ces jours-là, c'était le déplace-

ment de tous les paysans de la commune, et ils étaient nombreux à cette époque ! qui avec son âne et son charretou, qui avec ses vaches et le tombereau pour venir retirer la marchandise commandée au gérant du Syndicat agricole, à l'époque le père Van. C'était une occasion pour nos braves paysans de se retrouver et de faire une halte dans les bistros qui s'échelonnaient tout le long de la route. N'oublions pas les trois bouchers de Soursac qui débitaient peu de marchandises mais qui tiraient un petit profit en expédiant des bêtes abattues au marché de La Villette. Ils amenaient leur viande ensachée dans un grand sac bien blanc et posé dans une grande panière au train de six heures du matin. Cette viande arrivait à Ussel, où elle était suspendue dans un wagon frigorifique et prenait la direction de Paris.

« Je revois également le père Bernique, vieux bonhomme qui transportait le courrier et les colis avec sa voiture à bras et plusieurs fois par jour. Notez qu'il n'avait jamais été arrêté et volé. Il en fut de même de ma sœur aînée, qui tint la gare en qualité de receveuse pendant quatre ans, et qui transportait la caisse des recettes matin et soir, dans l'obscurité, pendant une partie de l'année. Pendant quatre ans, j'ai eu l'occasion d'accompagner ma sœur et de connaître les employés, dont celui qui devait devenir

A destination de Tulle, au départ du Mortier-Gumond.
Train chargé de bois, et de deux superbes sapins de Noël, puisqu'il n'y avait aucun tunnel sur ce tronçon de ligne. Au sujet de ces conifères, ayant eu une altercation avec le chef de gare, le mécanicien et le chauffeur, eux, avaient les boules !...
Photo Maurice Rifault

mon mari, Fraysse Alexandre.

« Je revois le téléphone à manivelle... Je veux adresser une pensée à Frédéric Peyronie, qui fut le plus gros fournisseur de bois pour la bonne marche du train départemental. Un regret aussi, c'est que beaucoup ont vu en lui celui qui allumait les incendies de forêts et était un embarras pour la circulation. Ceux-là doivent être déçus, car les cars et les poids lourds ne sont pas moins encombrants. »

C'est le T.C., en effet, qui a permis l'exploitation des bois corréziens. Trois catégories d'arbres étaient exploitées dans les cantons de La Roche, Lapleau et Neuvic : les châtaigniers qui servaient à produire des extraits pour les tanneries ; les chênes avec lesquels on fabriquait des traverses de chemin de fer, car, étant de mauvaise qualité, on ne pouvait les utiliser en menuiserie ; les pins qui se transformaient en poteaux de mine et étaient expédiés dans les mines du Cantal et de la Loire. Le transport du bois représentait 95 % du trafic.

Cet aspect commercial n'était pas le plus important pour tous ceux qui voyaient passer le train.

- Le tacot, dit Jaja (Mme Vialle), nous donnait l'heure, pas trop exacte parfois, surtout en fin d'après-midi, et les femmes de Saint-Paul savaient que, le soir, l'heure du tacot qui « montait » au Mortier était celle de « monter sa soupe » pour le souper. « Monter sa soupe » signifie faire cuire sa soupe dans la marmite noire suspendue à la crémaillère, dans la cheminée où flambait un bon feu, été comme hiver.

« Ce tacot, sympathique à nos yeux, mais aussi par son halètement régulier et quotidien, faisait partie intégrante de notre vie d'enfants et d'adolescents. C'est un tout qu'il est difficile d'analyser et de disséquer. » On peut considérer que, sur le plateau limousin, le Transcorrézien était assimilé à l'angélus.

Station de Saint-Pardoux-la-Croisille - Les Chemineaux.
Pour la énième fois un train de bois affichait COMPLET.
A force d'attendre là, en vain, un train qu'elles pourraient prendre, les bûches (à gauche) prirent racines !
Cliché Jacques Forget - mai 1957

14.

« Il ne faut pas oublier, dit Mme Anna Fraysse, que le tacot, puisque tacot il y a, nourrissait une soixantaine de familles environ, modestement il faut bien le dire, sans compter celles qui gravitaient autour, dans les cafés par exemple, car chaque gare, si petite fût-elle, avait son café. »

En effet, comme pour toute armée en campagne, comme pour toute flotte aérienne ou maritime, comme pour toute fusée spatiale, le Transcorrézien ne put rouler et survivre que grâce aux

employés et aux équipes sédentaires où figuraient de nombreux corps de métiers répartis dans les dépôts. Il se peut que le chiffre avancé par Mme Fraysse, et qui varia d'ailleurs au cours des années, soit inférieur à la réalité. Et, si l'on considère le train comme l'astre d'une espèce de système solaire, il faudrait ajouter, parmi ses satellites, non seulement les cafés, mais les marchands de bois et de vins, les bûcherons et les scieurs de long, les paysans dont les revenus augmentaient grâce aux foires, les organisateurs de pèlerinages, les colporteurs, etc.

Le train changea la destinée de plus d'un. La diversité de leurs origines professionnelles et de leurs activités explique peut-être que, sur quinze ouvriers photographiés dans les années vingt au dépôt du Mortier, devant un hangar dont les deux énormes portes sont ouvertes sur une Libellule tapie dans l'ombre, prête à l'envol, il n'en est pas deux qui soient vêtus de la même façon. Combinaison de mécanicien, bleu de chauffe, petit gilet, veston, chandail, se disputent les faveurs, tous plus ou moins maculés de cambouis et de charbon ; toutes les têtes sont coiffées de casquettes étroites ou à visière, de bérets plats, et l'on y voit même un chapeau cloche.

Quelle belle équipe ! Toutefois, ces quinze superbes athlètes ne jouaient point au rugby, mais assuraient l'entretien du matériel moteur et remorqué au dépôt du Mortier-Gumond, en 1920. C'était du sport !
Collection Jacques Maligne

Pierre Pouget fut un de ceux que le tacot emporta dans son sillage. Rien n'indiquait qu'il dût faire un jour partie du T.C. « Loué » en 1909, comme nous l'avons vu, à l'âge de neuf ans, il resta dans cette situation jusqu'en 1913. Ses parents le récupérèrent alors pour aider à défricher une propriété. En 1915, son père fut tué au front et sa mère tomba malade. Il entre dans une usine, son patron remarque son intelligence et lui donne des leçons de français et de calcul, et le calcul lui réussit particulièrement. Quelques années plus tard, le voilà contremaître de la scierie de bois exotiques Magnodet, à Tulle. En 1928, il décide de se mettre à son compte et achète du matériel. Son patron est furieux : « Je comptais sur toi, lui dit-il, mais je ne peux pas t'empêcher de t'établir. Cependant, écoute-moi : il t'arrivera quelque chose de pas bon... » Ce n'était pas une menace gratuite et stupide : M. Magnodet avait eu tout simplement l'intuition de la crise économique qui allait secouer le monde.

Pierre Pouget se vit aussitôt commander des coffrages pour lesquels il allait chercher des sapins dans la forêt de Saint-Hilaire-Peyroux, entre Brive et Tulle, et qui servaient à préparer, avec le ciment, les escaliers et les passerelles de la gare de Limoges. Il acheta une machine pour faire tourner les scies et son ancien patron lui demanda de travailler pour lui. Alors, ils partirent pour le Cantal où ils débitèrent du bois pour les minoteries.

- Puis il y a eu un krach sur le bois, dit Pierre Pouget. Les petits marchands comme nous se groupèrent pour avoir la prime accordée aux gros acheteurs des mines et des chemins de fer. Mais ceux-ci se mirent d'accord avec les débitants pour nous couler.

« Quand on avait comme moi une exploitation, on faisait aussi le charbon de bois indispensable à certains travaux dans les forges. Un beau matin, on ne voulut plus de charbon. On avait construit des barrages et les fours étaient électriques.

« J'avais gagné quelques sous. On était alors en 1932. Je menais une vie de bohémien, me déplaçant avec mes quatre ouvriers et mes nombreux tâcherons qui faisaient le transport, avec leurs bœufs, d'agrumes et de billes de bois. Nous habitions dans des taudis et ma femme faisait la cuisine pour tous. Un ami vint me voir dans le Cantal et me dit : ‘ Je préférerais me suicider plutôt que mener cette vie. ’ Je lui fis remarquer qu'elle comportait aussi des agréments : quand on voulait une truite, c'était facile de la pêcher ; quand on avait envie d'une rôtie d'alouettes, on ne se gênait pas. Chaque ouvrier possédait un fusil de chasse à plombs. Lorsque, l'hiver, il neigeait et que se formait une coulée d'eau, elle faisait fondre la neige et les alouettes venaient manger dans les prés. Maintenant, il n'y a plus d'alouettes.

« Une fois, nous avons logé dans un ancien tribunal de l'Inquisition, très grand, tout en voûtes. Le plancher était fait de dalles, même au premier. Le fermier y habitait. »

Pierre Pouget décida d'abandonner. Il avait prêté de l'argent aux uns et aux autres, et quand ils le lui rendirent, « il ne valait plus rien ».

- Je dus reprendre le collier, dit-il. J'ai cherché un petit *plaçou* tranquille. Je suis entré comme buandier au préventorium du château de Servières, si bien que je me trouvais déjà en présence d'une machine à vapeur. J'étais chargé du chauffage des cuves, du séchoir, des réparations et même des projections de films. Ma femme était lingère. J'y suis resté jusqu'en 1943. A ce moment-là, mes beaux-parents tombèrent malades et il fallut revenir au Mortier. C'était le malheur !

Au Mortier-Gumond.
Le beau nœud (ferroviaire) était dans le pré ! ...
Photo Edmond Duclos - 3 mai 1959

« Je suis entré au T.C. en 1944. Je ne pouvais pas retrouver une scierie, aussi j'ai accepté de faire, au Mortier, un essai de menuisier. Ça consistait à remettre en état les wagons de bois, à réparer les plates-formes. Finalement, j'ai été engagé, en même temps qu'un autre menuisier qui, lui, devait sa place au piston. Avec le menuisier déjà présent, nous étions trois. C'était trop. Aussi le chef de dépôt me dit : ' Eh ! Pierre, tu ne voudrais pas tourner les roues ? ' Il fallait ' tourner' les roues des wagons et des machines, car un creux se produisait au milieu de la roue, où ça porte. Le boudin s'use, il n'y a plus l'épaisseur voulue.

« Ce travail se fait au dixième de millimètre. Plus tard, quand ça s'use, on remplace les bandages. A l'époque, on n'avait pas d'outils à l'acier rapide, il fallait que ça tourne doucement, sinon l'outil cassait et on employait l'eau de savon pour lubrifier l'outil et le refroidir.

« Un peu plus tard, le contremaître m'appela : ' Je n'ai personne pour faire les freins à air. ' C'étaient des freins Westinghouse qui marchaient avec pression d'air. L'air pousse la tringle, le piston et fait appuyer le sabot contre le bandage de la roue. L'autre frein à air, c'était le Soularein ; le freinage se faisait par le vide, l'aspiration vidait un réservoir et ce vide passait dans une membrane qui tirait sur le frein. »

Comme je suis loin d'être un spécialiste de la traction à vapeur et que les mystères de la mécanique me paraissent s'épaissir à mesure que je cherche à les percer, je me contente de transcrire mot à mot les explications de Pierre Pouget, persuadé que tous les connaisseurs du petit train en apprécieront l'exactitude.

- Au T.C., dit Pierre Pouget, je remplaçais n'importe quel ouvrier grâce à mes connaissances en mécanique. Je m'occupais aussi de la manœuvre pour tirer les wagons et les mettre en place. Les wagons, on les commandait chez Schneider, ils faisaient 2,10 m de large - ceux des grandes lignes font 2,55 m. Un jour, après avoir fini la manœuvre, le mécanicien s'apprêtait à diriger sa machine vers la voie de garage. ' Tu feras l'aiguille là-haut, lui dis-je. - Oui. ' Puis il part sans penser à refaire l'aiguille et arrive à toute pompe sur un tas de matériel réformé. Il me fait promettre de ne rien dire. Mais le chef de dépôt avait entendu le fracas. Il fait un rapport, me met en cause et signale des dégâts. Je recois un blâme, ce qui

Cimetière ferroviaire du Mortier.
Faire-part.
Petite cousine de la grande Lison d'Emile Zola, cousine de la chère Aglaë du romancier Jean-Louis Bory et sœurette de la Micheline en «cotillon rouge» du journaliste Gaston Picard, la vieille Libellule a décroché la ... tombale !
«Hardi, les glas !»
Cliché André Arthur

entraînait la suppression de ma prime de fin d'année.

« Le rapport avait été envoyé à M. Longueville, chef d'exploitation. Il vient faire une enquête. ' Il est fou, ce Martinie, dit-il - Martinie, c'était le chef du dépôt - il n'y a pas de dégâts, c'est du matériel réformé.' Et il le lui dit en face. ' Il y a quelque chose de bon dans le tas abîmé, répond Martinie. - Il n'y a rien de bon ', reprend l'inspecteur.

« Là-dessus, le mécanicien a avoué que c'était lui le responsable. Si bien qu'à la fin de l'année, j'ai eu ma prime avec un échelon. »

En plus de ces travaux manuels divers, Pierre Pouget remplissait aussi parfois les fonctions de chef de train, à tel point qu'on peut le considérer comme l'homme Protée du Transcorrézien. Non seulement il resta au T.C. jusqu'à la fin, mais il habite aujourd'hui sur le théâtre même de ses exploits, au Mortier, qui fut d'ailleurs l'occasion d'un tour de passe-passe topographique assez surprenant. En réalité, ce lieu était connu, depuis des temps immémoriaux, comme étant La Croix-du-Gay. Pour des commodités assez mystérieuses, on n'hésita pas à le rebaptiser Le Mortier, du nom d'un lieu-dit situé trois kilomètres plus loin, en y ajoutant celui d'un village proche : Gumond.

- Mon agent d'assurances, M. Orluc, m'écrit toujours à La Croix-du-Gay, dit Pierre Pouget qui habite en face de la gare, de l'autre côté de la route, une vaste maison au toit d'ardoises rondes, volets marron-rouge de la couleur des premiers wagons, perron, jardin fermé d'une barrière de bois.

« Mes beaux-parents, dit-il, en avaient fait une auberge. Ils ont pris la licence Pétain. L'été, il y avait des clients. »

Aujourd'hui, le premier étage a été transformé en « gîte rural », pour recevoir des vacanciers, selon une méthode qui se généralise en Corrèze. L'ennui, c'est que les vacanciers sont absents la plus grande partie de l'année et que, l'été, ils ne sont pas toujours satisfaits du temps. Pourtant, dans ces campagnes perdues, dont les forêts sombres, les lacs et les routes en lacets sont le principal attrait, ils jouissent pour la première fois dans l'histoire du chauffage et de la salle de bains. Pierre Pouget, qui est veuf depuis onze ans, et dont le fils aîné a trouvé la mort à vingt-six ans en Indochine, se retrouve seul la plupart du temps dans la grande salle de séjour, mais son second fils Jacky, né en 1944 et qui travaille au Génie rural à Tulle, vient souvent lui rendre visite en compagnie de sa jeune femme. « Tu as des sous ? » lui demande son père lorsqu'il le charge de commissions.

Respecté comme un vrai patriarche, les cheveux blancs coupés court, Pierre Pouget porte souvent son regard bleu de l'autre côté de la route, sur un grand bâtiment aux tuiles rouges, qui fut jadis le dépôt, dont on a rasé les fosses et où on lit sur les murs, en grosses lettres : *Garage Tabailloux, autos, machines agricoles.* Plus loin, *Huiles Nervol* et un panneau Michelin.

Derrière le garage, on aperçoit une sorte de chalet, avec préau, garnitures de bois marron-rouge, dont le socle de granit est envahi par les herbes folles et les ronces. Au fronton, une plaque d'émail bleu, passablement écaillée, où se détachent ces mots : Le Mortier-Gumond. La gare, évidemment ! Son guichet est intact. On devine la trace des rails. Plus loin, l'ancienne auberge Chalaud, ornée d'une plaque des Postes et, à une centaine de mètres, une maison de bel aspect, qui est à vendre, et fut celle des époux Espinat.

Jean Espinat, c'est ce forgeron dont m'a déjà parlé Pierre Pouget avec admiration parce que, à l'époque où on ne connaissait pas la soudure autogène, il soudait à la perfection les grilles lorsqu'il fallait refaire le foyer et la plaque tubulaire des machines qui finissaient par se consumer. Jean Espinat est mort le 14 mai 1978, à quatre jours de ses quatre-vingt-dix ans. Né dans la Haute-Corrèze, à Saint-Yrieix-le-Déjalat, ses parents métayers, qui avaient sept enfants, étaient venus s'installer au Buisson-de-Lafage. Étant gosse, il avait été loué. Pendant la guerre de 14, où deux de ses frères furent tués et deux autres grièvement blessés, il fut choqué par l'explosion d'un obus et eut les deux tympans crevés. Toute sa vie, il crut entendre des obus exploser, ce qui ne le favorisait guère dans son travail de forgeron ! De plus, quand il soudait les coussinets pour les axes des roues, des vapeurs nocives se dégageaient, qui l'incommodaient. A l'entrée du viaduc des Rochers-Noirs, on peut voir la boîte métallique qu'il avait faite pour abriter le téléphone d'où l'on donnait l'alerte en cas de panne.

Le père Espinat était d'une trempe si solide qu'il n'hésitait pas à entrer dans le foyer des locomotives pour réajuster la plaque tubulaire lorsqu'il y avait des fuites et, souvent, la machine n'était pas encore refroidie lorsqu'il y pénétrait. En se retirant, il risquait de prendre froid, car la fosse faisait appel d'air, sans compter les courants d'air habituels dans le dépôt. Il travaillait souvent avec Barthélemy Lanoir qui se couchait sur les tubes. Les réparations s'effectuaient dans des conditions difficiles et à la lueur d'une lampe à carbure, posée dans la chaudière. La nuit, on venait souvent le chercher pour remettre un train sur les rails et il se rendait sur les lieux de l'accident aux commandes de la machine sous pression.

Non seulement Jean Espinat passait ses journées, et quelquefois ses nuits, sur le tacot, mais les paysans venaient encore le chercher pour faucher, pour rentrer les gerbes, et il faisait aussi office de charron et de maréchal-ferrant. Lorsque, retraité, il s'installa avec sa femme à Saint-Merd-de-Lapleau, il acheta des tubes de boîtes à fumée pour décorer son jardin. A la fin de sa vie, il demanda à revoir Le Mortier. On l'y conduisit. Une fois arrivé, il ne reconnut pas la maison où il avait vécu trente ans.

Certes, Pierre Pouget et Jean Espinat ne furent pas les seuls à changer d'attributions et à faire usage de leurs compétences multiples.

- Vers 1932, dit Anna Fraysse, le trafic ayant diminué, il fut question de supprimer des trains. Le réseau avait déjà récupéré des hommes venant de lignes désaffectées, telle que celle de La Rivière-de-Mansac. Feu Sauvanet fut de ceux-là (sa femme vit actuellement dans un H.L.M. aux Ganottes-de-Neuvic). M. Longueville proposa alors à mon mari d'aller travailler au dépôt du Mortier. Il refusa et préféra revenir sur la voie pour avoir une vie plus tranquille. Il n'y gagna pas sur le plan financier, mais ce point-là le laissait indifférent. Il est resté neuf ans au service roulant et vingt-quatre ans sur la voie, mais ses souvenirs se rattachent surtout aux neuf années du service roulant. Il en garde une profonde nostalgie, bien que ce service ait comporté beaucoup d'aléas. Il savait quand il partait, mais pas quand il rentrerait. Il travaillait le dimanche, et ces heures-là étaient compensées par des journées de repos.

J'ai pu consulter les feuilles de paye de « l'agent Espinat ». Voici le détail de celle du mois de décembre 1925 :

Appointements ou salaires :		563,64
Déplacements :		-
Complément :		73,92
Primes Économies		7,50
Parcours		-
Indemnité de résidence :		60,00
Allocations pour charges de famille		
Compagnie :		12,50
État :		22,50
	Sommes dues :	740,06
A déduire :		
	Caisse de secours :	6,37
	Retraite :	31,88
	Total à déduire :	38,25
	Net à payer :	701,81
		85
		786,81

Ces 85 F hors rubrique constituent le montant de la prime de fin d'année notifiée le 31 décembre en ces termes :

Tramways départementaux de la Corrèze
Gratification
M.Espinat, forgeron

Je suis heureux de vous informer que, sur ma proposition, le conseil d'administration vous a alloué une gratification de 85 F pour vos états de service pendant l'année 1925.

Réduction ... %
... F pour
... Réprimandes
... d°... inscrites

Tulle, le 31 décembre 1925
Le Directeur de l'exploitation

En 1927, le forgeron Espinat eut la désagréable surprise de constater certaines omissions sur son bulletin de salaire. Il envoya au directeur de l'exploitation, M. Condat, la lettre suivante :

Monsieur,

Les indemnités de cherté de vie de 60 F et charges de famille de 12,50 F allouées par la Cie m'ayant été supprimées, ainsi que l'atteste la feuille de paye ci-jointe : je serais heureux de connaître les raisons qui ont déterminé cette suppression. Je vous prie de croire, Monsieur, à ma gratitude empressée et mes salutations distinguées.

Espinat,
forgeron.

M. Condat répondit par ces mots adressés au chef de dépôt du Mortier, sans en-tête, et rédigés au dos même de la lettre du forgeron :

Les allocations de l'État sont supprimées et incorporées au complément pour l'allocation de cherté de vie et pour l'allocation de charges de famille, une allocation unique de 35 F payée par la Compagnie au lieu de 12,50 + 22,50 comme précédemment. Le forgeron Espinat doit bien voir que son complément est plus élevé que d'habitude et que ce qu'il touche en moins d'un côté, il le retrouve d'un autre et même au-delà puisque le supplément de 25 % porte sur la totalité des sommes payées.

Tulle, le 12 février 1927.
Le Directeur de l'exploitation.

Au terme de chaque journée, tous les employés du dépôt devaient donner un bulletin de travail où était mentionné ce qu'ils avaient fait. Le tout était réuni dans un « Cahier journalier ». Voici, à titre d'exemple, le relevé des bulletins de travail du 2 mars 1938 :

6 - Verliat Étienne	- Boulonner et souder tôle de boîte à fumée et recharger le tisonnier....	8 heures
6 - Verliat Victor	- Confection de bagues pour petit mouvement	8 h
J.8 - Dubois Louis	- Confection de lettres et pose de peinture, démontage traverses de tête et planches...	8 h
J.8 - Charbonnel Léon	- Graissage boîte et timonerie, et démonter traverses de tête 357.......	8 h
Longeaud	- Service des trains, griller sable service bureau	8 h
J.M.2 - Crémoux	- Confection de rotule pour commande de frein, resserrage supports frein, montage fusibles et interrupteur A.T. 1.......	8 h
T.L.C. - Lanot	- Ajustage glace frein vapeur	8 h
6 - Espinat	- Boulonner et souder tôle de boîte de fumée	8 h
6 - Lanoir	- Révision petit mouvement	8 h
6 - Soustrot	- Raboter semelle et recharger patin	8 h

Mme Jean Espinat, épouse du forgeron, tenait alors ce cahier. En 1937, elle avait reçu, écrites à l'encre noire sur du papier quadrillé rouge, ces quelques lignes portant la mention « urgent » :

> Mon administration accepterait de vous prendre à l'essai comme receveuse de deuxième classe aux appointements de 3 200 F. Je vous prie de me faire connaître si vous acceptez.
>
> *Neuvic, le 10.3.37*
> Le s/Inspecteur,
> signé : Longueville

Elle accepta et fut engagée à l'essai. Receveuse était l'équivalent de chef de station - on disait couramment « cheffesse », car le féminisme triomphant n'avait pas encore masculinisé toutes les fonctions. Elle le resta jusqu'à soixante ans, c'est-à-dire jusqu'en 1953.

Mme Espinat, toujours droite et mince, demeure seule avec sa chatte Maurette, dans sa maison de Saint-Merd-de-Lapleau, en bordure de la route, au fond d'un grand jardin, mais son fils Daniel, qui réside au Pougeol de Chanac-les-Mines, près de Laguenne, vient souvent lui rendre visite. Ancien enseignant à la retraite, marié à une institutrice, père de deux enfants, également dans l'enseignement, il a passé toute sa jeunesse au Mortier et a été « pétri de son ambiance ».

- Tout le monde se connaissait bien, dit-il, c'était une grande famille. Les jours de foire, à Tulle, ça chantait de tous les côtés. Devant notre maison, étaient alignés les tas de bois de châtaignier que les gens apportaient avec des voitures attelées de bœufs, et plus tard avec des camions. M. Mei Benghazi, exploitant forestier au Mortier, a utilisé pendant plus de vingt ans les services du T.C. pour expédier traverses S.N.C.F., bois en grume, poteaux de mines, etc. Ces poteaux de mines, les siens et d'autres, allaient principalement à Messeix (Puy-de-Dôme), Roche-la-Molière (bassin de la Loire) et Carmaux. Ils étaient entassés près des gares afin d'être chargés sur wagons-tombereaux ou bien sur plates-formes selon la longueur. Les gosses, dont j'étais, aimaient bien jouer au milieu de ces senteurs de résine, montant et descendant sur ces petites montagnes croulantes, malgré l'interdiction paternelle et maternelle. Lorsque les écorces bien sèches jonchaient le sol sur une bonne épaisseur, nous en utilisions parfois pour allumer le feu dans la cuisinière, bien que le bois ne soit pas, chez nous, une denrée rare.

Le Mortier-Gumond.
Un train de bois et la brouette du chef de gare participaient
aux grandes manœuvres de printemps, par un joli mois de mai.
Photo Jacques Forget - 1957

Ce qui était fort apprécié pour allumer la cuisinière était la pomme de pin du pin landais, mais il fallait en faire provision l'été, dans les bois. Elle ne venait bien sûr pas au bord des gares. Parmi ces millions de tonnes de fret charriées par le T.C. au cours de son existence, il faut noter la présence de bois de trituration qui n'est rien d'autre que du bois de châtaignier. Il était, lui, expédié à l'usine de Condat-le-Lardin en Dordogne, pour en retirer le tanin et autres produits dérivés. M. Plas de Saint-Chamant en était le réceptionnaire dans les gares, pour la maison Progil. Les bûches trop pourries étaient mises au rebut, quant aux autres elles recevaient l'estampille que leur appliquait un marteau. Ce travail de picvert auscultant les rondins s'entendait fort bien de notre maison toute proche et j'ai encore dans l'oreille les gammes discordantes de ce xylophone improvisé.

« Parmi les autres denrées que drainaient les gares, il faut noter la paille de seigle, peignée et récoltée en août. Ce seigle battu au fléau (trois ou quatre batteurs selon le cas) n'était pas détérioré par cette opération pratiquée l'hiver dans les granges, car les paysans faisaient bien attention à ne pas « mâcher » la paille qui aurait ainsi perdu toute valeur marchande. Cette paille, triée, sélectionnée,

A bord de la machine N° 9, au Mortier-Gumond.
En cas de panne de charbon, le chauffeur avait ce qu'il fallait sous la main. « A bûche que veux-tu ».
Photo Guyonnet

était liée en bottes régulières pour être vendue à des fins diverses : paillage de chaises, couverture de maisons, paillons pour jardiniers, etc. Comme il fallait en prendre soin jusqu'au bout, les wagons étaient soigneusement recouverts de bâches vertes ou grises portant le nom de leur propriétaire en lettres noires. Si elles se mouillaient en cours de route, ce qui arrivait assez souvent, il fallait les étendre pour les faire sécher afin d'éviter les moisissures, et les replier ensuite.

« Leurs propriétaires se chargeaient de l'opération et vérifiaient pointilleusement si elles n'avait pas souffert en cours de route (accrocs, déchirures, etc.). Ils venaient souvent voir le chef de gare pour savoir si, à Tulle, on n'avait pas réexpédié la précieuse couverture. (Le T.C. étant à voie étroite il fallait, à Tulle, décharger tous nos wagons.) Innocemment repliées sur elles-mêmes, elles se présentaient sous la forme de tas verts ou gris qui donnaient pas mal de fil à retordre à l'imprudent qui aurait cru pouvoir lever ça en un tour de main. Il fallait compter sur 50 kg malicieusement prêts à glisser des doigts, évitant la prise et jouant l'inertie.

« Le chef de gare devait veiller scrupuleusement au gabarit du wagon chargé car, si celui-ci dépassait la norme, il risquait l'accident sous un tunnel ou dans quelque passage étroit. Cette coutume d'expédier la paille s'est peu à peu perdue. Avec la mécanisation croissante, le battage mécanique a porté un coup fatal à cette pratique. Par ailleurs la recherche du rendement a amené l'apparition d'espèces plus prolifiques en grain, ce qui s'est réalisé au détriment de la paille.

« En automne, les abords de certaines gares se garnissaient de pommes tout venant, apportées par les paysans et achetées par les expéditeurs qui avaient leurs démarcheurs locaux.

« Je revois ces monticules clairs attendant un chargement en direction de la confiturerie Valade de Tulle, par exemple. Nous hasardions parfois un coup de dent sur les plus appétissantes, mais il arrivait que le plaisir soit de courte durée.

« L'occupation allemande a vu naître de nouvelles formes d'expédition. Il s'agissait de la réquisition de fourrage ou de bétail. Au Mortier, par exemple, l'opération se passait devant la maison Poumarat (actuellement Pouget) qui possédait une bascule où l'on pesait paille et foin. Ce dernier était mécaniquement bottelé dans un nuage de poussière, car les paysans apportaient souvent une marchandise de dernière qualité (ce qui se comprend). Bovins, ovins, porcins étaient à leur tour enfermés dans les wagons cadenassés prévus à cet usage. Si par malheur le départ n'avait lieu que le lendemain, nous avions droit à un concert de beuglements, de couinements, de bêlements apeurés dont les rares périodes d'accalmie ne permettaient guère un sommeil réparateur. Et puis ces animaux, souffrant pendant des jours un calvaire inutile, n'étaient pas sans rappeler la permanence d'une situation à la fois aberrante et dangereuse dont nous eûmes une triste illustration en juin 1944. Le fait d'avoir mes parents employés au T.C. m'a permis d'approcher de très près une vie professionnelle de modestes mais irréprochables et compétents agents.

« Ma mère, chargée de la comptabilité de la gare, groupait en fin de mois les souches des billets classés par destination ainsi que la multitude des expéditions de petits colis par catégorie. La liquidation de ces fins de mois posait des problèmes d'équilibre dans les comptes, face aux centimes en trop ou en moins ! Je l'ai vue rester à la gare jusqu'à une heure avancée de la nuit avant d'avoir retrouvé la minime erreur. Il planait dans cette petite pièce, baptisée gare, une odeur aigre d'encre mariée à des senteurs plus nauséabondes de colle, de goudron, d'huile. Il fallait fabriquer la colle avec la dextrine, expédiée en sachets de toile par le bureau central de Tulle. Il m'arrivait d'aller appliquer les étiquettes sur les wagons, muni de mon seau et de mon pinceau. Si les odeurs me sont encore familières, il en va de même des bruits. J'entends encore le choc du composteur qui, en basculant, imprimait la date sur le carton du billet, ou le bruit du tampon mal encré qui frappait les papiers.

« A l'époque, on ne se servait pas de stylo à bille puisqu'il n'était pas connu ; aussi fallait-il faire un usage abondant du tampon buvard que l'on basculait sur les feuilles dans un mouvement de fauteuil ' rocking chair '. Du dépôt venaient des sonorités différentes. Il y avait au début (de mes souvenirs) la machine fixe et son halètement auquel ont succédé la toux précipitée du moteur

Espagnac. 21 juillet 1956.
Si accidentellement, comme un rafiot la loco avait de la gîte, le mécanicien s'efforçait à la redresser...
Cliché J. Forget

Brunot (à naphtaline) puis, plus tard, le ronronnement du moteur électrique. Le train, lui, avait sa propre vie : le ronflement sourd et puissant du Giffard projetant la vapeur pour activer le foyer, les grincements saccadés des roues dans les courbes, le cliquetis des chaînes d'attelage, le bruit de moulin à café emballé lorsque les sabots de frein s'appliquaient sur les roues dans les descentes trop brusques. Sans voir, mais seulement en écoutant, une oreille habituée était capable de prévoir les imprévus du parcours.

« Il y avait aussi de menus incidents, dus à l'imprudence des voyageurs qui regardaient le paysage dans le sens de la marche et prenaient, sans avertissement, une escarbille qui se logeait malicieusement entre œil et paupière. »

En 1939, quand il fut question de supprimer le tacot, Daniel Espinat - il avait alors seize ans - prit l'initiative d'une pétition qu'il fit circuler dans les villages du Coulin, du Perrier et du Chataur.

- Je me suis heurté à un seul refus, dit-il, celui de la mère Moulin, qui ne voulait pas signer par peur de s'engager. Le tacot, c'était vital pour moi, mon père et ma mère y travaillaient. Et puis, c'était tout mon univers : les gens tout autour, les odeurs de charbon, la cloche de midi...

Daniel Espinat remplaça même sa mère, chargée aussi des écritures, de la réception des colis et de la délivrance des billets (on délivrait même, après la guerre, les billets pour les grandes lignes) lorsqu'elle fut malade : quatre jours à 50 F. En janvier 1945, Mme Espinat fut sérieusement blessée. En voulant changer l'aiguille la plus proche de sa maison, elle se prit le pied dans l'éclisse, cette plaque d'acier qui unit les rails. Elle tomba dans la neige, le tibia et le péroné de la jambe gauche cassés. Il fallut la conduire à la clinique du Dr de Chammard, à Tulle, et elle dut rester plusieurs jours dans le plâtre.

- Le tacot disparu, ça fait mal aux tripes ! dit Daniel Espinat.

Ce n'est pas sa mère qui le démentira. Cette grande dame du T.C., telle que je l'ai vue avec son visage blanc et son lainage vert jade, ressemble à un personnage du Greco et symbolise toutes ces femmes qui ont accompagné, de leurs soins et de leurs larmes, la Passion du Transcorrézien.

De nombreuses gares étaient tenues par les cheffesses. La sœur d'Anna Fraysse, Mme Daubech, exerça ces fonctions à Soursac de

1926 à 1930, puis à Ussel-Ville, à partir de 1932. A Soursac, Mme Raynal lui succéda, tandis qu'à Marcillac-la-Croisille, ce fut Mme Lenoir qui prit la suite de Mme Jourde, dont le fils est actuellement enseignant rue du Champ-des-Oiseaux, à Ussel ; son mari, poseur, aidait Jean Espinat dans la réparation des locomotives. A Lafage-sur-Sombre, Mlle Julienne Beunac fut cheffesse et Mme Florentin, née Chamalaud, a passé une grande partie de sa vie à la gare de Saint-Hilaire-Foissac où sa mère était receveuse, tandis que son père était poseur sur la voie. La gare de Neuvic fut d'abord tenue par deux hommes, Faucher et Paupard, puis par Mlle Bredèche, avant d'être confiée à Antonin Duvert, succession mixte qui, selon Anna Fraysse, « dénote son importance ». Enfin, j'ai rencontré Mme Français, ancienne cheffesse de Lapleau de 1943 à 1960. Son mari était entré au T.C. en 1922 et fut chef de train jusqu'en 1950 ; j'ai admiré, sur une photo, sa belle allure : campé sur le marchepied d'un wagon, moustaches conquérantes, guêtres, casquette réglementaire et chaîne de montre sur petit gilet.

Mme Français, qui a quatre-vingt-deux ans, vit toujours près de la gare, avec ses deux sœurs âgées de quatre-vingt-dix et

Eté 1922.
On stationne à Saint-Hilaire-Foissac. Malgré la canicule, on pose... surtout la veste !
Collection Jacques Maligne

quatre-vingt-treize ans. Elle avait été d'abord l'adjointe de Mme Coudert. Sa responsabilité était particulièrement lourde à Lapleau, puisque c'était un centre important, et même, à certains moments, une tête de ligne.

- Lorsque le train a été supprimé, dit-elle, j'ai demandé qu'on me laisse le tampon à billets, en guise de souvenir. Cela m'a été refusé.

On imagine avec quelle satisfaction mesquine un quelconque père Soupe de la Compagnie a ravi à cette brave femme l'humble témoignage de ses dix-sept ans de bons et loyaux services.

15.

Ainsi le Transcorrézien, si souvent en retard sur l'horaire, était-il indiscutablement en avance sur son temps puisque, bien antérieurement à Polytechnique et à l'Académie, il avait admis les femmes dans son sein, et à des postes de responsabilité exigeant, au moins symboliquement, l'uniforme. Mais l'élément féminin était proportionnellement plus important chez les voyageurs ce qui explique que, marquée dès sa construction par le romanesque, la ligne Tulle-Ussel fut, par la suite, doublée idéalement d'une ligne de cœur sinuant au milieu d'une carte du Tendre où ne manquaient ni le viaduc des Soupirs, ni les étangs d'Indifférence. Le grand tunnel du parcours, long de 60 mètres, devint une sorte d'examen de passage de la ligne où, plongées dans une opacité mystérieuse, les vies pouvaient en sortir transformées, et cela à n'importe quel âge, car non seulement le cœur n'a pas de rides, mais il n'a pas d'acné.

- Si le tacot pouvait parler, soupire Jaja, il raconterait les amourettes entre les jeunes lycéens et les élèves de l'E.P.S. (École primaire supérieure de Tulle, appelée la Boudigale) dont je faisais partie. Nous l'empruntions pour aller dans nos familles. Comme nous n'avions pas de mallette pour ramener à la maison livres et linge de pension, le tout était enfermé dans un sac à linge numéroté et fermé par un lien parfois usé (en patois, *in vitou*).

« Le grand amusement des lycéens, c'était de nous chiper notre sac à linge, de le passer par la fenêtre tout en le retenant par un lien. Notre frayeur à nous, les filles, c'était de voir le lien se casser et le sac rouler sur la voie. Grâce à Dieu, cela n'est jamais arrivé : les liens étaient solides, bien que le Nylon n'eût pas encore été inventé.

« Les jeunes de la région se donnaient rendez-vous au Mortier, au café Chalaud, café en bois et le premier de la région, ce qui était une curiosité pour nous. De plus, il possédait un piano mécanique, peut-être le premier et le seul du coin. Que de flonflons en compagnie des garçons et des employés du dépôt ! De connivence avec mes cinq frères, je disais à nos parents qu'on allait se promener. En fait, on allait danser. Rien qu'en évoquant ces souvenirs, je retrouve mon âme de quinze ans et la fraîcheur inhérente à cet âge... »

Naturellement, les « amourettes » devenaient plus sérieuses au fur et à mesure que les adolescents grandissaient et le voyage en train, souvent fort long, était une occasion inespérée pour nouer conversation ou pour se diriger vers des conclusions positives. Voici comment Simone Lacoste a vu le petit dieu Éros se glisser subrepticement dans le Transcorrézien :

> Il court, le petit train, à travers la campagne.
>
> C'est dimanche, un dimanche de septembre, encore tout chaud comme un dimanche de plein été. Seuls quelques lambeaux de brume matinale s'attardent au fond des vallées. Mais pas le moindre brin d'or sur le vert persistant des arbres.
>
> Il court donc le petit train à wagons rouges, soufflant, peinant, crachant, dansant, brinquebalant, au passage traversant fièrement les routes, épousant les sinuosités des ruisseaux, les courbes des collines, escaladant les pentes, faisant le fanfaron une fois atteinte l'immense étendue du plateau. Et sifflant. Sifflant à en perdre haleine. Pour ébaudir son monde, se donner tout à fait des allures de Transsibérien ou de Canadian Pacific Railway... Et pourtant, il n'est qu'un pauvre petit train, celui que l'on appelle assez péjorativement le vieux tacot.
>
> Donc c'est dimanche et les deux voitures sont pleines... ou

à peu près. Des voitures à couloir central et cloisons à mi-hauteur... Beaucoup de pêcheurs, cela va sans dire. Avec leur attirail... Aussi des chercheurs de champignons, de cèpes bruns et fermes cachés dans la mousse des sous-bois... Dans un coin, un jeune homme fait des mots croisés. Dans un autre, une jeune fille boudeuse lit ou fait semblant. Sur la banquette du fond, isolé, un couple d'amoureux. Et, au beau milieu de la voiture, un homme d'un certain âge, la peau tannée, grisonnant et sec, qui a l'air de se trouver là comme chez lui. On entend des bribes de conversations :

- Moi, dit un des pêcheurs, une fois...

Le reste se perd dans un sifflement prolongé de la locomotive. Après, c'est une autre voix qui reprend :

- L'anguille que...

- Oui... et la truite saumonée qui pesait bien...

Mais l'homme du milieu du wagon intervient, empêche l'autre de continuer, se lève et tout debout explique :

- Si vous aviez vu celle que j'ai prise, un jour...

Et il écarte les bras englobant dans son geste toute la voiture.
Il y a des rires, des protestations. Un grognement de dépit. Aussi un petit gloussement du côté du couple d'amoureux, mais qui n'a rien à voir avec la conversation des adeptes de la gaule. Cependant, ce petit cri a le don d'irriter la jeune fille boudeuse. Elle lance aux deux jeunes gens un regard où passe tout son ressentiment. Comme si ce gloussement était pour elle une offense personnelle. Ne lui en voulons pas. Elle a sans doute un chagrin d'amour... Mais cela n'a pas échappé à l'homme d'un certain âge qui se tourne vers elle et, avec l'aimable et indiscrète familiarité qui règne habituellement dans les wagons du petit train, il remarque :
- Vous n'avez pas l'air bien gai, mademoiselle !
Elle daigne répondre :
- Je voudrais bien vous y voir. Voilà trente-six heures que je suis dans les trains.
- Et moi, riposte l'homme du tac au tac, le mois prochain, cela fera tout juste trente-six ans.
Tout le monde rit. Il explique :
- Je suis le portalié de Soursac.
Le portalié !... Celui qui fait les commissions du village à la ville et réciproquement.
- Oui (il dit : ouaiai), trente-six ans que chaque samedi je descends à Tulle pour le marché. J'aurais dû rentrer hier. Mais je me suis laissé entraîner par d'anciens camarades de guerre à une partie de belote qui n'en finissait plus... Alors, tant pis pour la vieille. Du reste, elle a l'habitude... Oui, trente-six ans que je fais le parcours. Par le train. Les autres, je parle des autres portaliés, ils ont tous fini par s'acheter une camionnette. Moi, je suis trop vieux. Je reste fidèle à mon tacot.
Et, poursuivant sur sa lancée :
- Mon père et mon grand-père, ils faisaient déjà le métier avant moi. Mais eux, avec la mule. Ils partaient la veille, voyageaient toute la nuit, arrivaient à Tulle au matin... Tenez, un cop...
Et il repart, en patois cette fois, sur une autre histoire, que

corse un des pêcheurs, un habitué de la ligne, qui a dû l'entendre déjà.
Le jeune homme aux mots croisés plie son journal, le fourre dans sa poche et se met à regarder le paysage. Du coup, la jeune fille maussade ferme aussi son livre. Le petit train a quitté la vallée et fonce à travers le plateau où s'aperçoivent les dernières bruyères. Tout blanc, à un détour de la voie, un champ de blé qui n'a pas encore été coupé... A la lisière d'un bois, un étang paraît sous les bouleaux, et c'est à présent au tour des chercheurs de champignons de parler de leurs exploits :
- Avec ce temps chaud et la pluie d'hier, nous devrions en remplir nos paniers... Une année, un jour comme aujourd'hui, j'en ai rapporté plus de vingt kilos...
Mais, mine de regarder aussi le paysage, la jeune fille boudeuse, qui ne boude plus, s'est rapprochée du jeune homme. Sous un prétexte, elle lui demande un renseignement. Et les voilà en conversation animée. Comme de vrais vieux amis.
Pendant ce temps, l'amoureux se penche de plus en plus vers l'amoureuse, à tel point qu'une maman fait changer de place sa petite fille :
- Tu vas attraper des escarbilles dans les yeux. Mets-toi là.
Un pêcheur rit et allume sa pipe. Le portalié compte ses colis et les rassemble. Il arrivera bientôt à destination. Après le viaduc et le tunnel...
Pour le moment, le train surplombe la gorge. Au fond, l'eau du torrent, la Luzège, bondit sur les rochers. Sous les mélèzes, des digitales s'agrippent aux versants. Il y a des chants d'oiseaux, les derniers chants de l'année. Bientôt, l'automne sera là, dénudant les terres et les bois, remplissant de silence les grands espaces vides.
Mais il y a encore du bon temps pour les pêcheurs.Et pour les autres aussi.
Voilà qu'après avoir empanaché de fumée le grand viaduc, le petit train s'engouffre dans le tunnel. Instinctivement les deux amoureux, qui s'étaient un peu éloignés l'un de l'autre pour admirer la traversée du précipice, se sont rapprochés.

Et il semble bien que le jeune homme aux mots croisés et la jeune fille en ont fait autant. Il est blond. Elle est brune. Ils ne doivent pas avoir beaucoup plus de quarante ans à eux deux. La petite fille s'est, elle aussi, raccrochée à sa maman. Dans la lumière artificielle, son enfant les yeux fermés tout contre elle, la mère se décide. Elle sourit aux quatre jeunes gens. Le portalié sourit aussi. Et les pêcheurs... Allons, la vie est belle par un dimanche de septembre, chaud comme un dimanche d'été...

Ces scènes charmantes furent quelque peu corsées par des témoins aux yeux moins innocents, tel ce poète Marcel Pol, incorporé au chantier de jeunesse de Lapleau, qui n'hésita pas à intituler *Timidité* un épisode particulièrement délicat qui se passe, il est vrai, un samedi soir, dans une saison non précisée :

TIMIDITÉ

Dans le tacot, samedi soir...
Assis sur la même banquette
Ils ne paraissaient pas se voir,
Mais la belle baissait la tête.

Son pardessus les recouvrait
Ainsi que pour un long voyage
Leurs mains, sous lui disparaissaient.
Elle avait fermé ses yeux sages.

Ç'était à peine s'ils bougeaient
Son coeur battait dans son corsage
Si leurs mains parfois se mouvaient
On voyait rougir son visage.

Et lui, dit à la jouvencelle :
« Je vous aime, mademoiselle.»
Timide, elle lui répondit :
« Votre petit doigt me l'a dit. »

Soursac. 14 juillet 1920
Tout à fait à droite, sous une claire ombrelle, on distingue une dame aux formes opulentes. Au départ, dans le couloir bondé d'un wagon elle écrasait tout sur son passage...
- Quand on a une poitrine comme la vôtre, l'apostropha un humoriste goujat, on la fait enregistrer et on la met aux bagages.
Document Edmond Duclos

Le tacot bénéficia d'une réputation flatteuse de « train de plaisir » d'un nouveau genre qui s'insinua tout naturellement dans le folklore gaulois. Les localités rivalisèrent entre elles à leur corps défendant, si l'on peut dire. La Méchaussie du Dr Madrange, qui avait instauré sa « commune libre » à l'égal de Montmartre, n'hésita pas à se mesurer à Tulle, comme en fait foi ce poème de 1950 :

Si à Tulle en Tullois
Pour la première fois
Les filles ne portent que six mois
Sachez au moins que par ici
Il n'en sera jamais ainsi
Car toujours à la Méchaussie
On fait beaucoup mieux... Dieu merci !
Et toute Jouvencelle
Pour peu qu'elle soit belle
Sans être trop rebelle
Ne reste pas pucelle
Si quelque déluré matin
Un soir l'entraîne sur le thym
Elle ne le porte, c'est certain
Que jusqu'au lendemain matin !

Sur les innombrables histoires sentimentales auxquelles fut mêlé involontairement le tacot, nous possédons heureusement quelques traits parfaitement authentiques et dénués de toute incidence scabreuse.

M. Marcel Nougein, instituteur à Champagnac-la-Prune, devait se rendre à Brive pour se marier. La cérémonie était prévue pour le 2 août 1926. Il se disposa donc à prendre le train à La Roche-Canillac le 31 juillet, une fois terminée la dernière classe du soir avant les grandes vacances. Les adieux prennent toujours du temps. Au moment où, la valise à la main, il arriva à la gare de La Roche, le train venait de démarrer et s'apprêtait à prendre de la vitesse, émoustillé par la perspective de la descente. Au lieu de s'asseoir sur sa valise en se lamentant sur un coup du sort qui risquait de bouleverser ses projets matrimoniaux et de jeter le désarroi dans les familles (à l'époque il n'y avait aucun autre moyen de transport qui permît la correspondance à Tulle), M. Nougein mit toute l'énergie de ses vingt-quatre ans à poursuivre le tacot. Peut-être cette tentative désespérée n'eût-elle pas abouti, si, dans un tournant, le mécanicien n'avait aperçu le jeune homme et arrêté aussitôt sa machine. Lorsqu'il parvint enfin à Brive le lendemain soir, c'est-à-dire la veille de son mariage, les premiers mots de Marcel Nougein à ses parents et à sa fiancée furent :

- Vous savez, j'ai failli ne pas venir !

Les exploits réalisés par les candidats au mariage pour se rejoindre, ont été particulièrement remarquables pendant l'occupation. Mlle Huguette Ballereau, par exemple, avait décidé de devenir Mme Mazeron en 1944 ; mais, pour cela, il lui fallait rejoindre Montluçon et donc prendre la ligne directe qui passe par Brive, Tulle et Ussel. Or, elle habitait à Naves, un peu au nord de Tulle, et le trafic des grandes lignes avait été interrompu par les maquisards, alors qu'au contraire le tacot continuait à circuler en pleine zone tenue par la Résistance. Mlle Ballereau mit au point un itinéraire compliqué qui lui permit de parvenir à ses fins.

Elle commença par placer sa robe de mariée dans une valise et, de Naves à Tulles, emprunta le train P.O.C. desservant Uzerche, sans oublier de mettre sa bicyclette aux bagages. A Tulle, elle embarqua dans le T.C. qui la conduisit sans encombre au terminus de Neuvic. Là, elle plaça la valise sur son vélo et pédala jusqu'à Ussel. Il ne lui resta plus qu'à attendre le train de Montluçon. Grâce au tacot, la preuve était faite une fois de plus qu'il n'y a aucune barrière infranchissable à l'amour.

Ceci se passait dans la plus noble tradition française où tout était chaste et pur, y compris les histoires de cheffesses. Une méprise pourtant à signaler, celle du Normand Jacques Lecerf qui se maria en 1958 avec une « fille à Jouan ». Auparavant, il vint à Lapleau pour faire la connaissance de ses futurs beaux-parents. A peine descendu de l'autorail, il vit s'avancer une dame tout de noir vêtue et crut que c'était sa belle-mère. Un large sourire de circonstance illumina son visage :

- Enchanté..., fit-il, en tendant la main.

- Votre billet, s'il vous plaît !

C'était Mme Français, la cheffesse, qui n'en revenait pas de cette familiarité.

16.

Jeanne Vialle-Peyrical se réjouit à la perspective d'être enterrée, dans le cimetière d'Égletons, en face de Charles Spinasse, encore que les dimensions impressionnantes de la tombe du grand homme l'aient empêchée de faire construire son propre caveau. Mais Jaja est bien trop éveillée pour songer sérieusement à son dernier sommeil. Elle préfère de beaucoup évoquer les voyages qu'elle faisait dans le tacot, en compagnie de huit jeunes gens qui montaient en première avec un billet de seconde. Son propre père, l'instituteur Joseph Peyrical, qui bénéficiait d'un tarif réduit, n'hésita pas lui non plus à faire un jour le trajet dans les mêmes conditions, sous prétexte que ses rhumatismes exigeaient un supplément de confort.

Les raisons des fréquents déplacements ferroviaires de Jaja, c'était son appartenance à la Boudigale, privilège qu elle partagea, entre autres, avec Mme Escassut. Les pensionnaires de cette École primaire supérieure de Tulle, âgées de quatorze à dix-huit ans, étaient appelées les « boudigaliennes ». Elles portaient toutes des gants, des bas et des chapeaux blancs, en feutre l'hiver, en soie l'été. Ces derniers comportaient trois tailles, grande, moyenne et petite, mais de toute façon les adolescentes, dont le crâne était de proportions modestes, avaient l'air d'être coiffées d'une ombrelle. Et les ombrelles étaient grandes à cette époque. Au cours des sorties du dimanche, la directrice exigeait que les élèves se mettent, dans les rangs, à la distance l'une de l'autre d'un parapluie, afin de donner l'impression qu'elles étaient nombreuses. Cette directrice, Mlle Chimot, avait été surnommée « la Miss » ou plus familièrement « la vieille ».

Juste avant la guerre de 14, Mme Escassut se trouvait à la Boudigale en compagnie d'une tante de Jacques Chirac. Lorsque les demoiselles voulaient, le samedi, prendre le tacot de Lapleau, comme il quittait Tulle à 14 h 20 et que les cours ne se terminaient qu'à 16 heures, il leur fallait demander à la directrice la permission de partir « plus jeune », c'est-à-dire plus tôt. Et la directrice répondait invariablement : « Non. » Mais, sur le coup de deux heures, elle se ravisait soudain : « Allez mettre votre costume noir, disait-elle, mais cachez votre chapeau et vos gants blancs », car elle ne voulait pas que ses filles soient reconnues dans la rue par l'inspecteur, avec lequel elle avait des rapports tendus.

Un jour, une jeune élève, Valentine, originaire de Lapleau, sentit son chapeau blanc quitter sa tête et le vit passer par la fenêtre du train. Aussitôt, elle se mit à pousser des cris stridents. Le mécanicien arrêta le convoi. Valentine sauta sur la voie, courut récupérer son chapeau, et remonta dans le wagon à la satisfaction générale.

Mme Escassut retrouve encorc lc goût des « gaufrettes au savon » de la mère Chalaud, qui étaient légèrement rances. Mme Chalaud, tenancière de l'auberge du Mortier, était néanmoins une très brave femme qui faisait crédit à ses jeunes clientes. En effet, les boudigaliennes étaient plus riches en regagnant leur pensionnat qu'en en revenant, car leur argent de poche était encore intact. Au retour, elles avaient épuisé leurs ressources dans les pâtisseries de Tulle. Jaja est imbattable sur le chapitre des gâteaux dont elle connaissait à fond l'alléchante diversité :

- Chez Roques, avenue de la Gare, il y avait, dit-elle, des cardinaux (babas au rhum et à la crème rouge) ; chez Chauffailles, des mille-feuilles à la chantilly - je dis bien à la chantilly, pas à la crème cuite ; chez Verdier, des flognardes (clafoutis aux pommes) ; chez Charbonnel, près de l'église, des éclairs au chocolat ; enfin, chez Jouhaud, on trouvait de tout.

La pâtisserie Jouhaud se prévalait aussi des faveurs de Mme Escassut. On n'entrait pas dans ces lieux de tentation en tenue de boudigalienne. Les élèves avaient soin, avant de sortir avec les copains, d'aller troquer, au sous-sol, leurs bas blancs, signe d'innocence, contre d'affriolants bas « couleur chair ».

- Une fois, raconte Jaja, une élève, malheureusement disparue depuis, avait acheté un gros mille-feuilles à plusieurs étages - on n'en trouve plus d'aussi grands, d'aussi gros ni d'aussi bons. Elle avait l'intention de le déguster chez ses parents. Au moment où elle montait dans le tacot qui arrivait comme un escargot devant la gare de Tulle, la ficelle du paquet a cassé - à ce moment-là, les boîtes en carton pour gâteaux n'existaient pas. Le mille-feuilles est tombé sous les roues. Évidemment, nous avons regardé avec une colère rentrée le gâteau écrasé, ne laissant sur la voie que des traces de crème. Adieu, mille-feuilles !

Dans ce cri déchirant, on sent l'amour passionné que Jaja portait aux fleurons de la maison Chauffailles tout autant que ses regrets éternels.

En 1915, la Boudigale devint un hôpital pour les besoins de la guerre et les élèves furent dispersées chez les habitants. Mme Escassut se trouva logée chez la concierge de l'évêché. Pour un an seulement, c'est-à-dire jusqu'à ce que l'école retrouve son affectation normale.

- Vous n'avez aucune chance qu'il s'arrête, je suis brouillé avec le chef de train.

A ce moment-là, plusieurs de ceux que j'ai rencontrés venaient tout juste de faire connaissance avec le train. Ainsi André Antoine Lagarde, dit Toinou, qui de 1914 à 1916 vécut en permanence, selon sa propre expression, la vie du tacot. Pendant deux ans, chaque jour, en compagnie de son grand-père, de sa grand-mère ou d'un domestique, il se rendait au lieu-dit Moulin-Douroux, à proximité de la halte du même nom, arrêt facultatif qui, jusque dans son signalement, prouvait que les autobus parisiens n'avaient rien inventé. André Lagarde s'est d'ailleurs chargé d'évoquer minutieusement, dans un journal local, les charmes incomparables de l'endroit :

Chez Nous

HALTE AU MOULIN-DOUROUX

Suivez la vallée de l'Avalouze à travers bois et rochers ; la solitude est parfaite. A peine quelques hameaux apparaissent-ils là-haut, au-dessus de la gorge, comme suspendus aux rocs. Le murmure du torrent, seul, tient compagnie au promeneur. Aussi l'étonnement est-il grand d'apercevoir soudain, presque mêlé aux ramures, un écriteau : « Pour monter dans le train, faire signe au mécanicien. »
On dirait d'une plaisanterie. Car on n'avait point remarqué, dès l'abord, la mince voie ferrée parmi les herbes. Mais un second écriteau de renseigner aussitôt :
« Halte Moulin-Douroux. »
Et voici, en effet, à l'issue de l'agreste et rapide « chemin de Besse », les ruines du moulin et de l'huilerie du père Saint-Hippolyte, ruines si admirablement situées en vérité qu'elles appelleraient tout naturellement un arrêt de la part du promeneur, même si le pittoresque « tacot », qui va de Tulle à Lapleau, n'était venu, d'aventure, à passer par là pour l'y conduire. Et, proche des murailles moussues et disjointes, voici le pont rustique qui confine au chemin montant du Châtaignier.
Rien ne ressemble moins à une gare que cette halte tout idyllique, sise à mi-distance de Saint-Bonnet-Avalouze à

Espagnac. Le rail est ici tout voisin du ruisseau, le quai frais et herbeux. Chaque jour, on peut apprécier tout l'attrait de cette petite station champêtre. En effet, cet arrêt du menu « tortillard » dans un pareil site permet non seulement au promeneur, à l'excursionniste de se trouver en pleine nature, mais encore au pêcheur de s'arrêter au bord même de l'eau, là précisément où le cours de l'Avalouze est le plus poissonneux.

Le « signe au mécanicien » est quotidiennement répété, et parfois dans des conditions pittoresques : tantôt un pêcheur attardé, surpris par l'arrivée du train, fait un geste éperdu pour qu'on l'attende ; tantôt une vieille paysanne, dissimulée derrière un buisson, se démasque soudain, la jupe relevée et la main implorante...

La gorge est si belle, si douce aussi, avec son silence et ses murmures, que les amoureux y viennent vivre des heures d'une fraîche quiétude. C'est un lieu peu fréquenté, propice et accueillant. Nul ne survient. Aussi, ne voyant personne alentour, les amants jouissent-ils de leur solitude. Seul, le passage inopiné du « tortillard » asthmatique les fait sursauter. Ils se croyaient seuls, bien seuls, à l'écart de tout ; mais le monstre surgit, les surprend et interrompt sans pitié leurs ébats cependant que dans la pureté de l'air le halètement de la pittoresque locomotive s'inscrit à l'instar d'un fracas.

Pourtant, à Moulin-Douroux on se sent bien loin, bien loin de l'atmosphère des gares. Les bois dissimulent, en leur étreinte verte, le trafic inhérent au petit chemin de fer. Un panache de fumée est peu de chose quand il s'évapore, non sous la traditionnelle marquise des quais, mais sous l'immense vélum du ciel. Et sitôt le roulement des wagons éloigné, le chant de l'eau s'élève à nouveau perceptible dans le silence retrouvé, tandis que fougères, pins et châtaigniers parfument plus fort, semble-t-il, parmi la tranquillité vite revenue.

Le train, d'apparence puérile, fait sourire, mais émeut presque par sa course esseulée dans le cadre grandiose du paysage où aucun bâtiment ne souligne, ne jalonne, ne vient soutenir par sa présence, son trajet à travers le ravin. Son

passage entre les rocs et les arbres ne laisse guère plus de traces que celui d'une bestiole se coulant entre les pierres et les feuilles. Et la voie, ouverte à son parcours, paraît illusoire, précaire, toujours près d'être envahie, recouverte, annihilée par la végétation. Cependant, son tracé n'en persiste pas moins, qui luit parmi l'humidité sylvestre.
L'humble « tacot », en stoppant à Moulin-Douroux, au milieu des herbes et des ramures, au fond même de la gorge de l'Avalouze, semble en quelque sorte desservir une station idéale, une station de rêve, donnant un accès immédiat, intime, aux plus belles promenades. Car c'est au cœur même du paysage que l'on pénètre en parcourant la faille des Mas, en contournant les rocs moutonnés et branlants et les gours du pont Sarlaou et des Combosses, en contemplant les cascatelles qui s'écoulent si claires, et enfin en gravissant péniblement les chemins de Besse, du Coudert et du Châtaignier. Un tel site révèle la grande vie bucolique et charmante de la nature.

Nullement affecté par sa mésaventure avec Mme Poincaré, Toinou, né à Seilhac le 13 juin 1909, avait donc cinq ans lorsque son père partit pour le front en août 1914. Du coup, sa mère qui était la fille d'un restaurateur-tailleur-épicier-débitant de tabacs de Saint-Martial-de-Gimel revint dans l'auberge familiale, sise au lieu-dit Le Châtaignier, entre le Moulin-Douroux et Espagnac. C'est dans ce petit établissement, orné d'une terrasse en pierre et d'un perron à larges marches, à l'enseigne *Au bon repos du chasseur*, que les chefs d'exploitation du T.C. avaient pris pension pendant les travaux, tandis que la fille de la maison, une voisine et une employée apportaient repas froids et boissons aux ouvriers, soit à Lavaur, soit à Douroux ou dans les ravins voisins du hameau dit du Bois-de-Saint-Mûr.

Léonard Bachèlerie, le grand-père d'André Lagarde, tenait cette auberge qui est encore intacte pour l'essentiel et dont on peut apprécier la noble façade, surmontée de chiens assis, sauf que les mots « Hôtellerie » et « Remise » ne figurent plus au-dessus des fenêtres. André Lagarde, retraité depuis une quinzaine d'années, partage son temps entre cette demeure pleine de souvenirs et sa maison de Brive située - pure coïncidence - avenue Poincaré. Vêtu d'un chandail, chaussé de confortables pantoufles de peau, le poil blanc, les yeux bleus et le teint rose, Toinou, devenu veuf, vit en érudit solitaire et précautionneux, genre Huysmans, soignant sa tension un peu forte et préoccupé surtout d'avertir ses visiteurs de ne pas trop serrer le robinet de la chasse d'eau sans chaîne, lorsqu'ils vont aux toilettes. Quelquefois, sa fille lui donne sa chatte à garder, et il ne se laisse pas émouvoir par ses miaulements.

- Tu n'avais qu'à ne pas manger tant d'herbe ! lui dit-il.

André Lagarde, qui a écrit et dessiné maintes œuvres se rapportant au Transcorrézien est, sur ce sujet, d'une compétence et d'une intransigeance inégalées. Ainsi m'a-t-il donné ce solennel avertissement :

- Il ne faut pas prendre le tacot pour un imbécile, hé !

Sa disparition a créé, selon lui, « un vide qui n'est pas comblé ; c'était un être vivant pour le pays... ». « Rien n'est plus pareil ! », soupire-t-il. Et cette fidélité est d'autant plus remarquable qu'à l'âge de quinze ans, il est carrément passé sous le train. Mais il refuse de s'étendre là-dessus, ou là-dessous.

Lorsque Mme Lagarde retrouva, en 1914, le *Bon repos du chasseur*, le commerce était peu florissant. Le grand-père acheta des troupeaux de moutons destinés à être vendus au gré des réquisitions pour les armées. Il fallait garder ces troupeaux. C'est pourquoi Toinou et sa mère se rendaient dans la vallée de l'Avalouze, tout près de la ligne du chemin de fer.

Quand, revenu du front, son père fut nommé plus tard chef de la brigade de gendarmerie de La Force, à neuf kilomètres de Bergerac, Antoine Lagarde n'en fut pas moins placé au cours complémentaire de Souilhac à Tulle, puis à l'École normale, ce qui évidemment l'obligea à utiliser fréquemment le tacot.

Certains chefs de gare étaient très populaires, comme le père Lagorce, à Saint-Bonnet-Avalouze, qui rendait de rnultiples services aux gens, et cette popularité, loin d'inspirer respect au jeune Toinou de seize ans, excitait déjà sa verve satirique. Dans la salle d'attente de la station, il ne trouva rien de mieux que de faire la caricature du brave Lagorce, mais en ayant soin toutefois de la dissimuler sous une affiche.

A quelque temps de là, à l'arrêt de Saint-Bonnet, alors qu'il se trouvait dans le train avec un professeur de Tulle, M. Lacroix, il vit le chef de gare grimper sur le marchepied pour l'apostropher : « André, j'ai besoin de te voir... Mais ce monsieur à côté de toi, il me semble que c'est ton ancien professeur ?... Je veux te punir en sa présence. »

Et voilà les trois hommes partis vers la salle d'attente et placés devant l'objet du délit, débarrassé cette fois de son affiche protectrice. « Ne devrais-je pas lui donner deux gifles ? » demanda Lagorce au professeur en désignant Toinou. « Certainement », acquiesça M. Lacroix. « Néanmoins, je n'en ferai rien, reprit le chef de gare, car je suis content qu'il m'ait si bien réussi. »

Quand le père Lagorce prit sa retraite, ce fut M. Cheype qui le remplaça. Il avait particulièrement soin du beau jardin qui ornait la gare dont toute la facade était garnie de fleurs (le Dr Madrange n'a pas oublié ses magnifiques géraniums). Un jour, André Lagarde passait à vélo, en compagnie de quelques amis, devant la gare, lorsque l'un d'eux remarqua au milieu de cette débauche florale de superbes appendices d'un rouge éclatant qui dodelinaient gaiement au bout de tiges vertes. En Corrèze, les piments ne sont pas une spécialité locale et l'on n'en voyait guère sur pied en ce temps-là. Le curieux s'arrêta et posa des questions. M. Cheype, qui avait l'esprit facétieux tout en étant excellent homme, répondit qu'il s'agissait de bananes. Stupéfaction du jeune homme qui n'a jamais vu non plus de bananes, mais qui s'étonne tout de même de leur couleur.

- Ah ! évidemment, reprend le chef de gare, elles ne sont pas encore tout à fait mûres. Ici, ce n'est pas comme en Afrique ! Mais elles sont bonnes quand même. Tu en veux une ?

L'autre accepta avec empressement, touché de cette délicate attention, car il avait entendu dire que les bananes sont un excellent reconstituant. Il en aurait besoin à la halte prochaine. A quelques kilomètres de Saint-Bonnet, il s'arrêta sur le bord de la route avec ses amis, en proie à des tiraillements d'estomac. Il extirpa de sa musette, avec une satisfaction non dissimulée, la banane rouge, puis y mordit à pleines dents, devenant en quelques instants aussi cramoisi qu'elle. Toinou affirme que seul l'éloignement a sauvé le chef de gare de représailles sauvages.

La gare de Saint-Bonnet-Avalouze, d'une haute importance pour le Transcorrézien, avait été construite à mi-distance du village et du château du Puy-de-Val pour ménager des intérêts divergents. Le premier projet prévoyait la gare en bas du bourg, mais le châtelain la souhaitait près du château, dont la motte s'élève à 408 mètres d'altitude, et auquel Toinou a consacré un vibrant hommage dans la presse locale, sous le pseudonyme de Croquant Toine. D'après Pierre Pouget, les Vidal, alors propriétaires de ce château restauré au XIXe siècle, étaient « des bienfaiteurs qui ont sacrifié leur fortune pour élever les enfants des autres ». Ils avaient fait construire un orphelinat magnifique près du château où, chaque été, on accueillait des « enfants naturels ». Ils ont été obligés de débiter l'orphelinat pierre de taille par pierre de taille, parce qu'ils ne lui ont pas trouvé d'acquéreur. « Bah ! dit Pierre Pouget, j'ai vu démolir des châteaux plus importants... »

Heureusement, le château du Puy-de-Val est toujours debout, avec ses belles fresques intérieures, à proximité de la voie ferrée, au centre d'un triangle dont les pointes s'appellent la gare de Saint-Bonnet-Avalouze, le moulin de Palissou, *via* La Brauge, et Le Châtaignier. A la demande d'un conseiller municipal d'Espagnac, il a été créé, à l'emplacement de la voie désormais désaffectée, une route qui part de La Brauge, passe au moulin de

Au lieu dit La Brauge, personne n'avait chopé les barrières du passage à niveau. Non. Il n'y en eut jamais. Le Transcorrézien faisait fi des barres parallèles, de l'agrès à l'agreste !
Photo François Collardeau - septembre 1951

Palissou, aux ruines du moulin Douroux, et s'arrête après les ponceaux (les petits ponts) du bois de Saint-Mûr : c'est le layon qui permet aux paysans d'aller chercher du bois et aux pêcheurs de lancer leur ligne dans les eaux poissonneuses de l'Avalouze dont l'assaut sauvage se brise souvent sur de gros rochers, notamment au *gour sarlaou.*

Dans les années 25, André Lagarde se trouvait au Châtaignier lorsque, un beau matin, sa grand-mère lui dit : « Toinou, mes deux porcs sont sur le flanc. » Deux porcs, c'était une somme coquette et la perspective de pas mal de jours gras. « Tu ferais bien d'aller voir le tonton... » Ce tonton était en fait un cousin. Il s'appelait Rebeyrotte et avait la réputation de guérir les cochons.

Une telle crédulité faisait sourire le garcon, mais il ne pouvait faire autrement que d'accéder au désir de l'aïeule. Il se mit donc en route et descendit vers le moulin de Palissou où demeurait le vieux Rebeyrotte, solitaire depuis son lointain veuvage.

Au moulin, il ne trouve personne. Alors qu'il s'apprête à repartir, voilà qu'il aperçoit, sur la voie du Transcorrézien, le brave homme qui revient paisiblement d'une cueillette de champignons. Entre les passages du bolide, on n'hésitait pas, en effet, à emprunter benoîtement ce chemin vital, aussi infailliblement tracé que la voie Appienne.

Toinou va à sa rencontre et lui explique le but de sa visite.

- Ah ! mon pauvre, fait Rebeyrotte, je suis trop vieux maintenant pour guérir les cochons, car figure-toi quej'attrape leurs maladies. Et il désigne une anfractuosité dans le rocher, en forme de petite grotte, vestige des excavations qui avaient été pratiquées lors de la construction de la ligne.

- Vois, dit-il, cette grotte, c'est là que je me couche lorsque, après avoir soigné les cochons, je suis pris de fièvre. D'ailleurs, je ne pourrais rien pour ceux de ta grand-mère. A l'heure qu'il est, il y en a un qui est déjà crevé. Quant à l'autre, il est mal parti... Allons, je vais faire tout mon possible pour le sauver.

Là-dessus, Toinou quitte le vieux bonhomme et, lorsqu'il arrive au Châtaignier, il constate avec stupéfaction que l'un des deux porcs est mort et que l'autre est rétabli.

Du coup, André Lagarde a perdu définitivement son scepticisme à l'égard des sortilèges campagnards. Le père Rebeyrotte était peut-être un sorcier capable d'agir à distance. En tout cas, c'était un guérisseur incontestable, doué d'un charisme pour les cochons.

Son intérêt pour ces charmants animaux était d'ailleurs unanimement partagé. Jaja m'a signalé que son père, dans sa jeunesse, ayant entendu le curé dire : « Il ne faut pas battre autrui », avait demandé à se confesser parce qu'il avait frappé la truie.

Si le pouvoir du père Rebeyrotte était parfaitement vérifiable, il n'en allait pas de même des légendes ou superstitions qui circulaient sur le plateau limousin. Sur l'une des plus vieilles maisons du Châtaignier, on peut encore admirer une étrange statuette appelée « l'Imagine », dont l'origine est mystérieuse, et qui pourrait fort bien représenter une vierge aux mains jointes, plus ou moins transformée en paysanne. Proche du puits devant lequel Julien Duvivier a tourné quelques scènes de ses deux premiers films, elle proviendrait d'une chapelle disparue où s'arrêtaient les pèlerins en route pour Rocamadour, avant de déjeuner au château du Puy-de-Val et d'admirer le site de Notre Dame de Roche-de-Vie. En tout cas, les jeunes filles qui désirent se marier peuvent toujours solliciter l'Imagine.

Pour apprécier les paysages que découvraient, à partir de Saint-Bonnet-Avalouze, les voyageurs du Transcorrézien, on ne peut mieux faire que de s'en rapporter à la description inégalée qu'en faisait Croquant Toine en 1935 :

> L'austère ivresse de s'élever au-dessus des vallées, nous la goûtons pleinement en gravissant les pentes qui mènent de Saint-Bonnet-Avalouze au Châtaignier. Cette ivresse presque grave, familière aux montagnards, s'intensifie à mesure que les lacets de la côte de Puy-de-Val nous rapprochent du hameau. Et si, déjà, les paliers successifs de la route sont comme autant d'arrêts où nous pouvons contempler le paysage qui se découvre devant nous et respirer un air particulièrement pur, le sommet de la colline nous dispensera, avec un spectacle inoubliable sur les sites environnants, ce sentiment d'allégresse particulier aux cimes. L'effort, heureusement consenti, de la courte ascension le cédera alors à une joie plus vive parmi la douceur de la lumière et la pureté savoureuse de l'atmosphère. Or 500 mètres

d'altitude suffisent à conférer au Châtaignier ces qualités essentielles aux lieux élevés ; un panorama multiplié et des souffles parfumés.
Le hameau, modeste, commande en effet à une vue singulièrement belle. La vallée de l'Avalouze dessine à ses pieds un repli tout foisonnant de verdure et, plus distante, la vallée de la Coudouroune forme un repli plus étroit, mais non moins sylvestre. Les collines d'alentour présentent leurs crêtes boisées, découpées avec une harmonieuse douceur, tandis que les flèches du château de Puy-de-Val percent les frondaisons d'une superbe châtaigneraie. Des constructions se décèlent à l'horizon sur les hauteurs dominant Tulle. Au-delà des pineraies couronnant le puy des Aiguillons, et à travers lesquelles, le soir, à son coucher, le soleil joue en rayons roses, une chaîne de montagnes bleuit sous le tendre éclat du ciel. Et, tout en bas, presque sous nous, le tout petit village de Saint-Bonnet s'accroche sur son éperon, semblable à une agglomération lilliputienne.
Le hameau, construit au flanc de la colline, offre de rustiques et innocents dédales touchants à parcourir, surtout si nous évoquons que, dans le passé, l'endroit fut plus peuplé, plus animé. Il n'y avait pas moins de six auberges qui s'emplissaient aux jours de foire et plus particulièrement lors de la curieuse foire aux chevaux de la Saint-Gervais. Aujourd'hui, où une route a été construite, les chemins encaissés qu'empruntaient les bouchers de Tulle, les coiffeurs du Cantal et aussi les vignerons de Queyssac, de Puybrun ou de Beaulieu ont perdu leur importance, n'ont plus guère de vie...
Si le rythme de la vie moderne semble chaque jour plus envahissant et s'il est vrai que dans les grandes villes les quartiers tranquilles muent peu à peu en centres bruyants, peut-être ne songeons-nous pas assez qu'en vertu sans doute d'une certaine loi de compensation il est, par ailleurs, des foirails tumultueux qui ne sont plus que de calmes tertres herbeux. Si telle grande voie traverse des campagnes désertes autrefois, les anciens itinéraires se trouvant de ce fait délaissés, il est des lieux qui inclinent à une solitude presque complète. Et c'est cette impression troublante, d'une

animation défunte, d'un temps révolu, que nous éprouvons en arpentant les ruelles désuètes et ravinées du Châtaignier. Certaines demeures, aux pièces très vastes, aux motifs seigneuriaux, ont toujours puissante allure. Telle la maison dite de « Chez Blaise », haute construction du XIIIe siècle, sur laquelle veille une tour en lave et dans laquelle les yeux sont frappés par la présence de deux cheminées monumentales des XVIe et XVIIe siècles. Telles autres gardent d'élégantes apparences, comme la maison dite de « Chez la Gustine », où nous pouvons lire l'inscription latine : *Amor et timor Domini.* D'autres enfin ont une grâce paysanne bien charmante, avec leur menu perron abrité par les feuillages abondants d'une treille. Et il est des chaumières aux toits aussi verts et moussus que les troncs des châtaigniers centenaires qui décorent leurs courettes.

Des maisons, plus récentes, affichent des couleurs presque vives, alors qu'une noble et fine statuette de vierge, connue sous le nom de *l'Imagine*, œuvre du XIIIe ou XIVe siècle, orne une habitation vétuste.

Bienfaisants auxiliaires d'une discrète vie domestique, telle qu'elle se déroule ici, des puits dressent, çà et là, leur silhouette familière. Plus tard, quand l'eau, partout canalisée, sera répandue en tous lieux, peut-être nos arrière-petits-enfants, ignorants de leur antique usage, les prendront-ils, sous l'auvent gracieux qui les coiffe, pour des petits temples dédiés à la gloire de quelque fée des eaux !

Tout cela, qui compose le Châtaignier, forme un ensemble agréable, presque émouvant. Ce hameau d'une centaine d'habitants, qui ne connaît plus le tumulte des foires, reçoit aux beaux jours la visite des touristes. En sorte que des chandails, des pyjamas et des écharpes claires mettent une note moderne surprenante à découvrir, entre les murs ébréchés.

Mais, quelle que soit l'évolution de ce site, où le mouvement touristique tend à remplacer le mouvement commercial du passé, sa situation sur la colline lui permet, avant tout, de participer à l'activité même de la nature, à cette activité enchanteresse qui est celle des éléments et du paysage.

L'odeur des châtaigniers, à laquelle se mêlent l'arôme des sapins proches et la respiration fraîche des eaux, ne cesse de l'envelopper. L'Avalouze qui, jadis, faisait tourner les meules de Douroux, des Combosses et de Palissou, coule au bas de ses combes. Et les cascades du Salabert, au tumulte clair, cachées sous l'entrelacs des ramures et des ronces, se précipitent au fond de l'un de ses ravins. Des « mais », enguirlandés encore, se dressent en pleine lumière en bordure des champs que le sommet de la colline présente magnifiquement au soleil. Et, plus loin, sur les versants boisés, les bruyères, par endroits rassemblées, forment de larges flaques d'un coloris exquis où le regard plonge avec une espèce de passion.

La vie sur cette crête qu'occupe Le Châtaignier et où se marient le silence et la solitude face au spectacle délicieux des hauteurs et des bois, n'a rien d'angoissant ni de sévère, ni même de tourmenté. Le hameau, en effet, ne manque pas d'intimité avec ses potagers cultivés à même les pentes, avec ses courtils où s'ébattent des porcs et des volailles, avec ses charrières boueuses ou pierreuses, suivant les saisons. Aussi, comme un écrivain qui fut son hôte l'an dernier, pouvons-nous affirmer que « la vie au Châtaignier, sur son sommet quiet et grandiose, s'avère certes excellente ».

Qu'on me permette d'ajouter qu'aujourd'hui encore, le presbytère n'a rien perdu de son charme, ni le jardin de son éclat.

17.

Si l'on faisait un jour un concours pour désigner celui qui a le mieux connu et le plus pratiqué les tramways corréziens, André Desthomas viendrait sans doute en tête.

« J'ai passé toute ma vie dans les chemins de fer », dit-il. L'affirmation a de quoi surprendre si on la prend au pied de la lettre, puisque, né le 1er août 1919 à Brive, il a débuté comme professeur d'histoire et de géographie à Montmorillon, dans la Vienne, et a choisi le journalisme après la guerre. Ancien collaborateur à *La Corrèze républicaine* du fameux polémiste anarchisant Henri Fabre, mort à quatre-vingt-dix-sept ans au début des années 70, André Desthomas se flatte d'avoir été, lorsque Edmond Michelet quitta *Le Courrier* de Limoges, l'un des premiers journalistes français à bénéficier de la clause de conscience. En 1955, il entra à *La Montagne* comme secrétaire de rédaction et il y occupe depuis 1972, à Clermont-Ferrand, un poste de rédacteur en chef.

Comme il est poète et que son tempérament l'incline à une amène philosophie traversée d'éclats de voix sonores, André Desthomas pourrait être soupçonné d'avoir une imagination trop riche. Pas du tout. Ses deux grands-pères étaient cheminots, ainsi que son père, âgé de quatre-vingt-treize ans, qui a terminé sa carrière comme inspecteur de l'exploitation. Lui-même connaît *les* réseaux depuis sa « plus tendre enfance », exception faite cependant des premiers mois de son existence où il habitait à côté de la caserne Brune et se mettait à hurler dès qu'il entendait la clique du 126e R.I.

- Même éloigné de mes parents, dit-il, je suis toujours revenu passer mes vacances à Brive ou à Chamboulive. J'ai emprunté constamment les lignes des petits trains, j'ai été mêlé aux vieilles familles paysannes...

Et, les doigts dans les poches de son petit gilet, il ajoute d'un ton ferme :

- Le Transcorrézien, je le connaissais depuis toujours !

En fait, bien qu'il ait pris le train dès l'âge de deux mois pour aller de Brive à Orléans, c'est seulement en 1925 qu'il monta dans le tacot avec sa grand-mère. Ce jeune âge explique à la fois qu'il ait gardé le souvenir de wagons verts et jaunes et que les plaines traversées lui aient donné l'impression de parcourir le Far West. Il s'attendait à voir surgir les Sioux au détour des vallées, et la prise d'eau de Lafage-sur-Sombre le plongeait invinciblement au sein même de ces westerns où l'on voit les machines suantes se rafraîchir sous le jet des citernes.

A mi-chemin entre Lafage-sur-Sombre et Saint-Hilaire-Foissac, devant son mérovingien château d'eau, le Transcorrézien, avec un soupçon de cabotinage, un jour posa pour la prestigieuse revue « Demeures et Châteaux » (dirigée par Jean-Michel Reillier, maire de Pompadour).
Assurément, fallait-il avoir du piston !...
Cliché Claude Wagner - 3 mai 1959

D'ailleurs, le Transcorrézien aurait dû lui aussi partir à la conquête de l'Ouest, puisqu'il avait été question, d'après André, de ne faire qu'une ligne de Juillac à Ussel. Tel qu'il était, le tacot avait néanmoins un avantage sur ses deux frères. Pourquoi ? « Parce qu'il traversait une région pittoresque et avait donné prétexte à des ouvrages d'art. » Sans compter que son tracé était beaucoup plus long.

Les jours de marché, le train était particulièrement encombré. Il revoit les paysannes de 1930, toutes noires, tenant un cabas de même couleur en paille de riz, servant de panier à volailles et s'ouvrant sur deux côtés d'où émergeaient la tête et le cou des poulets caquetant. Les hommes conduisaient les bestiaux par la route, mais il y avait aussi des quadrupèdes dans le train, notamment des ânes.

- Vers 1920, dit André Desthomas, on ne comptait pas loin de 15 000 ânes en Corrèze, 5 à 6 000 chevaux, de trait pour la plupart, et 2 à 3 000 mulets. Maintenant, il n'y a plus d'ânes.

Dans les années 25, baptisées à Paris les « Années folles », les paysans corréziens se rendaient à la foire en blouse bleue, feutre noir à larges bords, sabots aux pieds, grand mouchoir à carreaux dans la poche, un bâton de châtaignier, de chêne ou de noisetier à la main. Leur portefeuille, ou plutôt leur « bourse », était attachée à l'intérieur de la blouse par des épingles doubles, et quelquefois cousue. Quand ils avaient acheté du bétail, ils s'en revenaient à pied en tirant la vache. Elle appartenait obligatoirement à l'une des deux races connues sur ces verts pâturages : la limousine, de pelage blond clair, à la solide carcasse, généreuse en viande, et la salers (du même nom que la ville et l'apéritif du cru) de couleur brun-rouge, avec des cornes plus larges, dont le lait abondant servait à fabriquer le saint-nectaire, le bleu d'Auvergne et la fourme du Cantal.

Insensiblement, la blouse des hommes disparut et le chapeau fut remplacé par le béret et la casquette. Chez les femmes, la coiffe noire ou blanche, surmontée parfois d'un chapeau noir en paille de riz, s'effaça de même. Les sabots se firent rares. Le changement total fut consommé après l'occupation. Il n'y a plus guère trace aujourd'hui de ces anciens costumes, même si l'on soupçonne certains paysans de coucher encore avec leur bonnet de nuit.

André Desthomas explique cette « révolution » par l'influence de Paris où s'expatrièrent tellement de Corréziens qu'ils sont plus nombreux dans la capitale qu'en Corrèze. Chaque canton, ou presque, s'est spécialisé dans un corps de métier : Meymac et Bugeat fournissent des chauffeurs de taxi qu'on voit revenir au pays, l'été, avec leur voiture au signal encapuchonné ; Égletons se distingue dans la restauration ; La Roche-Canillac, Lapleau et Meymac envoient des ébénistes.

Marcillac-la-Croisille.
L'opération « portes ouvertes » ne fut pas organisée pour une quelconque libre visite d'un autorail De Dion X 52, mais afin d'en chasser les miasmes car il empestait le renard...
Photo R. Siegenthaler - 18 juillet 1959

Parmi tous les regrets qu'a entraînés la disparition du tacot, l'un des plus vifs concerne ces jours de foire où son rôle était irremplaçable. Le règlement général stipulait, certes, que l'entrée des voitures était interdite « à tous individus porteurs de paquets qui par leur nature, leur volume ou leur odeur pourraient gêner ou incommoder les voyageurs », mais on n'estimait pas que les saines exhalaisons des paniers de volailles ou la fade senteur de la caillade, ce fromage blanc fait du lait caillé de vache et de chèvre, qui s'égouttait sur des feuilles de vigne, étaient de nature à incommoder qui que ce soit. D'ailleurs, les caillades étaient beaucoup plus répandues sur la ligne d'Argentat, car le cheptel de la région était plus riche, si bien qu'elles avaient valu au train la noble appellation d'*express des caillades.*

Tout le long de la ligne du Transcorrézien s'égrenaient des foires réputées à des titres divers. Celle du Châtaignier était connue pour les moutons et, jusqu'à la guerre de 14, on y pratiquait la coutume assez barbare de la vente des cheveux : par besoin d'argent, les jeunes filles et jeunes femmes pauvres sacrifiaient leur toison à d'insensibles bourreaux venus de Limoges qui revendaient leur précieux butin à des perruquiers et des posticheurs.

Si un client, marchant péniblement à cause d'un douloureux cor à un pied, voulait prendre le train, l'hôtelier d'un signe de main impératif faisait stopper le tacot, juste en face de la porte de sortie de l'hôtel. Et Hop ! l'handicapé sautait alors dans le wagon, sans faire de folies de son cor...
Photo Beynel - 4 août 1924

Dans les bourgs traversés par le tacot, il n'était pas rare que les éventaires des commerçants débordassent sur la voie. C'était le cas à Marcillac. Un jour de foire, apercevant la tente d'un marchand de bonbons trop proche des rails, le mécanicien stoppa sa machine et lui demanda poliment de pousser un peu son étalage. « Ça passe ! », répondit l'autre avec l'optimisme incorrigible de ceux qui font de bonnes affaires. Fort de cette assurance, le chauffeur reprit sa progression. Un wagon accrocha la tente et traîna le stand entier jusqu'à la gare où il ne resta plus qu'à recueillir en vrac les guimauves et les berlingots.

En ces jours de liesse, l'importance du trafic imposait que la Compagnie prît des mesures spéciales. Pour la Saint-Clair, où se tenait la traditionnelle foire franche de Tulle, seuls circulaient des trains de voyageurs. Des grappes humaines s'accrochaient aux plates-formes des wagons. Chaque année, un train spécial ramassait les enfants et les parents qui voulaient assister à l'arbre de Noël dressé à Tulle par la Compagnie et agrémenté d'une séance de cinéma.

Bien souvent, le train supplémentaire causait une certaine surprise chez les autochtones qui n'étaient pas au courant. Tel fut le cas d'une brave femme de Saint-Hilaire Foissac, d'autant plus étonnée qu'elle tenait le bistrot de la gare et qu'elle vit se déverser à son comptoir, un dimanche, jour en principe sans train, la joyeuse troupe des voyageurs et du personnel. Alors, s'adressant au mécanicien :

- *Yo crijiavé qué tacounaviez pas lou diminci ?* fit-elle.

C'est-à-dire (encore que la traduction soit probablement superflue) : « Je croyais que vous ne *tacotiez* pas le dimanche ? » On l'aurait bien étonnée en l'assurant qu'elle venait de forger le meilleur néologisme de tout le patois corrézien.

C'était surtout les jours de pèlerinage que le train spécial prenait sa pleine signification. Près de Neuvic, un paysan surpris par l'orage dans la forêt avait invoqué la Vierge. Quelle ne fut pas sa stupéfaction de trouver ensuite, en ce même lieu, une statue de Marie ! On n'eut rien de plus pressé que de la transporter au château tout proche de Pennacorn. Nouveau suspense : le lendemain, la statue avait disparu et repris sa place dans la forêt. On ne pouvait tout de même pas la laisser exposée aux intempéries.

Un arrangement fut trouvé avec le ciel : la statue serait abritée dans l'église de Neuvic, mais tous les ans, le 8 septembre, on l'emmènerait en procession dans la forêt.

A Lapleau, le pèlerinage à Notre-Dame de Pennacorn était organisé par le curé François Laporte, ancien vicaire à Neuvic. La personnalité bouillante de ce saint homme vaut qu'on s'arrête un instant sur lui.

Ancien aumônier des Joyeux, l'abbé Laporte avait adopté un petit chien, pour lequel il avait fait confectionner spécialement une chéchia rouge et qu'il avait dressé à présenter les armes avec un fusil de bois. Il n'en négligeait pas ses paroissiens pour autant. Il inaugurait les manèges, donnait un coup de main aux battères et, le 1er janvier, il embrassait tout le monde, y compris bien entendu les dames. Sur l'autel de l'église, au-dessus du tabernacle, il avait installé un rétroviseur pour apercevoir, derrière son dos, les retardataires qui gagnaient leur place sur la pointe des pieds. Il n'hésitait pas alors à interrompre sa messe et à leur reprocher vertement leur négligence. Un jour de fête où se tenait, aux premiers rangs des fidèles, une bonne brochette de notabilités, il monta en chaire avec une particulière résolution.

- Mes très chers frères, commença-t-il humblement, je ne suis qu'un pauvre curé de campagne, je ne sais pas parler aussi bien que ceux que vous entendez d'habitude. Aussi, je vais vous répéter que le curé de Chalvignac a dit à ses paroissiens dimanche dernier...

Chalvignac est une localité proche, située à la limite du Cantal, sur l'autre rive de la Dordogne. L'abbé Laporte prit un temps. Puis il reprit, avec cet accent auvergnat qui donnait à ses sermons un piment si savoureux :

- Mes biens chers frères, il y a deux chortes de choupes : la choupe grasse et la choupe maigre... et c'est la grâce que je vous souhaite !

Là-dessus, il redescendit de chaire devant ses ouailles médusées.

En 1925, pour célébrer un enterrement, il avait fait appel, comme enfants de chœur, à deux gosses du pays, Dédé et Nanan (André Ponchet et Jean Ballet). Il les avait normalement chargés de lui apporter le bénitier lorsque viendrait le moment d'asperger le

- Le Mortier ! pâté de grives du pays, boudin aux châtaignes, omelettes aux cèpes, truites du Doustre, tourtous fourrés, choux farcis de Marissou, civet de lièvre aux farcidures, flognarde... quatre heures d'arrêt !

cercueil avec le goupillon. Nanan et Dédé n'avaient jamais participé à ce genre d'office et ils étaient plus habitués à porter la barlette, petit bidon de lait, que le bénitier. Au moment décisif, l'abbé Laporte constata, dans son rétroviseur, que Nanan regardait les mouches voler. Il lui fit un signe énergique qui n'échappa pas à Dédé.

- Nanan, s'écria-t-il, il te dit de porter la barlette !

Une hilarité incoercible secoua l'assemblée. Ce qui aurait dû être une cérémonie pleine de dignité et de tristesse s'acheva dans la plus franche gaieté.

Pendant les messes des morts ou les messes spéciales, on faisait circuler un groupe ou les assistants jetaient ordinairement des pièces de 5 sous en nickel qui comportaient un trou central. Un beau jour, ces pièces furent supprimées. Les vieilles femmes, ignorant ce détail, continuaient à jeter dans la coupe leurs cinq sous. L'abbé Laporte examinait sans vergogne le produit de la quête et lorsqu'il trouvait ces pièces périmées, il les lançait énergiquement au milieu de l'église.

- Si le Bon Dieu a fait des pièces rondes, disait-il à voix haute, c'est pour les faire rouler !

Plus tard, Malou, fille de M. Escassut, fut chargée de tenir l'harmonium. L'abbé Laporte la tenait à l'œil dans le rétro, tout en lui faisant de petits signes accompagnés d'un bruit de bouche indéfinissable. Puis, impatienté, il lançait :

- Alors, Malou, tu démarres ?

Il possédait aussi un claquoir et avait imaginé un système très compliqué de lampes qui s'éclairaient à l'aide de boutons disposés en clavier. A l'élévation, cet appareillage atteignait son sommet : ce n'était pas moins de soixante-douze lampes qui s'allumaient, inondant l'autel d'un éclat surnaturel.

L'abbé Laporte était si généreux qu'il était aimé de tous, et il montra sa grandeur d'âme pendant l'occupation, n'hésitant pas à cacher des résistants, dormant même dans un fauteuil pour laisser son lit à des gens fatigués, obligés d'attendre le tacot du lendemain. Un petit séminariste se trouva un jour dans ce cas et, pour tuer le temps, il participa à une partie de bridge avec le curé, M. Escassut et Loulou Jarrige, intarissable conteur. Lorsque l'heure avança, l'abbé s'adressa au jeune homme :

- Tu ferais mieux d'aller te coucher. Le tacot part à quatre heures du matin. L'autre ne se le fit pas dire deux fois. Il commençait à grimper dare-dare l'escalier pour rejoindre l'étage, lorsque le curé le rappela :

- Tu es pressé ?

- Oui, monsieur le curé... Pouvez-vous me dire où se trouvent les cabinets ?

Alors, l'abbé Laporte, d'une voix de père noble :

- Va dehors. Tu pisseras devant toi... et en France !

Comme l'abbé Laporte plaisait à tout le monde, même aux anticléricaux, son existence eût été sereine sans le mauvais esprit du libre penseur Baptiste, surnommé le « curé rouge ». Baptiste était le seul habitant de Lapleau à manger de la tête de veau vinaigrette le vendredi saint et il avait même fait une fois le pari d'absorber une tête de veau entière. Ces défis n'empêchaient pas les deux hommes d'entretenir des relations suivies, et même de jouer aux cartes. « J'ai la ciboule qui m'éclate ! », disait Baptiste lorsque les coups de son partenaire étaient trop subtils. Un jour, obligé d'accompagner la dépouille d'un de ses amis au cimetière, il entendit le curé, au cours de l'éloge funèbre, s'adresser au défunt en ces termes :

- Comme chacun sait, tu es mort de ton intempérance.

Ce qui avait valu à l'orateur sacré cet avertissement d'un assistant :

- Si je meurs avant toi, je t'interdis de faire un discours sur ma tombe !

Bref, l'abbé Laporte et Baptiste jouèrent pendant des années, avant la lettre, les scènes de *Dom Camillo*. Ce fut Dom Camillo qui gagna. Il convertit non seulement Baptiste, mais aussi ses enfants qui s'étaient mariés civilement.

En ce temps-là, les curés corréziens étaient d'une vitalité remarquable. Celui de Marc-la-Tour (pays de l'écrivain Jean Nesmy, au sud de Tulle) jouait de véritables scènes du Far West. Avec le père du Dr Madrange et le comte de Sainte-Fortunade, il s'amusait à jeter des pièces en l'air et à tirer dessus. Il descendait aussi à vélo la côte du Laurel pour aller dénicher le sanglier, au lieu-dit La Ville-en-Bois. Une fois, ayant mis pied à terre, le fusil à la main, les pinces de pantalon bien apparentes sous la soutane, il fut frôlé par un jeune farceur qui fonçait à bicyclette et en profitait pour pousser de retentissants « croa-croa ». Le curé de Marc-la-Tour n'hésita pas une seconde. Il mit en joue et visa les roues avec sa précision habituelle. Le farceur ne demanda pas son reste. Les « croa-croa » cessèrent aussitôt et il s'enfuit, c'est le cas de le dire, à tire-d'aile.

Pour le pèlerinage à Pennacorn, l'abbé Laporte ne laissait rien au hasard. Le train qu'il avait frété embarquait des pèlerins tout au long du parcours et ils se retrouvaient immédiatement dans l'ambiance. Un petit harmonium, que l'abbé appelait « le biniou », avait été placé dans un wagon et le « voyage aller » retentissait uniquement de cantiques et de chants religieux dont le plus prisé racontait l'histoire de l'apparition :

Vierge immortelle de Pennacorn
Je te serai fidèle, à la vie, à la mort...

L'auteur, qui portait un nom prédestiné, La Geste, était poète et receveur de l'enregistrement à Neuvic où il tenait également l'orgue.

Au retour, le répertoire était sensiblement différent. On commençait toujours par entonner *La Yoyette* :

De bon matin, le grand Pierrot se lève
Prend son chapeau dessous son bras
Chez la Yoyette il s'en va...

Cette chanson limousine était la préférée de l'abbé Laporte, mais elle était suivie de chansons en patois, d'airs de bourrée ou de style scout : *Flotte petit drapeau, Sur la route de Louviers, La Grenouille* (qui se suicide à la fin). On comprend que la gaieté de ces pèlerinages ait attiré autant d'incroyants que de croyants.

L'abbé Laporte est mort en 1959, comme s'il n'avait pas voulu survivre à la fin du tacot. Mais il avait eu largement le temps d'apprécier la chanson du troubadour Jean Ségurel, *Le Tacot corrézien.* En fait, Ségurel avait seulement composé la musique de cette « marche humoristique », en collaboration d'ailleurs avec Jean Gilabau, et les paroles étaient de Jean Leymarie ; mais c'est

Tramway de la Corrèze. Espagnac.
On n'a pas trouvé encore de distraction moins coûteuse et plus saine, pour jeunes et vieux, selon Martial Marthon, que d'aller « voir passer le train » - comme ici où on jouait « Drôle de tram ! »
Photo Claude Wagner - 2 mai 1959

lui qui la jouait dans toutes les fêtes, sur l'accordéon qui avait remplacé son violoneux du début et où il raclait plusieurs cordes à la fois. Ancien berger, Ségurel avait été lancé par une publicité pour la gentiane Salers et dès lors, on se l'arrachait chaque fois qu'il y avait à animer un bal ou une course de bicyclettes, surtout après le succès de sa chanson *Bruyère corrézienne* :

Quand la bruyère est fleurie
Au flanc des Monédières...

A l'occasion, il montait sur la scène et jouait un pot-pourri. Peu exigeant, il ne demandait pas de cachet et ne coûtait pas cher à nourrir car il mangeait très peu. Mais il se rattrapait sur la vente de ses disques et la popularité que lui valaient ses participations.

Pour la première exposition annuelle sur le tacot, en août 1977, Ségurel fut naturellement invité par Charles Clair, le maire si actif et si sympathique de Lapleau. A deux heures de l'après-midi, en prévision de la soirée, on dit aux petites filles du bourg qu'il leur fallait apprendre la chanson du tacot, grâce à une cassette enregistrée au téléphone en prise directe sur l'accordéon de Ségurel qui jouait à Chaumeil.

En fin de journée le troubadour arriva et, après une projection de diapositives, se mit en devoir d'entamer sa chanson. Hélas, troublé sans doute par toutes ces *girls* corréziennes, il mélangea sur son accordéon le refrain et le couplet, provoquant une cacophonie qui fut vite effacée par la bonne humeur.

Jean Ségurel, mort en 1978, est enterré à Chaumeil, dont sa femme était maire, mais son *Tacot corrézien* lui survivra éternellement. Dédié à MM. les Présidents et aux membres de « La Châtaigne », il faut, selon l'indication musicale et vraiment de circonstance, « commencer lent et accélérer progressivement » la marche :

Chantons, avant qu'il soit trop tard
Le Neuvic-Ussel, ce fameux tortillard
Ceux qui le suivent d'un œil amusé
Le croient sorti tout droit d'un vieux musée
Avez-vous vu sa locomotive

Courte et ventrue, prompte à s'essoufler ?
C'est merveilleux, en définitive,
Qu'une telle machine puisse encore fonctionner.
Il lui arrive parfois de dérailler
Mais c'est là un incident familier
Tout le monde descend la remettre sur les rails
Et l'on repart dans un bruit de ferraille.

Refrain *(en chœur)* :

C'est un petit train d'âge certain
Notre tacot corrézien.
C'est un petit train qui flâne tout le long du chemin
Tout brinquebalant et cahotant.
Mais à quinze à l'heure
Les voyageurs n'ont pas trop peur
Pour le confort on a fait mieux depuis,
Car les banquettes sont dures comme du buis.

Dans les cahots, on doit serrer les dents.
(Je dis les dents pour parler poliment.)
Pour prendre l'air - c'est parfois utile -
Il y a une plate-forme à chaque bout.
S'y maintenir est bien difficile ;
On se cramponne à la chaîne garde-fou.
C'est un endroit où vont les amoureux
Malgré le charbon qui leur vient dans les yeux,
Car les timides ont là des occasions
De trébucher... dans la bonne direction !
(Au refrain)

Sur le parcours, des stations miniatures
Accueillent le train dans un cadre de verdure
Mais il y a les arrêts imprévus :
C'est un des charmes du tacot, c'est connu.
En pleine nature, une vache laitière
Obstrue la voie et ne veut se déranger
Ou bien c'est quelque retardataire
Dont le chauffeur consent à se charger.
Chantons, chantons avant qu'il soit trop tard,
Le Neuvic-Ussel, notre vieux tortillard
Ceux qui le suivent d'un œil amusé
Iront le revoir un jour dans un musée.
(Au refrain).

18.

Au cours des terribles années de l'occupation, qui allaient faire du Transcorrézien un véritable personnage historique, André Lagarde vit arriver au Châtaignier un beau vieillard, muni d'une musette, qui lui demanda où il pourrait déjeuner. Toinou l'emmena à l'auberge familiale. Lorsque le noble inconnu se fut restauré - mieux sans doute qu'il ne l'avait fait depuis des mois - il demanda à prendre pension, en attendant de trouver quelque chose à louer ou à acheter. Justement le moulin de Palissou était à vendre. Il s'y installa, le fit rénover et fut à l'origine de la halte de Palissou, comme le grand-père d'André Lagarde, M. Bachèlerie, avait obtenu celle du moulin Douroux.

Rarement moulin eut un propriétaire aussi distingué, puisque le vaillant octogénaire, M. Foucher, était membre de l'Institut et orientaliste réputé. Il avait vécu huit ans en Inde et admirait Gandhi. En Corrèze où il était venu se cacher, il avait fait naguère un détour par le moulin de Brochs, sur la Céronne, près de Tulle, où il avait appris à lire à Michel Piccoli. Il continua plus ou moins à donner des leçons, ainsi que sa femme. Mme Barissat, fille de Mme Nougein, de La Roche-Canillac, qui fut la condisciple de la sœur d'André Lagarde, Odette, allait prendre trois fois par semaine des leçons d'anglais chez les Foucher, à l'époque des vacances. Pour ceux qui chercheraient la petite bête dans l'état civil, soulignons qu'Odette Laporte a dix-sept ans de moins que son frère

André, et que sa fille unique, Hélène, vingt-deux ans, aussi belle que la fille de Zeus douée du pouvoir de séduire l'homme qu'elle désirait, prépare une thèse sur le symbolisme artistique de la femme et du chat.

Mme Foucher, elle aussi, était beaucoup plus jeune que son mari : vingt ans de moins environ. D'après Mme Barissat, elle l'avait connu au Japon et était devenue son élève à l'École des langues orientales. Elle avait brodé sur son voile de mariée des cerisiers. Son style était plus sévère que celui de son époux dont l'amabilité proverbiale avait été sans doute frottée de sérénité bouddhique.

A Palissou, M. Foucher coulait des jours paisibles, ayant eu le soin d'acquérir une vache pour avoir du lait, dont il faisait des fromages, des moutons pour avoir de la laine, un porc, des poules et des lapins pour ce qu'on devine.

- Je connais le monde entier. C'est ici que je trouve la paix et la douceur de vivre, disait-il à Toinou, les yeux humides.

C'est un petit sérail qui entourait M. Foucher puisque, outre sa

- Sa mère a eu une envie.

femme, il était veillé par sa servante, Mlle Soubranne et par sa belle-mère, tout juste âgée de deux ans de plus que lui, c'est-à-dire de quatre-vingt-trois ans.

Un jour d'été, des paysannes qui s'étaient arrêtées à l'ombre d'un châtaignier virent arriver un petit vieux tranquille qui leur demanda la route de Douroux. C'était M. Foucher qui s'était égaré Elles le renseignèrent avec force ménagements.

- Ah ! merci, fit-il poliment. C'est que je ne voudrais pas être en retard, je vais chercher ma belle-mère.

Les femmes faillirent en suffoquer d'étonnement : quel âge pouvait donc bien avoir cette belle-mère !

Elle mourut d'ailleurs avant son gendre et fut enterrée à Douroux dans sa chemise de nuit. M. Foucher eut aussi plus tard la douleur de voir disparaître sa femme.

- Je suis heureux, répéta-t-il maintes fois à André Lagarde, je suis très heureux dans mon moulin, hélas en ruine, avec quatre fois par jour le salut de mon copain le tacot ou de la micheline. Venir chercher le pain ou les épices chez vous, au Châtaignier, me rappelle certaines de mes courses à la pitance, dans les Indes.

« Ah ! que j'en ai fait des kilomètres dans une ' jungle ' plus dangereuse que celle qui me sépare de votre village, pour garnir ma musette d'un peu de riz, d'un légume ou d'un fruit ! Ici, à Palissou, je me sens bien, à la fin de ma vie. »

M. Foucher ne faisait pas peur aux vaches, mais les vaches avaient peur du train, et Gaston Picard avait peur des vaches. Familier pendant plus de trente ans du Châtaignier, ce petit homme à la mèche rebelle, surnommé Toto (il est mort en 1962), n'hésitait pas à faire des détours de plusieurs kilomètres à travers bois et ravins pour éviter de se trouver nez à nez avec les ruminants dans des pâturages ou des chemins creux. Il poussait cette phobie jusqu'à exiger que « la Totote » (son épouse Suzanne) le précédât de plusieurs mètres lorsqu'il leur fallait se rendre à la station de Douroux ou à la gare de Saint-Bonnet-Avalouze, pour qu'elle le prévînt au cas où des vaches montreraient le bout de leurs cornes.

A partir de 1940 et au fur et à mesure que passaient les mois, ce furent les vaches maigres qui prirent, en France, le pas sur les autres. Mme Espinat se souvient des colis agricoles, de plus en plus nombreux, qu'elle était obligée d'enregistrer au Mortier à destination des Corréziens de la zone occupée. Quelquefois, les gens venaient la déranger chez elle, après la fermeture de la gare. Comme tout se passait en confiance, elle leur donnait le reçu le lendemain. Un soir de 1941, le chef de la brigade de gendarmerie entra dans la gare et fut attiré par l'odeur nauséabonde qui émanait d'un colis. « Il n'y aurait pas un fœtus là-dedans ? », demanda-t-il (c'était avant la loi Weil). Il fit ouvrir le paquet. On y découvrit des fromages en putréfaction.

Plus tard, en pleine époque du maquis, le chef de dépôt Martinie désigna un wagon qui se trouvait sur une voie de garage. « Ce wagon est allé à Saint-Bonnet cette nuit ? » C'était une façon de dire qu'il avait été « visité ». Mme Espinat ne le crut pas, puisqu'elle avait mis les cadenas avant de rentrer chez elle. Pourtant le wagon était bel et bien vide. On apprit ensuite que l'opération avait coûté la vie à un pauvre gars de Laguenne. En effet, les maquisards transbordaient sur un camion les marchandises, puisque le wagon ne pouvait pas quitter les rails. Un fût était tombé sur le jeune homme et l'avait tué.

C'est après l'occupation de la France entière par les Allemands que le tacot trouva toute sa dimension historique. Lorsque Henri Queuille quitta Neuvic pour Londres, il fit discrètement appel à ses bons offices. Il appela M. Condat au téléphone. Certes, ce n'était pas la première fois que le directeur des Tramways corréziens avait affaire à des personnalités proches ou lointaines. Dans le passé, l'ambassadeur Jouvenel, les ministres Tardieu et de Monzie s'étaient mis en rapport avec lui. Le maire de Neuvic prétexta des besoins de la carbonisation nécessaire aux moteurs à gazogène. « J'ai pas mal de marchandises à transporter, j'ai besoin de wagons », dit-il. Jean-Pierre Condat, qui devait lui-même être arrêté deux fois sous l'occupation, ne se trompa pas sur le sens du message.

Mais c'est à partir de 1944, lorsque des voies et des ponts furent coupés en Corrèze et que la ligne directe Brive-Ussel, par exemple, était impraticable, que l'on put mesurer l'importance du tacot, car lui seul continuait à circuler avec la bénédiction du maquis. Si l'on avait écouté ceux qui voulaient le supprimer dès avant la guerre, on s'en serait cruellement mordu les doigts. Le train partait de Tulle vers quatre heures de l'après-midi et arrivait à Lapleau à huit heures du soir. Il n'allait pas plus loin. Les voyageurs en transit

De sud-ouest en nord-est, et vice versa, le Transcorrézien traversait avec panache la Corrèze. Il franchissait aussi la Corrèze, impétueuse rivière à truites, aux débordements mémorables, qui arrose Tulle.
Cliché Claude Wagner - 25 mai 1958

devaient trouver une chambre, mais les hôtels étaient toujours pleins ; c'est pourquoi l'abbé Laporte dormait dans un fauteuil, laissant son presbytère aux autres. Le lendemain matin, le train pour Ussel était formé et, de cette ville, il était loisible à ceux qui le désiraient de retrouver la grande ligne pour Clermont.

Entre Tulle et Lapleau, trois contrôles étaient effectués : avant Espagnac, par les Allemands, puis par des gendarmes français avec lesquels on évitait toute conversation, car on ne savait pour qui leur cœur battait sous l'uniforme ; du Mortier à Lapleau, le train passait sous l'autorité du maquis.

M. Marcel Escassut, qui habitait à Brive, était souvent obligé de venir à Lapleau avec sa femme, mais ces tracasseries ne l'étonnaient pas trop, non point parce qu'il était fonctionnaire, mais parce que, en temps de paix déjà, il avait été rompu aux bizarreries du Transcorrézien. Originaire de La Tronquière, dans le Lot, il avait pris son poste de receveur d'enregistrement à Lapleau le 15 juillet 1926. Parti de Tulle, il fut obligé de descendre au Mortier, car c'était encore l'époque où le tacot abandonnait ses voyageurs au dépôt pour les reprendre au retour de sa navette entre

Le Mortier et La Roche-Canillac. Au bout d'une heure d'attente, ignorant cette particularité, il vit enfin un train s'avancer sur le quai.

- C'est bien le train qui va à Lapleau ? demanda-t-il à un employé.

- Non, c'est celui qui va à Tulle.

- Comment ! Mais je viens de Tulle !

- Alors, faites attention de prendre celui qui revient de La Roche.

Sans cette précaution de s'informer, étant donné le tournis que donnaient ces manœuvres surprenantes, M. Escassut se retrouvait à son point de départ après huit heures d'inoubliable randonnée.

Ce n'est nullement parce qu'il fut dégoûté du tacot que Marcel Escassut termina sa carrière comme conservateur des hypothèques au Puy. Il en aurait fallu davantage - et sans doute était-ce impossible - puisqu'il ne lui tint aucune rancune des difficultés du trafic pendant la guerre. De Brive à Tulle, M. et Mme Escassut faisaient la route à vélo. Celui de Marie-Louise était neuf et celui de Marcel était vieux. A Tulle, les bécanes étaient mises dans le fourgon du tacot et le couple prenait place.

Un jour de 1944, les voyageurs avaient été contrôlés avant Saint-Bonnet-Avalouze par les Allemands, puis, après Espagnac et le *no man's land* qui s'était tacitement instauré jusqu'au Mortier, ils avaient retrouvé le maquis. Au cours d'un arrêt destiné à ce nouveau contrôle, une femme placée à côté de Mme Escassut, ayant mis le nez à la portière s'écria : « Ils réquisitionnent les vélos dans le fourgon !... » Comme ils en profitaient pour se saisir aussi des voitures d'enfant, certains prétendaient qu'ils les donnaient aux filles qu'ils avaient rendues enceintes. La vie ne perd jamais ses droits.

M. et Mme Escassut descendirent aussitôt du train, au moment même où les maquisards récupéraient le vélo neuf du fourgon. Marcel Escassut essaya de parlementer et, avec son habituel esprit chevaleresque, proposa que l'on prenne sa vieille bicyclette à la place de celle de sa femme.

Cette proposition galante suscita un certain flottement que les époux mirent à profit pour alerter le chef de train qui se trouvait être Gustave Français, le mari de la cheffesse de Lapleau. M. Français demanda aux maquisards leur ordre de réquisition, car tout devait se passer dans les règles. « Appelez votre chef », leur dit-il. Pas d'ordre, pas de réquisition.

Lorsque Mme Escassut remonta dans le wagon, elle dit à sa voisine, non sans satisfaction : « J'ai sauvé mon vélo. - Pas pour longtemps », répondit l'autre.

Lors du voyage de retour, les maquisards firent leur contrôle à Clergoux et se rendirent aussitôt dans le fourgon. « Vous serez chocolat », leur dit le chef de train. En effet, ils n'y trouvèrent que les cadres des précieux vélos, les Escassut ayant pris soin d'enlever les selles et les roues, et de les cacher sous les banquettes. Furieux d'avoir été bernés, les hommes du maquis, manquant peut-être d'imagination, jurèrent d'avoir leur revanche. Mais M. et Mme Escassut laissèrent définitivement leurs vélos à Tulle.

Les clients du Transcorrézien connaissaient assez bien les maquisards, issus forcément de la population, si l'on excepte des Géorgiens, transfuges de l'armée allemande, qui se cachaient dans la région de Clergoux où les F.T.P. avaient établi leur P.C. au château de Sédières. Beaucoup d'ouvriers de la Manufacture d'armes de Tulle en faisaient partie. Lapleau était tenu par l'A.S.

Au Mortier, le chef du maquis était célèbre sous le sobriquet de « Dix de der », à cause de ses remarquables aptitudes à la belote, et il était assisté d'un certain « Jo la Rafale » qui tenait son surnom de la mitraillette qu'il affectionnait. Souvent, ces différents groupes se montraient jaloux de leurs attributions, mais quand la radio de Londres déclarait : « Les carottes sont cuites », tout le monde savait que des parachutages concernaient la région.

La confusion résultant de ces partages d'autorité était encore accusée par la présence, aux environs de Lapleau, du chantier de jeunesse « Turenne ». Le grand chef de ce service national de fortune, le général de la Porte du Theil, avait trouvé le lieu charmant. Les filles du pays trouvèrent les jeunes gens tout aussi charmants, si bien que beaucoup d'entre elles, telle la nièce de Mme Escassut, en firent leur mari.

Jacques Peuchmaurd, en revenant de Saint-Paul vers Tulle, en 1943, monta un jour dans un wagon rempli de jeunes des chantiers. Mais à chacune de ses extrémités, sur la plate-forme, se tenaient deux miliciens, mitraillettes au côté, prêts à intervenir si les maquisards tentaient un coup de main ou si les gars des chantiers en profitaient pour disparaître dans la nature.

Raymond Castans, futur directeur des programmes à R.T.L. fut, avec l'écrivain Paul Chaulot, aujourd'hui disparu, une des plus brillantes recrues du chantier Turenne. « J'étais en stage de formation de chef d'équipe, a-t-il écrit à Jacques Maligne, qui n'était pas né à l'époque. J'étais moi-même chef d'atelier, ce qui correspondait à peu près au grade de sergent-chef. Mais j'ai un souvenir assez pittoresque du petit chemin de fer. Un soir que nous montions à Lapleau, venant de Tulle, à l'automne 43, le train soudain fut stoppé en pleine forêt par un groupe de maquisards. Ce qu'ils voulaient : des vêtements, tout simplement. Tous les jeunes que nous encadrions furent invités à se déshabiller et à leur remettre leurs uniformes, ce qu'ils firent. Comme les chefs - dont j'étais - achetaient leurs tenues, on nous laissa habillés, ce qui nous permit de sauver notre dignité. Et je me souviens encore de l'arrivée à Lapleau de tout un groupe de conscrits, dans la tenue du Conseil de révision, encadrés par quatre officiers ou sous-offs pas fiers d'eux. »

Le tacot participait donc, de toutes sortes de façons, à la

Résistance. Des armes furent souvent cachées dans les caisses à eau de la Libellule. Les gares étaient elles-mêmes le théâtre de raids audacieux, Le Mortier, par exemple, où était installé un centre de réquisition d'animaux. Dans le jardin de Pierre Pouget on peut voir la cabane pointue et recouverte de tuiles rondes qui abritait la bascule. Pouget a enlevé la bascule et gardé la cabane. Les paysans des environs recevaient avis d'amener les bêtes réquisitionnées. Une commission siégeait à l'auberge pour examiner le bétail et en évaluer le prix ; puis on le conduisait au train. Mais avant même que cette dernière opération puisse avoir lieu, les maquisards faisaient irruption en camionnette et prélevaient les animaux qu'ils voulaient, au nez et à la barbe des commissaires plutôt blasés et qui, d'ailleurs, n'étaient pas armés. Le lendemain, les journaux parlaient d'un nouveau coup des « terroristes ».

En 1944, c'est un blindé de la trop fameuse division *Das Reich* qui se présenta chez Pouget. Les Allemands firent aligner les hommes présents à l'auberge et se mirent en devoir de fouiller la maison. Pierre Pouget n'en menait pas large, car il savait que son fils aîné avait laissé deux grenades dans le grenier. Par une chance incroyable, les soldats ne les trouvèrent pas. Mais ils n'en étaient pas moins menaçants à l'égard des civils arrêtés.

- C'est un jeune lieutenant allemand qui nous a sauvés, explique Pierre Pouget. Un soldat essayait de nous prendre en enfilade avec sa mitraillette. L'officier le voit et lui interdit de tirer. L'autre rouscaille. Alors, il se dirige sur lui et le menace de son revolver. Mais c'est une femme, Mme Butler, mariée à un Anglais et habitant le château du Teilh, qui nous a finalement tirés de là. Elle est arrivée à vélo et a parlé aux Allemands dans leur langue. Elle les a calmés. Que leur a-t-elle dit ? On ne l'a jamais su.

« Avant de se retirer, le lieutenant allemand montra sa carte d'état-major. ' Là, dit-il, à cet endroit, nous venons de tuer un terroriste. Enterrez-le sur place. Si ce n'est pas fait demain, quand nous reviendrons, ce sera à votre tour d'y passer '. »

Avec un camarade, Pierre Pouget se rendit à l'endroit désigné par l'Allemand, aux Chemineaux. Il y avait bien le cadavre d'un jeune homme. Ils le fouillèrent et ne trouvèrent aucun papier. Alors, ils l'enveloppèrent dans une toile et s'en furent chez Robert, le menuisier, pour lui demander de fabriquer un cercueil. Robert commença à rechigner, puis s'exécuta.

Avertis rapidement - c'était chose facile puisqu'ils étaient ravitaillés tous les jours par la population -, les maquisards répondirent qu'il ne manquait personne parmi eux. Alors, on décida d'enterrer le mort au cimetière de Saint-Pardoux, malgré la consigne des Allemands. Le père Soustrot, marchand de vins, décida de courir le risque avec sa carriole. « Je ne veux pas que vous me suiviez, dit-il aux autres, je suis assez vieux pour faire un macchabée. »

- Plusieurs années après la guerre, dit Pierre Pouget, des inconnus sont venus chercher des renseignements pour identifier quelqu'un de leurs proches qu'on leur avait dit avoir été tué là. Malheureusement, j'étais absent et je n'ai pas été averti. Personne n'a pu leur dire ce que je savais et ils sont repartis bredouilles, sans laisser d'adresse... Il me semble que je vois encore ce jeune mort : vingt-trois, vingt-quatre ans...

Seule une stèle, au bord d'une route perdue, commémore son sacrifice.

Durant l'année 44 se déroulèrent, à chaque extrémité de la ligne du Transcorrézien, y compris son tronçon de La Roche, de dramatiques événements. L'un des plus connus est l'affaire des pendus de Tulle. A ce moment-là, Charles Clair était directeur de la Mutualité agricole et faisait fréquemment, avec sa femme, l'aller et retour Tulle-Lapleau : quatre heures de trajet, le retour étant un peu plus rapide « à cause de la pente ». Un jour, en arrivant à la gare de Tulle, après s'être caché pendant huit jours des Allemands, Charles Clair apprit qu'ils y étaient de nouveau. Il ne mit pas le nez hors de la gare et reprit le premier train pour Lapleau.

Cela ne l'empêcha pas de se trouver dans le groupe des « pendus de Tulle ». On connaît suffisamment ce tragique épisode, raconté notamment par le colonel Rémy dans *Les Balcons de Tulle* et plus récemment par l'abbé Espinasse dans *Prêtre en Corrèze*. Par mesure de représailles, la division *Das Reich* fit route sur la ville et des otages furent parqués à la manufacture d'armes. Charles Clair, qui avait commencé sa carrière comme professeur de lettres, fut du nombre en compagnie d'un de ses amis, Demaux, professeur de philo, qui s'était fait muter au lycée de Tulle, croyant se mettre à l'abri. Un soldat allemand, connu sous le nom de Walter, appartenant probablement à la Gestapo, et qui avait échappé à l'attaque des résistants du 7 juin, était chargé de désigner des hommes parmi les prisonniers sans que ceux-ci se doutent encore qu'il choisissait ainsi les prochaines victimes. Charles Clair crut que Walter le montrait du doigt ; mais non, il s'agissait de Demaux qui se trouvait juste à côté de lui.

Cent vingt hommes sortirent des rangs. L'abbé Espinasse réussit à en tirer vingt des griffes de Walter et, au dernier moment, un autre fut épargné, véritable miracle que le prêtre attribua au fait qu'il avait un chapelet dans sa poche. Résultat extraordinaire en tout cas. Parmi les quatre-vingt-dix-neuf suppliciés, Charles Clair vit le corps de Demaux suspendu au balcon de la préfecture. Son propre frère, embarqué dans le « convoi de la mort » pour Dachau, devait être libéré en avril 1945 par les Américains, mais il ne survécut pas aux souffrances de la déportation.

Après l'horrible spectacle, les prisonniers de Tulle furent réintégrés dans la manufacture, tandis que la division *Das Reich* poursuivait ses exploits à Oradour-sur-Glane. Charles Clair fut bientôt relâché en compagnie de quelques autres, grâce à un ami qui le fit passer pour un employé de la préfecture. Ils durent franchir au pas cadencé les mille mètres environ qui séparaient la cour du portail. Comme des somnambules, ils fendirent la foule venue aux nouvelles des rescapés, et continuèrent leur marche pendant huit cents mètres, avant de réaliser qu'ils étaient libres et pouvaient se comporter normalement !

Le jour de la pendaison, Marie Pénicaud sentit elle aussi le vent du boulet. Partie des hauteurs de Tulle avec quelques autres, elle était poursuivie par les blindés de *Das Reich*.

- Les balles me faisaient sauter des cailloux dans les mollets, dit « Madame Marie ». J'ai vu une femme de cent kilos escalader une barrière. Mes parents faisaient de grosses tourtes pour ravitailler le maquis, mais il y avait des Géorgiens de l'armée Vlassov qui violaient les femmes.

Madame Marie n'a de toute façon gardé aucune rancune aux Géorgiens en particulier, ni aux Russes en général, puisqu'elle est partie à Moscou fêter, en 1957, le cinquantenaire de la révolution d'Octobre. Après un voyage de 21 jours par bateau, *via* Stockholm et Leningrad, elle a été logée à l'hôtel Minsk, mais sa surprise fut de trouver, au Bolchoï, « plein de gens » qu'elle connaissait, et, dit-elle, « j'ai laissé mes chaussures sur le pavé de la place Rouge, parce que ça use ». Avant de rentrer au bercail, elle a fait un détour de 6 000 km par Irkoutsk, quatre jours et quatre nuits avec escale à Omsk, ce qui fait qu'elle est vraiment la seule personne de toutes celles que j'ai rencontrées à avoir pu vraiment comparer les mérites du Transcorrézien et ceux du Transsibérien.

Au retour, elle reprit l'emploi de serveuse qu'elle exerçait au *Café de la Rotonde* depuis 1945, après avoir fait des ménages, vivant avec le fils qu'elle a perdu par la suite et qui était son « grand amour ». Non seulement tout le monde la connaît à Tulle, à ce qu'elle dit, puisque « après les bistros » elle a travaillé dans un magasin de blanc, mais beaucoup de gens doivent se souvenir d'elle à Neuvic où elle a « servi le ministre », c'est-à-dire M. Queuille, qu'elle qualifie de « brave homme ».

A Neuvic, à l'autre bout de la ligne, le tacot jouait aussi son rôle dans la guerre. Marcel Barbanceys, proviseur du lycée d'enseignement professionnel et Louis Le Moigne (ex-commandant Jean-Jacques) ont raconté dans leur livre commun, *L'Armée secrète en Haute-Corrèze 1942-1944* (sédentaires, réfractaires et maquisards), l'importante participation à la Résistance de cette région où eurent lieu les premiers parachutages. Bientôt, le maquis éprouva le besoin de vérifier l'efficacité du plastic sur les voies ferrées et les pylônes à haute tension. Sur la grande ligne Tulle-Ussel-Clermont, ces essais auraient laissé des traces de nature à compromettre les actions à venir. Il fut donc décidé de mettre le tacot à contribution. L'essai eut lieu sur la portion de voie qui suivait la route d'Égletons, et se révéla concluant : le rail fut détruit sur une longueur de 50 centimètres. Que croyez-vous qu'il arriva ? Eh bien le tacot, qui avait l'habitude de dérailler pour un oui pour un non, franchit allégrement la portion manquante sans que personne ne se doutât de rien ! Il est vrai que les rails étaient depuis longtemps si enfoncés dans le sol que le train donnait l'impression, si l'on peut dire, de rouler les yeux fermés, comme s'il connaissait par cœur son chemin.

La gloire du Transcorrézien atteignit son point culminant lorsque, le 16 août 1944, les F.F.I. décidèrent d'attaquer la garnison allemande qui s'était retranchée dans les bâtiments de l'école primaire supérieure d'Ussel. Pour cette opération d'envergure,

Vue générale de la gare de Neuvic, pendant la deuxième guerre mondiale 1939-1945.
Au premier plan, camouflé en bûcheron rond, bien calé par sa hache (de guerre), un garde-voie à ce moment-là était aux aguets de rigueur.
Collection Edmond Duclos

les Français manquaient d'armes lourdes : ils ne possédaient que deux mitrailleuses. Or, les Allemands assiégés n'en avaient pas du tout. Comme la voie du tacot passait à proximité de l'école, les résistants envisagèrent de le transformer en train blindé ! « Il aurait suffi, m'a expliqué M. Barbanceys, de mettre des plaques d'acier sur la machine et sur un wagon et d'y pratiquer des meurtrières pour les mitrailleuses. » On n'eut pas le temps de mettre le projet à exécution, mais il en resta tout de même l'idée. Il est permis d'imaginer quelle eut été la page immortelle écrite par le Transcorrézien si, harnaché de la sorte, il avait bondi à l'assaut, en crachant le feu sur l'ennemi !

19.

A La Roche-Canillac où aboutissait le tronçon qui partait du Mortier, le tacot ne fonctionnait déjà plus aux heures noires de la guerre, et le dernier chef de gare, M. Bodin, avait mis sa casquette au vestiaire. Seule la patache de Saint-Exupéry faisait la liaison avec le dépôt. La gare fut mise en vente et c'est Édouard Bouysset qui l'acheta en 1942, avec son terrain de 3 000 m^2, pour la somme de 51 000 F (à titre de comparaison, une traction avant neuve coutait alors 22 000 F). Aujourd'hui, ce vieux bâtiment, mal en point, envahi de broussailles, lui sert d'appentis-remise. Situé sur une hauteur, il est le dernier vestige de ce qu'on appelle encore le quartier de la Gare.

Édouard Bouysset, devenu veuf, habite en solitaire une maison préfabriquée qu'il a installée à quelques mètres du vieux guichet. Il travaillait à Tulle dans la mécanique et faisait des saisons dans les environs, lorsque le mécanicien de La Roche, M. Favory, qui posait des moteurs Diesel sur de vieux véhicules, lui demanda de venir l'aider pendant son mois de congé. En effet, Favory s'était fait couper trois doigts dans un ventilateur de camion. Bouysset accepta, et resta.

En 1944, il décida de commencer la construction d'un garage qui fut terminé en 1946 et qui est toujours visible au bord de la route, sous l'ancienne gare. Pour arranger le ballast, il embaucha des Alsaciens qui s'étaient mis à l'abri de la mobilisation

1914-1918 : « A la gare comme à la gare ! »
Collection Jacques Maligne

allemande. La région escarpée, avec ses forêts épaisses, permettait des refuges sûrs aux maquisards. Le village lui-même, dominé par le château de Roufiat, est entouré de lacets qui enserrent La Roche-Canillac et La Roche-Basse, ce qui n'empêcha pas les automitrailleuses et les chars d'assaut allemands de s'y déployer en 1944, au lieu-dit Les Quatre-Routes, et d'aller faire une expédition punitive à Pandrignes, un peu plus au nord, le 4 juillet de la même année.

- Nous recevions une dizaine de réfractaires chaque jour, dit M. Bouysset. Nous étions deux pour les diriger, Jaucent et moi. Le car Saint-Privat-Tulle nous a bien servi, car le chauffeur, Lafont, transportait du matériel dans son coffre.

Les souvenirs d'Édouard Bouysset remontent même au-delà de l'occupation, puisqu'il a vu l'automotrice patiner dans la neige, tandis que le chauffeur invitait les voyageurs à descendre et les encourageait de la voix : « Poussez ! Allez-y ! Poussez ! »

Il a aussi connu le père Rémy dont le répertoire comprenait *Il est cocu, le chef de gare*, ce qui ne tirait pas à conséquence puisque, s'il n'était pas cocu lui-même, le troubadour était de toute façon aveugle. On lui redemandait une de ses plus fameuses créations concernant les ouvrières de « la Manu » de Tulle qui, durant l'autre guerre « faisaient les putes pendant que leurs maris étaient au front », d'après ce que dit Bouysset, qui se rappelle ces couplets :

Pauvres ouvrières de la Manu
Pour vous va commencer la débâcle
Vous vous rappellerez d'avoir bien vécu
Permounarm ! Permounarm !

Vous reprendrez les socques plates (sabots usés)
Vous repasserez les faux cols
Vous laisserez les poulets et le vin blanc
Vous l'avez bien cherché...

Chef de gare folklorique.
Objet de lazzis traditionnels, un chef de gare, très énervé, exaspéré par un voyageur obstiné qui ne cessait pas de faire des réclamations contre des ennuis du voyage, lui répondit : « Est-ce-que je voyage, moi ?! »
Photo Claude Wagner - 3 mai 1959

Après la guerre, celle de 39-45, Édouard Bouysset vendit son garage et, philosophe sybarite, se réfugia au sommet d'un escalier de pierre plutôt raide, dans son nid d'aigle préfabriqué, transformé en repaire de vieux garçon. Il ne devait pas tarder à en faire le lieu le plus visité de la région, après avoir eu l'audacieuse idée d'y accueillir un sanglier célèbre à dix lieues à la ronde, au point qu'il justifiait le détour pour tous les usagers du tacot de passage au Mortier.

Le restaurateur de Champagnac-la-Prune, M. Gouttenègre, passant un jour dans la descente de Saint-Bazile-de-la-Roche, en direction d'Argentat, rencontra une laie qui allaitait ses petits sur le talus. Un des marcassins étant tombé sur la route, Gouttenègre jeta une couverture dessus et l'emporta à toutes jambes pour éviter la colère de sa mère.

Le marcassin pesait 700 grammes et Gouttenègre dut lui donner la goutte de lait avec un biberon. Pendant presque un an, tout se passa bien. L'animal grossissait à vue d'œil et répondait à son nom quand on l'appelait : « Basile ! Basile ! » Un nom bien trouvé, c'est le cas de le dire. Malheureusement, Basile prit la fâcheuse habitude de découvrir les marmites à coups de groin, n'hésitant pas ensuite à l'essuyer aux vêtements des pensionnaires (c'était un animal très propre). On aurait pu lui passer ces fantaisies s'il n'avait eu la malchance de déplaire aux clientes qui voyaient d'un mauvais œil leurs robes tachées de sauce.

Gouttenègre fut obligé de s'en défaire. Le cœur gros, il le mit en loterie. Ce fut le boucher de La Bitarelle-de-Gros-Chastang qui le gagna, une espèce d'ogre qui ne cacha pas son intention de lui régler son compte.

C'est alors que le voisinage s'émut. De bonnes âmes se rendirent auprès du garde-chasse Vialle, un brave homme, en lui faisant valoir que la chasse étant fermée, nul n'avait le droit de tuer Basile avant l'ouverture. C'était toujours ça de gagné.

Basile était devenu populaire. Basile était aimé. Voyant cela, le sang d'Édouard Bouysset ne fit qu'un tour. Il acheta le sanglier et le plaça au fond de son jardin, dans un enclos encore visible qui surplombe la route. Pendant cinq ans, cet antre entouré de bruyère devint le zoo de La Roche-Canillac, un zoo qui ne comptait, il est vrai, qu'un seul pensionnaire, mais qui ne désemplissait pas de toute la journée.

Quand Basile eut deux ans, les services agricoles de Haute-Vienne dépêchèrent un directeur, M. Combes, de Saint-Martin-la-Méanne, qui sollicita l'autorisation de lui amener des truies dans l'intention de fixer une race de cochons maigres. Le sanglier étant un animal maigre, on pensait que cette union avec des femelles à la fois bien potelées et bien pelotées, produirait le meilleur effet.

Un beau matin, deux truies en chaleur furent proposées à Basile, mais, au lieu de les couvrir, il se mit en colère et les chargea tête baissée. Il ne voulait pas d'amours ancillaires. « Dites au vétérinaire de lui donner des excitants ! », s'écria le directeur. Certes, l'humeur de Basile n'avait pas besoin d'être énervée, mais seulement son appétit sexuel. Basile fut donc obligé, bon gré mal gré, de prendre la pilule. Le résultat ne se fit pas attendre. Négligeant les truies opulentes qui se vautraient devant lui en poses lascives, il se précipita sur une toute menue et, dès ce jour-là, se prodigua en étreintes voluptueuses avec toutes les autres, qu'elles fussent petites ou grosses. Huit truies y passèrent en peu de temps, avec une satisfaction non dissimulée.

Basile aurait poursuivi sa carrière de Casanova corrézien, sans la perfide obstination des bouchers qui n'achetaient qu'à bas prix les enfants (il y en eut quatre-vingt-huit) issus de ces unions passionnées, sous prétexte que ce n'était ni du porc ni du sanglier. Pourtant, afffirme M. Bouysset, c'était une viande extra.

Au moment du rut, Basile devenait comme fou. Il voulait s'enfuir dans les bois. « Il avait des gousses d'ail comme ça ! », dit son ancien propriétaire en montrant son index (par gousses d'ail, il faut entendre ses dents). On crut offrir une bonne diversion à Basile en l'expédiant dans une cage à la fête de *L'Humanité*, à Paris, où il demeura huit jours, exposé le temps des réjouissances sur un terre-plein entouré de bruyère, au stand de la Corrèze, comme un pur produit et un digne représentant du département.

- Il a eu un succès fou, dit Édouard Bouysset. Les gosses lui apportaient des friandises. Seulement, au retour, il ne voulut plus de soupe. D'un coup de nez, il faisait voler le plat. Petit à petit, il s'y remit. Mais son caractère restait difficile. Un gars d'Argentat a été obligé de grimper sur le noyer que vous voyez là-bas, pour lui échapper. Sa femme a dû aller chercher des bonbons à l'économat pour amadouer Basile et le détourner de son idée fixe qui était de charger l'imprudent.

Bref, les choses se gâtaient pour Basile et aussi pour son maître qui ne pouvait jamais s'absenter, car il ne trouvait personne pour le remplacer. Il ne pouvait pas non plus le lâcher dans la nature, comme c'eût été souhaitable, car on l'aurait tenu pour responsable, en cas d'accident. Édouard Bouysset, la mort dans l'âme, se résolut à supprimer Basile : il avait cinq ans et pesait cent-vingt kilos. Mais il chargea un transporteur d'enfants, Lily Vergne, de s'acquitter de cette triste besogne à coups de fusil. Et il ne voulut pas goûter du plus petit morceau de son compagnon.

Au moins Édouard Bouysset est-il maintenant imbattable sur le chapitre des sangliers. Ils portent, au cours de leur vie, m'a-t-il expliqué, dix noms différents.

Né d'un *sanglier* et d'une *laie*, le *marcassin* devient, un ou deux mois plus tard, un *marcassin avec livrée* (c'est-à-dire avec des rayures), puis une *bête rousse*, quand il perd sa livrée et prend un poil roux. Dans le troupeau, il est une *bête de compagnie*, car il fait face aux chiens pour protéger les autres, et quand il quitte la compagnie, c'est un *sanglier ragot*. Au bout d'un certain temps, il abandonne le troupeau pour poursuivre les femelles : c'est un *solitaire* ; puis, vers sept ou huit ans, un *vieux solitaire*. Vers dix ans, on l'appelle *sanglier miré*, parce que ses dents se retroussent et qu'il peut les voir. Il meurt entre dix et quinze ans. Avec un peu de chance, on peut le surprendre en train de se rouler dans la boue pour se laquer, afin de lutter contre les tiques et les poux de bruyère.

Tout en parlant, debout dans son jardin, près des ruines de la station du tacot et des dernières traces des rails et de la plaque tournante, Édouard Bouysset ne cessait d'évoquer pour moi un sanglier solitaire aux babines gourmandes. Comme tous ceux qui ont connu le train, il revoit le temps passé et notamment ces gosses des colonies de vacances qui, de l'étang de Laborde, venaient contempler Basile.

- Il acceptait que les enfants le caressent, dit-il, mais il ne pouvait pas supporter les monitrices. Il les reniflait et remontait leurs jupes avec son museau, hé ! hé !... *Jusqu'au bonheur !*

20.

Quand intervint l'armistice de 1945, le Transcorrézien avait depuis longtemps récupéré son trajet complet, de Tulle à Ussel, mais l'événement ne pouvait le laisser indifférent. Il fut pavoisé, comme il convient, de drapeaux tricolores et de genêts jaunes, mais c'est dans la « grande gare régulatrice du Mortier » qu'il se surpassa. Le chef de dépôt François Martinie avait récupéré, quelques mois auparavant, une cloche à vapeur sur une locomotive. Il avait eu l'idée d'en faire une cloche ordinaire et de la fixer au mur d'un bâtiment. Elle servait à sonner les heures d'entrée ou de sortie du personnel qui l'avait baptisée *La Françoise*, du nom de son inventeur.

Le 8 mai 1945, après l'annonce de la fin des hostilités, le cadet des ajusteurs, Louis Cochet, décida de planter des oriflammes sur la gare et le dépôt et se mit en devoir de sonner la cloche à toute volée pendant des heures. *La Françoise* n'avait jamais mieux mérité son nom. Elle répondait de sa voix rude aux cloches des autres villages dont les accents joyeux se croisaient dans un ciel de printemps.

A Lapleau, la joie était un peu assombrie par la nouvelle que l'ancien maire Élie Rouby, classe 16, engagé volontaire comme aviateur, bloqué dans la poche de Royan, allait revenir avec les deux jambes coupées. Du moins, parti veuf, il ne resterait pas seul : son infirmière allait devenir sa femme.

Ussel - Belle tête de ligne (décapitée en 1950).
Collection Jacques Maligne

En revanche, Neuvic avait retrouvé son maire, Henri Queuille, plus frais que jamais et promis, la soixantaine venue, à un destin national. Malheureusement, dès 1950, le tacot qu'il avait si souvent protégé de son bras puissant allait être, lui aussi, amputé de son tronçon Neuvic-Ussel.

L'opération fit suite à la construction du barrage sur la Triouzoune qui substitua un vaste lac artificiel à une charmante rivière, aux portes de Neuvic. M. Queuille avait dit aux responsables de l'E.D.F. : « On vous accuse de détruire les sites naturels lorsque vous effectuez vos travaux. C'est le moment de montrer que vous êtes capables de créer des paysages aussi beaux. » De fait, le lac artificiel, bordé de plages, constitue une belle pièce d'eau sur laquelle purent se dérouler, de 1949 à 1970, de grandes fêtes nautiques. Le tacot fut même associé à ces manifestations, puisqu'on le remit en fonction, à cette occasion, sur le morceau Neuvic-Ussel, un an après sa suppression.

Lorsqu'on passe aujourd'hui à Neuvic, où la gare du Transcorrézien a été remplacée par l'usine Cemaci, on peut vérifier les différences considérables qui existaient d'un bout à l'autre de la ligne. Certes, il est courant, dans la plupart des régions françaises, que les paysages, les coutumes et les expressions varient beaucoup d'un village à son voisin. Le *tourain* (soupe à la tomate et à l'oignon) qui figure sur les menus de Tulle, par exemple, est totalement ignoré à Lagarde-Enval, distant de vingt kilomètres. La petite ville tortueuse de Neuvic ou des regards fureteurs surveillent, derrière les vitres, les moindres pas des « étrangers », a un pittoresque sans comparaison avec le calme plat de Lapleau. Mais le tacot avait opéré en quelque sorte un clivage en drainant la population répartie sur son parcours, une moitié vers Tulle et une moitié vers Ussel. Si bien que les événements eux-mêmes prêtent à confusion.

Ainsi, j'avais appris que M. Bacuet, photographe rue du Commerce, possédait des documents sur le dernier voyage du tacot. « Son magasin est près du casino », m'avait-on précisé. Après avoir cherché vainement un édifice qui pût ressembler à un casino, ce qui me semblait déja phénoménal pour une ville aussi modeste et apparemment peu réceptive aux fastes du tapis vert, je me rendis compte qu'il s'agissait d'une succursale de la chaîne d'alimentation Casino. Chez Bacuet, il y avait bien la photo du dernier voyage, mais elle était datée de... 1950 ! Or tout le monde sait que le tacot a fait officiellement son ultime sortie le 31 décembre 1959. Tout le monde, sauf les Neuvicois, qui considèrent que le train est mort lorsqu'il n'a plus roulé de Neuvic à Ussel. Nous devons donc admettre, en toute logique, qu'il y a eu un *premier dernier voyage* du tacot, suivi dix ans après par un *second dernier voyage* qui fut, si l'on veut, le grand voyage.

On admirera la prescience de l'administration si l'on sait que des améliorations avaient été apportées à la voie en 1949, et précisément à la hauteur du barrage de la Triouzoune : un allongement de 1 860 mètres remplaçait, du côté de Neuvic, une pente de 1 100 mètres en 20 m/m par un palier de 1 900 mètres et, du côté de Sérandon, une rampe moyenne de 22 m/m sur 1 300 mètres par une rampe de 9 m/m sur 2 400 mètres. La section Neuvic-Ussel ne fut définitivement fermée au trafic marchandise que le 1er juillet 1952. La dépose de la voie était terminée au mois de mars 1955 et la ligne déclassée par un décret du 1er décembre 1956.

M. Queuille était donc président du Conseil lorsqu'on assista, dans son propre fief, à cette victoire de la route sur le rail. C'est

une vieille histoire qui n'enlève d'ailleurs rien aux mérites de l'homme d'État, dont le souvenir est pieusement conservé par les « Amitiés Henri Queuille » dont le président est l'ancien ministre Paul Devinat.

Aujourd'hui, la plage de Neuvic est ornée d'un médaillon exécuté par Mme Coffin, de la Monnaie, et dédié à Henri Queuille (1884-1970) par « ses concitoyens et ses amis », tandis que la place principale de la ville porte son nom et se flatte d'un buste sur socle de granit, dû au sculpteur Julien Lavaur, qui a son atelier tout près de l'ancienne gare.

Avec sa casquette et ses pantalons de velours, Julien Lavaur ressemble à un Mac Orlan réfugié sur les hauteurs limousines, dans un musée lapidaire. Il se souvient qu'étant gamin, il a couru avec les enfants du patelin pour voir la première apparition du tacot.

- Les wagons avec les rideaux, c'était luxueux ! dit-il. Avec la famille, on est allé voir le viaduc. Entre Ussel et Neuvic, les jours de verglas, le train ne pouvait pas monter la côte de Liginiac.

Julien Lavaur a été l'adjoint de Queuille, comme conseiller municipal. « Un jour, tu feras bien mon buste ! », lui disait le maire. « Ça ne presse pas, monsieur le Président », répondait Julien. Et puis, en 1974, le grand homme disparu, les Amitiés Henri Queuille le lui demandèrent, ce buste. Julien Lavaur fut obligé de le réaliser de mémoire, à l'aide de photos. Tout le monde venait voir la maquette. Il l'envoya dans une fonderie de Bagnolet tenue par un petit-fils du célèbre Landowski, marié avec la fille d'un fondeur de cloches.

Quand le sénateur Champeix vit le buste de son ancien collègue il dit simplement : « C'est bien. »

- Ça te plairait que je fasse le tien ? demanda Julien.

La réponse ne pouvait être qu'affirmative.

Ainsi le sénateur Champeix se trouve déjà immortalisé dans la pierre, grâce à la prévoyance de son copain Lavaur.

21.

Avec la fin de la guerre devait apparaître une nouvelle génération d'admirateurs et d'amoureux du tacot : ceux-là n'avaient rien connu des années héroïques, mais ils en avaient recueilli l'héritage. Ainsi, Jacques Maligne, au nom doublement prédestiné puisqu'il a une double passion pour la pêche et pour le tacot, dont

- Dis papa, il le remonte ?

les rapports ont toujours été très étroits, et qu'il pourrait dire *ma* ligne en parlant de l'une ou de l'autre.

Il est né en 1947 à Limoges et n'avait donc que treize ans quand le train a été supprimé. Ce laps de temps lui a été largement suffisant pour s'imprégner du Transcorrézien, pour faire corps avec lui, pour vivre ses derniers jours de gloire et sa Passion et, plus tard, lorsque tout sera consommé, pour se dévouer à son culte.

La mère de Jacques, Jacky dans l'intimité, est née à Lapleau. Lorsque son futur mari, Élie Maligne, vint l'y rejoindre en 1945, il éprouva une des plus fortes émotions de sa vie : entre Saint-Bonnet-Avalouze et Espagnac, l'autorail dans lequel il était monté manqua de puissance pour grimper la rampe abrupte et se mit à reculer ! L'impression est plus étrange à vivre qu'à décrire. En dépit de cet incident, qui montrait que la traction à vapeur n'était pas forcément indigne de l'autre, il arriva sans encombre dans la maison de ses beaux-parents, une demeure deux fois centenaire qui est encore debout à l'angle d'une rue de campagne, entre la plage et la mairie, mais que les Maligne ont abandonnée parce que, pour la remettre en état, les entrepreneurs demandaient, en 1968, dix millions d'anciens francs, tout en ne refaisant que « du vieux sur du vieux ». C'est ainsi que la famille Maligne a fait construire à proximité une maison basse, style pavillon moderne, qui fut, paraît-il, la première maison préfabriquée de la Corrèze.

Jacky, maintenant époux et père, peut donc continuer à passer ses vacances et ses congés à Lapleau, sans rien renier du passé. Naturellement, beaucoup de vieilles connaissances sont mortes, telle la mère Jarrige, disparue presque centenaire, et qui était une des deux locataires de l'ancienne maison. Décédée également Mme Louisa Coudert, cheffesse de Lapleau avec Mme Français, et qui était la tante de Jacky.

- Mon cousin Néné Coudert, dit-il, allait fréquemment au bal, dans sa jeunesse, à Saint-Hilaire-Foissac ou à Marcillac. Il se débrouillait souvent pour ne pas payer dans l'autorail, car il connaissait les conducteurs. Au retour, Néné sautait en marche, avant l'arrivée en gare de Lapleau, car il ne tenait pas à encourir les foudres de sa mère.

Jacky eut moins de chance lorsque, se trouvant en 1953 dans une micheline en panne et l'ayant quittée pour se dégourdir les jambes, il reçut une gifle paternelle pour lui apprendre à descendre sans autorisation.

- Cela se passait à Clergoux ou à Lafage, dit-il. Je revois le conducteur, en train de remplir son radiateur à sec et fumant, à l'aide d'une boîte de conserve qu'il avait préalablement plongée dans un ruisseau tout proche.

Anecdote qui prouve une fois de plus que les autorails n'échappaient pas aux servitudes des Libellules. Il arrivait aussi aux locomotives de tomber en panne sèche loin d'une prise d'eau. Mais elles n'en étaient pas surprises. Les chauffeurs avaient toujours sous la main un gros tuyau, appelé tuyau élévateur, enroulé autour de la sablière, qui leur permettait d'aspirer l'eau du ruisseau ou même de la rigole les plus proches de la voie. Avec cette trompe improvisée, la Libellule ressemblait à un éléphant.

En ce qui concerne les citernes elles-mêmes, elles ne causaient aucun préjudice aux chaudières, car leur eau n'était pas calcaire.

Neuvic d'Ussel - 25 mai 1958
Ici, l'onde. On expédie les affaires coulantes.
Cliché Jacques Forget

- Nous avions une chatte blanche avec des taches de rouille, appelée la Linette, dit Jacky. Quand on arrivait à Lapleau, elle entendait le train, elle prenait la voie et venait à notre rencontre jusqu'à la gare, tandis que la mère Jarrige nous faisait signe sur le pas de la porte, car elle ne manquait jamais le passage de l'autorail. Quand on lisait un livre, la Linette tournait les pages avec sa patte. Elle ne touchait jamais à une souris derrière le tas de bois.

« Quand je quittais Lapleau, pour faire mes adieux depuis le train, j'étais partagé entre la mère Jarrige qui me faisait des gestes sur le pas de sa porte, et les filles de Cilou, Danièle et Claude Maureilles. ' Quand on voit arriver ce moment, me disaient les deux filles, on sait que les vacances sont finies, et on est tristes. ' »

Du moins les garnements avaient-ils bien profité de leur été.

- Un jour de 1954, dit Jacky, sur mon vélo rouge je dévalais à fond vers la gare. A hauteur du lavoir, j'ai dérapé sur des gravillons et je suis tombé à cinquante centimètres des rails. Heureusement, ma mère ne l'a su que dix ans après.

« Une autre fois, un conducteur de la micheline, un nommé Vincent, qui avait un bec-de-lièvre, a arrêté son engin à la hauteur d'un passage non gardé de Lapleau où les rails traversaient la route, noyés dans le bitume. Il est descendu et a apostrophé ma mère qui était en train de tricoter tout près de là. ' Il faut que ça cesse, criait-il, les enfants mettent des pierres sur la voie. ' Ma mère l'a répété à tante Louisa, la cheffesse, qui m'a passé quelque chose. »

Les gosses de l'après-guerre n'avaient rien inventé. Déjà, leurs aînés, le Dédé, le Loulou et les deux frères Borie se plaçaient à l'Épinette, au carrefour de l'église, d'où ils guettaient l'arrivée du tacot au fond du bourg de Lapleau. La locomotive sifflait. Ils n'attendaient que ce signal pour se lancer à fond de train, c'est le cas de le dire, juchés sur leurs vélos. Ils prenaient, après l'école, un virage époustouflant et fonçaient vers l'endroit précis où, avant la gare, la voie coupait la route. Le jeu consistait à franchir le passage juste devant le train. Le jeune Edmond Borie, qui était malingre, arrivait toujours au dernier moment.

Ce manège dura un bon bout de temps, jusqu'à ce que le père Tintin, mécanicien, se décide à aller trouver le directeur de l'école, le propre père de Loulou Jarrige, pour lui demander s'il tenait absolument à ce que son fils et ses élèves se retrouvent un jour en marmelade sur la voie. Ce jeu passionnant fut immédiatement interdit.

Une certaine complicité avait toujours régné entre l'école laïque et le Transcorrézien. C'est ainsi que, lorsque le chauffeur savait que l'inspecteur d'académie se trouvait dans le train, il sifflait deux fois en arrivant à la gare. Aussitôt, l'instituteur rectifiait la position et faisait régner dans la classe cette atmosphère studieuse et disciplinée qui est l'apanage des enseignements magistraux. Lorsque l'inspecteur apparaissait dans l'embrasure de la porte, les élèves, subitement dressés comme un seul porte plume, l'accueillaient d'un respectueux et sonore « Bonjour, monsieur l'Inspecteur ! ». Celui-ci avait fini par se persuader qu'il avait la tête de l'emploi, car il ne s'expliquait pas comment, alors qu'il ne se faisait jamais annoncer, des élèves qui ne l'avaient jamais vu pouvaient lui témoigner spontanément autant de déférence.

Comme il était, de l'avis unanime, particulièrement vicieux, il chercha un moyen de piéger le maître. La saison étant propice, il ne trouva rien de mieux que de passer inopinément par la fenêtre. On imagine le spectacle rare de cet homme ventripotent et décoré faisant des tractions de bras pour escalader l'ouverture et se laissant choir comme un vulgaire cambrioleur sur le plancher de la classe ! Le moment de surprise passé, les élèves reprirent debout, d'une plus belle voix que jamais, « Bonjour, monsieur l'Inspecteur ! ». Il en fut pour ses tours de force, car il ne lui vint pas à l'esprit de soupçonner le tacot.

On aurait dit que le train avait une prédilection particulière pour les habitants de Lapleau. En 1933, un parent de Charles Clair, ayant acheté une belle voiture, voulut l'essayer sur une route traversée par la voie. Il n'avait jamais conduit. Il cala juste au moment où il franchissait les rails. Une locomotive arrivait à ce moment-là et le chauffeur réussit à freiner à temps, alors que les parents de l'imprudent, lancés à sa poursuite, le rejoignaient sur les lieux du drame.

- Dans la descente de Marcillac, tous les freins des wagons étaient serrés, dit Jacques Maligne. J'ai vu le tacot déraper devant le Crédit Lyonnais.

L'année même de la naissance de Jacky, le 30 décembre 1947, un incendie ravagea le dépôt du Mortier. Provoqué, dit-on, par un appareil de chauffage, le feu avait pris naissance dans le bureau du magasin. En hâte, on s'employa à sauver les papiers les plus importants, ainsi que certaines machines et quelque outillage. Les dégâts furent augmentés, d'après Edmond Duclos, du fait de l'embrasement de toute la peinture au goudron destinée au viaduc des Rochers-Noirs et entreposée dans les combles du magasin. « Cela fit une jolie fumée ! » Le dépôt fut cependant entièrement remis en état avec les moyens du bord, ou plutôt avec le personnel, malgré la pénurie de matériaux. Les menuisiers de la Compagnie confectionnèrent une nouvelle charpente dont le montage fut préparé en l'étalant dans le pré voisin, puis, transformés en poseurs et ensuite en maçons, ils retapèrent le tout rapidement avec un minimum de dépenses.

Un an ne s'était pas écoulé depuis la naissance de Jacky, que le Transcorrézien avait déjà droit à sa rétrospective. Gabriel Edme lui consacra, du 11 au 20 octobre 1948, au Grand-Hôtel de Bordeaux, à Brive, une exposition uniquement faite de ses dessins humoristiques. Mais c'est en 1950 qu'il se surpassa en décidant de lui dédier un court métrage dont le prétexte était le suivant : « Comment faites-vous un dessin humoristique ? » Léo Ferré en improvisa la musique, Yvan Audouard accepta de rédiger le commentaire et, pour se familiariser avec le sujet, se rendit en Corrèze où il fut accueilli en grande pompe par Gabriel Edme, André Desthomas et Christian Plume, lequel s'occupa un temps de faire

La bataille du rail et de la croûte.

de La Roche-Canillac un centre de pisciculture, en même temps que le siège du Festival mondial des Farces et Attrapes où se distingua particulièrement un membre du collège de pataphysique, François Caradec, actuel secrétaire général de la Société des Gens de Lettres. Pressé de donner ses impressions sur un pays voué à toutes les nuances du vert, le Provençal Audouard répondit par cette brève (et admirative) formule : « C'est agreste ! »

La première phrase de son commentaire fut la suivante : « Parmi les produits les plus purs de l'élevage corrézien figurent les juments poulinières des haras de Pompadour et le président Henri Queuille. » Elle obtint un certain succès lorsque le film fut projeté à Tulle, au cours d'un gala de l'école des enfants de troupe.

Au cours du tournage, le chef de gare de Saint-Bonnet-Avalouze avait été engagé pour figurer dans une séquence où il était censé découvrir un passager clandestin et le traiter avec toute la rigueur nécessaire. Or, ce chef de gare était un bon gros, nullement enclin à la sévérité. Christian Plume, metteur en scène du film, lui recommanda soigneusement de ne rire sous aucun prétexte, afin que son rôle garde un aspect véridique. Mais on avait omis de lui dire que le passager clandestin se trouvait juché sur le tampon du dernier wagon et qu'il n'était autre que Gabriel Edme.

Le train s'ébranla sous l'œil des caméras. Impassible, le chef de gare se comportait avec toute la dignité requise lorsque, tout à coup, il aperçut en queue le voyageur astucieux. Alors, ce fut plus fort que lui : il lança sa casquette en l'air, se tapa sur les cuisses, se tordit de rire. Il fallut tout recommencer. Un film humoristique n'est pas un film comique.

22.

Ces dernières péripéties eurent pour résultat de porter la réputation du Transcorrézien bien au-delà des frontières du département. A mesure qu'on supprimait un peu partout en France les chemins de fer départementaux, le tacot de Tulle qui avait su déjouer les offensives les plus machiavéliques, suscitait la curiosité, l'amusement et l'admiration. A telle enseigne que, pendant deux années successives, en mai 1958 et en mai 1959, une centaine de personnes fort sérieuses descendirent de Paris pour se payer le luxe de parcourir la ligne dans les deux sens.

L'initiative en revenait à la Fédération des amis des chemins de fer secondaires (F.A.G.S.) fondée en 1957 par Claude Wagner. Très ému par la disparition d'un petit train dans sa ville natale de Calais, il avait écrit à *Loco-Revue* pour lancer un appel en faveur des chemins de fer menacés. Ce cri d'alarme fut entendu par quelques personnes qui se réunirent plusieurs fois à l'Association française des amis des chemins de fer (A.F.A.C.). Leurs échanges de vue et leurs efforts aboutirent à la création de la F.A.C.S. et à celle d'une revue, *Chemins de fer secondaires*, qui s'appelle maintenant *Chemins de fer urbains et ruraux* et compte 2 000 abonnés. En 1960, René Hulot remplaça, à la présidence de l'association, Claude Wagner, trop requis par ses affaires personnelles et la construction de sa pimpante maison de Franconville. Cet homme avenant et efficace a converti toute sa famille à l'amour des

Soursac.
Croisement d'une certaine Micheline de race pure (en chaleur) et d'un vieil « étalon de fer » (en rut). « S'ils font des petits bâtards, vous m'en réserverez un. Mieux vaut mettre bas tard que jamais ! » aurait lancé un homme d'esprit en l'occurence voyeur malgré lui, Claude Wagner, alors président de la Fédération des Amis des Chemins de fer Secondaires (ce jour-là nombreux en ce lieu).
Cliché Jacques Forget - 3 mai 1959

chemins de fer. Un de ses deux fils, qui a des talents de peintre, a pour seul thème de ses toiles tout ce qui concerne le rail. Le dimanche, grands-parents, parents et enfants se rendent dans le Valmondois où Claude Wagner a déniché un ancien dépôt qui abrite le musée des Transports de la vallée du Sausseron, qu'il a créé, et qui abrite de vieilles machines et des tramways qui font le délice de ses 150 adhérents. Parmi ceux-ci, beaucoup de jeunes bénévoles de treize à dix-sept ans qui ont déjà contribué à la pose de 400 mètres de voie métrique, préparent la construction de 450 mètres de voie de 60 centimètres, et espèrent que la préfecture du Val-d'Oise donnera son accord pour bâtir un circuit de 6 kilomètres qui serait une attraction touristique de la plus haute importance.

Dès sa création, la F.A.C.S. s'intéressa beaucoup aux Tramways de la Corrèze, ou à ce qu'il en restait, et qui n'était pas négligeable.

Les pèlerins du 25 mai 1958 gagnèrent Uzerche par le train de Toulouse et empruntèrent le P.O.C. jusqu'à Tulle. Après une nuit dans cette ville, ils montèrent avec un ravissement sans nuage (à la différence du ciel) dans le convoi spécialement frété pour eux, car la traction à vapeur n'existait plus pour le « trafic voyageur » et on était un dimanche, jour où les trains ne circulaient pas. C'est d'ailleurs ce qui provoqua entre Clergoux et Marcillac la confusion d'un couple d'amoureux en pleine activité, lorsqu'ils s'aperçurent que des dizaines de paires d'yeux étaient braquées sur leurs ébats.

Avec Pierre Pouget pour chef de train, le joyeux convoi s'arrêta chaque fois que le désiraient les voyageurs, dont beaucoup étaient photographes. Mais il s'avéra qu'un aller et retour dans la journée était trop fatigant, surtout sous la pluie battante. L'année suivante, le tacot demeura pour la nuit à Neuvic.

Les pèlerins de la Pentecôte se déclarèrent chaque fois enchantés, tant par le paysage que par leur provision d'informations. Il en resta notamment d'excellents films que projettent Claude Wagner et Jacques Maligne, et une relation d'Edmond Duclos qui mérite d'être citée :

> Quel enthousiasme pour un Parisien qui, débarquant à Tulle d'un train des grands réseaux, arrêtait son regard sur le modeste bébé chemin de fer en attente de départ, sous la même verrière que les express, au quai n° 1, s'il vous plaît. Habitué qu'il pouvait être à la contemplation des mêmes automobiles, du monotone et triste métro témoin de nos

A l'arrêt de « Chignac », tout en haut du bourg de Marcillac-la-Croisille, pour reprendre son souffle halte du train spécial frété par la Fédération des Amis des Chemin de fer Secondaires.
C'était presque aussi bien que le métro parisien aux heures de pointe !
Photo B. Festuot - 25 mai 1958

- J'ai astiqué ma locomotive ce matin, si vous n'êtes pas pressés on attendra ici la fin de l'orage.

servitudes, de nos autobus perdant en pittoresque ce qu'ils gagnent en inconfort, de nos insipides trains de banlieue, inexacts sans profit pour personne, c'est brusquement l'aventure qui s'ouvre à lui, de merveilleuses campagnes, ou le plus lointain Far West, ou un plongeon dans un passé de paradis à jamais perdu.

Où pourra-t-on jamais revivre la poésie d'un train des T.C. grimpant, serpentant dans la minuscule gorge du ruisseau d'Espagnac, au puissant bruit de l'échappement de la machine qui, un instant plus tôt, semblait si menue à côté de ses sœurs à Tulle ? Une simple voiture pour les voyageurs et neuf wagons vides. Cela fait un joli train quand même. Il commence à pleuvoir ; arrêt en pleine gorge pour laisser un voyageur. Nous redémarrons en rampe de 47 m/m, même pas un patinage. Ce n'est pas étonnant nous dit-on, c'est le chef de dépôt lui-même qui conduit. Car, ici, chacun se met à toutes les tâches. Tel chef de train ne rechignera pas à chauffer demain une locomotive, et les voyageurs seront bien étonnés de voir un chauffeur leur délivrer leur billet pendant que le chef de train sera occupé à quelque autre

besogne. Voici un autre chef de train qui paraît bien se préoccuper de l'état des wagons de marchandises, pas étonnant, c'est le menuisier du réseau et préposé à l'entretien des freins, et si vous ne savez où résider dans ce pays, sa femme vous accueillera dans son hôtel d'où vous pourrez contempler le dépôt-atelier. Voyez donc aussi ce chauffeur intrépide qui n'hésite pas, bien que l'on galope sur la voie du P.O.C. en rail, celle-là, de 25 kilos avec un mouvement de lacet épouvantable, à passer en marche de la cabine sur les caisses à eau et la chaudière, pour aller ramener aux réalités un clapet situé sur le dôme et concernant l'injecteur.
Il nous revient à la mémoire une descente en autorail, le matin de bonne heure, du Mortier vers Saint-Bonnet, avec un merveilleux éclairage frisant à travers les arbres et les fougères perlés de la pluie de la nuit ; nous étions mêlés à l'avant à des voyageurs et voyageuses nullement prévenus et bientôt toutes les conversations cessèrent, tous les regards étant rivés sur le magnifique spectacle qui se déroulait devant nous au fil des rails et au bruit cadencé des joints. C'est sans doute pour laisser ce plaisir aux voyageurs raffinés, qu'ils n'étaient jamais resserrés. Et une traversée de Marcillac, un jour de marché et de foire, sur un train de marchandises de 56 tonnes. Nous nous arrêtons un peu avant la traversée du bourg et tous les balanciers de freins des wagons sont décrochés pour amorcer le freinage, les sabots sont ainsi déjà appliqués aux roues (voilà un frein Lipowski avant la lettre). Nous traversons le bourg ; pente de 49 m/m par mètre en voie à ornière. Dans la rue que nous empruntons, les voitures ne circulent pas aujourd'hui, mais en revanche, au son du sifflet très grave, presque une sirène, nous longeons des étalages de marchands forains. Ici, une cliente essaie sur un pied une paire de chaussures, à deux mètres du train qui passe lentement. Et la traversée de la Luzège. Et le train serpentant dans les bois près de Lafage. Nous voyons, du dernier plateau où nous sommes assis, dans les courbes et contre-courbes, la cheminée de la machine qui seule dépasse des bruyères et des fourrés, coiffée de son panier à escarbilles qui nous indique le chemin que nous suivons.

Entre les deux voyages de 1958 et 1959, l'avenir du tacot ne cessa de s'assombrir. Mais comme on avait envisagé de le supprimer dès 1939, quelque espoir restait permis. La F.A.C.S. était en relation avec les Chemins de fer vicinaux belges qui désiraient vendre des tracteurs Diesel dont ils n'avaient plus l'emploi. Claude Wagner en parla donc à M. Condat, qui, pour des raisons de rentabilité, envisageait de remplacer les locomotives par des tracteurs Diesel pour les trains de marchandises. Les deux hommes se rendirent dans les Ardennes où il se confirma que deux ou trois locotracteurs, presque neufs, pouvaient leur être cédés au prix de la ferraille.

Cette ultime tentative fut vaine. Au cours d'un débat mémorable, le conseil général prononça la sentence d'exécution du Transcorrézien, le 3 décembre 1958. La discussion fut dominée par le duel Rouby-Queuille. Le premier était président du conseil général et défenseur acharné du tacot. Le second avait complètement tourné casaque depuis la suppression du tronçon Neuvic-Ussel : « On a supprimé, déclara-t-il, la partie du tramway qui était vraiment celle qui pouvait donner les meilleurs résultats du point de vue de l'exploitation. Cette décision est intervenue contre mon avis, d'ailleurs. »

La dépose de la voie avait eu lieu, rappelons-le, en 1956. Depuis lors, il avait été décidé de créer un boulevard périphérique à Neuvic et d'utiliser, pour ce faire, la plate-forme de la ligne.

- Je pensais, ajouta M. Queuille, que dans cette région on allait éprouver certaines difficultés pour effectuer certains transports : transport de bois, transport d'animaux. J'ai eu la surprise de constater que l'on s'est habitué maintenant au nouveau régime, qu'il n'y a pas de grandes protestations, et même que beaucoup considèrent que le fait de transporter les marchandises de porte à porte, constitue un avantage sérieux.

On peut imaginer le poids que représentait cette affirmation venant d'un personnage aussi considérable. La suite de son intervention montre aussi une susceptibilité locale qui n'est pas sans rappeler la lettre qu'il avait écrite lors de la lointaine visite présidentielle de 1913 :

- Mais, monsieur Rouby, on avait décidé aussi que, dès que les routes seraient construites - il y a eu un vote formel du conseil

Le Mortier-Gumond.
L'alarme à l'œil.
Manif de soutien : venus au secours du Transcorrézien, des membres de la Fédération des Amis des Chemins de fer Secondaires lui font un bouclier humain.
Photo Claude Wagner - 3 mai 1959

général - on ferait les mêmes suppressions sur d'autres tronçons, et que je ne serais pas le seul qui, dans la circonstance, verrait supprimer le tramway qui servait son canton. Cela a été formellement décidé à ce moment-là. On n'est jamais revenu d'une façon nette sur ce vote. On peut très bien considérer que l'affaire a été réglée à ce moment-là.

On croirait assister à la querelle de deux galopins autour de leur jouet : « Tu m'as pris un rail, alors je casse le train. »

Ces passes d'armes avaient été précédées d'un véritable « réquisitoire » contre le T.C., mot employé par le président Rouby lui-même. Comme il avait été demandé à la S.C.E.T.A. d'envisager le remplacement du trafic ferroviaire par le trafic routier, Élie Rouby s'était mis en relation avec le S.A.C.F.S. (Société auxiliaire pour les chemins de fer secondaires) qui avait présenté une convention constituant, en quelque sorte, un contre-projet destiné à sauver le train.

Rappelons brièvement qu'à l'origine, le département avait donné une concession d'exploitation, jusqu'en 1925, à la Société Pradel & Cie. Le 1er mai 1925, le P.O.C. (Paris-Orléans-Corrèze) avait pris le relais, par le truchement d'une filiale de la Société des Batignolles, la S.E.C.C. (Société d'exploitation des chemins de fer en Corrèze). Celle-ci se retira en 1932 et l'exploitation passa sous le contrôle de la S.T.A.P.O. (Société des transports automobiles Paris-Orléans) dont l'administrateur était M. Berthelot, futur ministre des Travaux publics. Lorsque la S.N.C.F. se constitua en 1934, toutes ces filiales furent fondues en une seule, la S.C.E.T.A. (Société de contrôle et d'exploitation des transports automobiles), qui avait la charge à la fois du P.O.C., du T.C. et des autobus, et dont le directeur était M. Jean-Pierre Condat.

La S.A.C.F.S. proposait donc, en 1958, une convention pour cinq ans qui prévoyait notamment :

- La substitution de la traction Diesel à la traction vapeur, celle-ci étant considérée comme un moyen de secours ou une réserve pour les pointes de trafic.
- L'aménagement des « horaires voyageurs ».
- La remise en état des installations fixes et de la voie.
- La simplification et la modernisation des systèmes de taxation, de perception, de comptabilité et d'administration.

Lapleau. 25 mai 1958.
« Le bluet en herbe » ou le tortillard égaré - est garé plutôt, en réserve pour les pointes de trafic...
Cliché J. Bazin

- La simplification du régime d'exploitation des gares.
- La rééducation du personnel.

Ce programme fut soumis, au conseil général, à un tir de barrage serré de la part des experts. L'ingénieur en chef Lajugie affirma qu'en règle générale, « l'appareil ferroviaire ne peut se justifier que par le transport des marchandises » :

- C'est vrai pour les grandes lignes. C'est beaucoup plus vrai pour notre ligne de Neuvic à Tulle. Sur les 14 502 839 F de recettes de la ligne, les marchandises entrent pour 10 904 238 F et tout le reste du trafic pour 3 598 601 F seulement. En ordre de grandeur, les marchandises entrent donc dans le chiffre d'affaires pour les trois quarts et le surplus, pour un quart seulement.

« En 1955, il a été transporté, entre Neuvic et Tulle, 24 916 voyageurs sur des parcours qui ont conduit, en unités de trafic, au chiffre de 651 575 voyageurs-kilomètres. On peut discuter du prix de revient de ce service s'il avait été fait par d'autres moyens, mais il n'est pas déraisonnable d'en apprécier la valeur par référence au coût moyen des transports par autobus, soit à l'époque : 8,05 x 651 575 = 5 245 179 F. Les dépenses correspondant à l'ensemble des postes du service ferroviaire étaient en même temps :

- Administration centrale et frais généraux (3/4 de 8 041427 F)	6 031 070
- Exploitation	5 839 901
- Matériel de traction	17 481 805
- Voie et bâtiment	6 261 409
Total :	35 614 185

Se fondant sur les résultats de 1957, M. Lajugie estimait qu'un « bilan où les dépenses (50 479 345 F) sont 2,29 fois plus élevées que les recettes (25 577 350 F) est proprement désastreux :

- Ainsi que l'a fait observer M. le Ministre des Travaux publics, notre exploitation ferroviaire est une des plus désastreuses de France ; ses pareilles, que l'on peut compter sur les doigts, disparaissent l'une après l'autre...

« ... Sans doute pourrait-on escompter une amélioration de l'exploitation par substitution partielle de la traction Diesel à la

Arrivée à Neuvic d'Ussel de l'autorail venant de Tulle.
Temporairement, sauvé par une cure de jouvence et la greffe d'un diesel sur sa boîte à roulettes, notre « tacotorail » fut, hélas ! trop porté sur... l'essence.
Photo Jean Madina - 2 mai 1959

traction vapeur pour les marchandises. Une amélioration semblable a été apportée au transport des voyageurs. Elle a été sensible. Sensationnelle serait trop dire. Les autorails Billard ont coûté, à l'achat, 1 440 000 F au lieu de 1 000 000 F prévus pour ces deux engins et pour deux locotracteurs plus importants ; leur réparation a coûté 8 500 000 F au lieu de 3 500 000 F prévus ; l'économie sur le carburant résultant de leur mise en service a été, en 1957, de 1 400 000 F au lieu de 2 800 000 F prévus. Aussi bien, d'autres dépenses sont-elles venues anéantir les économies réalisées. Nous ne pensons pas qu'on puisse se faire illusion sur un redressement qui paraît impossible. Le T.C. a eu son heure, il a rendu de grands services, mais quels que soient la compétence et les soins apportés par la Société fermière à son exploitation, nous croyons que la ligne de Neuvic à Tulle doit subir le sort des autres lignes départementales dont la disparition, une fois consommée, n'a laissé aucun regret. »

Cette oraison funèbre ne brillait pas par le don de prophétie, car l'avenir devait prouver surabondamment le regret attaché à la disparition des petits trains, spécialement en Corrèze. Certes, l'ingénieur en chef reconnaissait que le projet de service routier de remplacement, présenté par la S.C.E.T.A., conduisait à des dépenses aussi grandes, sinon plus extravagantes, que le trafic ferroviaire : les places de car, par exemple, devaient être payées, au tarif du voyageur-kilomètre, à concurrence de 6,25 F par l'usager et de près de 20 F par l'impôt ! Mais on espérait que la S.C.E.T.A. trouverait des « formules plus économiques ».

On comprend qu'après un tel règlement de comptes, au double sens du terme, le président Rouby se soit senti « écrasé ». Face à cette accumulation de munitions préparées depuis longtemps, selon lui, par les adversaires du train, il s'employa à se protéger des faux arguments et à défendre la convention avec la S.A.C.F.S., société qui venait de sauver les tramways du Tarn.

Les partisans de la route avaient particulièrement insisté sur les avantages financiers qui résulteraient de la vente du matériel ferroviaire devenu inutile.

- Non, vous n'allez pas vendre le matériel, s'écria Élie Rouby avec une prescience que les événements ne tarderaient pas à vérifier, vous allez brader le matériel. La voie ferrée représente une valeur considérable. Si cette voie n'était pas construite, nous ne commettrions pas la folie de vous dire : ' Construisons-la ', mais

elle est là, elle représente plusieurs centaines de millions. Il suffit de l'administrer d'une façon convenable et de bien l'exploiter. Et vous allez, par un vote, la supprimer. Mais, dans cinq ans, puisque la convention que nous vous proposions n'a qu'une durée de cinq ans, ce matériel restera, il aura au moins la même valeur qu'il a aujourd'hui, puisqu'il sera entretenu.

« D'autre part, vous serez bien obligés d'acheter un matériel roulant. Et ce matériel roulant, que vaudra-t-il dans cinq ans ? Alors que j'ai obtenu dans cette société un contrat prévoyant le rachat éventuel du matériel que nous lui achetons, matériel qui, au bout de cinq ans, aurait encore une valeur de 50 %, avec possibilité de réajustement du prix de rachat, si ce rachat a lieu avant cinq ans...

« ... Et alors maintenant, vous êtes tous dressés contre ce pauvre tramway. Vous avez donc changé. Mais que s'est-il donc passé ? Que cherchez-vous ?...

« ... Ce n'est pas parce que Lapleau est desservi par le tramway, ce n'est pas parce que Marcillac-la-Croisille est desservi par le tramway que M. Peuch et moi-même défendons cette ligne. Non, c'est parce que nous sentons bien qu'une grande partie de l'économie de notre région boisée dépend du tramway. »

C'est alors que M. Queuille se leva de son banc et affirma, patelin, qu'il ne s'agissait pas de mettre en cause les intentions et la volonté du président, mais qu'avant d'accepter la convention, il fallait avoir l'accord du ministre (alors que le préfet pouvait y suppléer), puis se mit à poser des questions insidieuses pour se muer en véritable procureur : « Je voudrais bien savoir...», « Je vous pose la question... », « Je voudrais vous poser une autre question... », « Je voudrais vous poser une deuxième *(sic)* question... ». Il versa même un pleur sur le « petit personnel », dont une partie devait être licenciée en vertu des accords, mais en oubliant de rappeler que la suppression du T.C. au profit de la route priverait de leur emploi 40 personnes : 9 agents de gares, 3 agents des trains, 9 agents de la traction, 8 ouvriers d'atelier, 11 agents de la voie. Et il enchaîna sur ces mots :

- On nous indique que nous avons les crédits nécessaires (pour traiter avec la S.A.C.F.S.) soit 33 millions et qu'il suffit d'y apporter quelque 3 millions, c'est-à-dire rien, pour que le tramway puisse être transformé dans des conditions qui seront, d'après certains,

Facultatif arrêt-photo sur le viaduc des Rochers-Noirs.
Photogéniques, le chef de train, le mécanicien, le chauffeur et leurs familles posaient volontiers en compagnie...d'éventuels voyageurs. Devenus chômeurs en 1960, que leur reste-t-il ?
Une émouvante photo, à dada sur leur cher tacot disparu : souvenir de « la bath agonie » ?
Collection M. Guyonnet

extrêmement heureuses. Il n'y a qu'un malheur, c'est que sur les 33 millions inscrits dans les propositions budgétaires, 13 millions sont destinés à couvrir une partie du déficit antérieur de la S.C.E.T.A., qui n'a pas été comblé.

« Aussi, alors que j'ai été un des défenseurs du tramway, maintenant que j'ai pu apprécier l'expérience qui a été faite à Neuvic, je me résigne à accepter la suppression du tramway, bien qu'il intéresse un peu mon canton...

« ... Et j'ajoute que ce qui me détermine encore, c'est de voir que partout, dans toute la France, on supprime les tramways, on supprime les chemins de fer d'intérêt départemental, parce que c'est une manière de transport qui s'avère particulièrement onéreuse.

M. le Président : Pour les voyageurs, quand il n'y a pas de quoi alimenter les transports en marchandises.

M. Queuille : Monsieur Rouby, je dis que le ministère des Travaux publics, qui est le tuteur, qui a en cette affaire une documentation qui nous manque, envoie des notes qui invitent les départements ayant encore des tramways en exploitation à prendre acte du fait qu'il s'agit là d'un moyen de transport archaïque, qu'il faut supprimer dans l'intérêt des finances départementales. Je ne pense pas que nous soyons plus malins qu'ailleurs, et que nous puissions résoudre ce problème d'une façon satisfaisante, dans le sens que vous indiquez, alors que partout ailleurs, on supprime les tramways.

M. Queuille venait de condamner le tacot : il était évident que, sans son appui, il ne pouvait survivre. Le conseiller Audy vint à la rescousse de ses arguments. Il écarta l'exemple du Tarn, car ce département, pour supprimer son tramway, aurait dû faire un équipement routier revenant beaucoup plus cher que le déficit du train. Il raconta qu'il avait questionné les responsables de la S.A.C.F.S. sur l'état de la voie du Transcorrézien :

- L'un d'eux m'a dit que lorsqu'on marchait sur les traverses, celles-ci s'enfonçaient dans les parties marécageuses du ballast. Les traverses sont mauvaises, les tire-fond également. Or, il y a 90 000 traverses, et ces messieurs nous promettent d'en changer 6 000 par an, en utilisant uniquement des traverses blanches. Mon interlocuteur m'a précisé que ces traverses pourraient durer quinze ans environ. Donc, messieurs, on n'envisage pas une remise en état complète, mais une sorte de sauvetage de la voie pour permettre de continuer l'exploitation un peu plus longtemps. D'ailleurs, on ne peut pas demander à ces messieurs une remise en état, car ils ne prennent un engagement que pour cinq ans. Il s'agit là d'une situation analogue à celle du fermier qui rentrerait pour cinq ans dans un domaine ; ce fermier n'envisagerait pas la reconstruction des bâtiments et l'approvisionnement en engrais de toutes les terres...

La suite du débat prit l'allure d'une curée :

M. Lestang : Il faut supprimer ce boulet que nous traînons et envisager une solution plus moderne.

M. Bounaix : Je ne vois pas pourquoi le département s'entête à payer, tous les ans, 30 à 35 millions de déficit. Je suis partisan de la suppression pure et simple de ce tramway, de sa liquidation pure et simple, je suis contre toute convention avec quelque société qu'elle soit *(sic)*.

Pourtant, un dernier défenseur se leva : M. Massoulier. Il refusa de se laisser enrôler dans un « peloton d'exécution » et, après avoir timidement sacrifié aux chiffres, il fut finalement le premier et le seul à donner au sentiment et, pour parler moderne, à la qualité de la vie, le pas sur la rentabilité et la technique.

- Comme beaucoup de conseillers généraux, dit-il, j'ai voulu prendre quelques renseignements pour les soumettre à l'assemblée.

« Il m'a été indiqué qu'en ce qui concerne le service des marchandises, ce service avait été en progression constante depuis 1955. J'ai les chiffres sous les yeux : 12 859 tonnes en 1955, 17 116 en 1956 et 20 580 en 1957.

« Et il m'a été indiqué que si l'on remplaçait par des locotracteurs les machines existantes (il paraît qu'on a décidé le contraire), il y aurait là une économie de plus de 4 millions à faire par an, car on consommait en 1957 : 4 842 351 F de combustible. Ce sont les chiffres qui m'ont été donnés par des gens compétents, je crois. Et si l'on avait eu deux locotracteurs qui consomment 100 litres aux 100 km, on aurait dépensé 657 000 F, d'où une économie, si je calcule bien, de 4 200 000 F par an. Il faut tenir compte, bien sûr, de l'amortissement des locotracteurs qui coûteraient de 8 à 10 millions, neufs.

« Par conséquent, je me demande, et le conseil général doit se demander, s'il n'est pas possible d'envisager une modernisation de ces tramways départementaux dans le sens d'une économie, et avant de décider leur suppression, je tiendrais bien à ce que chacun réfléchisse à cette situation, car nous savons bien qu'il y a des transports de matières premières, de matières pondéreuses, qui ne peuvent se faire que par le rail...

« ... Je me demande si l'on fera bien, sans trop y réfléchir, de dire : ' On supprime le petit train départemental '...

« ... Et je ne vous parlerai pas, monsieur le Président, d'un tramway que vous connaissez bien, le fameux tramway de San Francisco, qui est vétuste et se déplace, on se demande comment, dans une ville neuve, prospère. J'ai demandé pourquoi on conservait ce vieux tramway, et l'on m'a répondu : ' La municipalité qui voudrait le supprimer serait battue le lendemain. ' On s'est attaché à ce petit tramway qui monte cahin-caha les pentes de la baie de San Francisco... *(rires).* Ici, ce n'est pas la même chose, mais ne riez pas, messieurs, vous encourez une très grosse responsabilité ; nous sommes attachés au petit tramway corrézien ; nous avons des raisons profondes, sérieuses, de le conserver.

Je crois que vous prenez cela un peu à la légère. Prenez-en la responsabilité. Je crois que ce problème est important et je pense que, s'il y a une possibilité de conserver ce tramway, en réalisant les aménagements que j'indiquais tout à l'heure, il faut prendre une décision dans ce sens et ne pas dilapider, à la légère, une partie du patrimoine corrézien.

« Voila les observations que j'avais à faire. »

(Brouhaha - Sonnette...)

On passa au vote.

Sur les 22 participants, seuls MM. Peuch et Rouby votèrent contre la suppression. M. Massoulier s'abstint. Les conclusions de la Commission des voies publiques étaient adoptées par 19 voix contre 2 et 1 abstention.

Le Transcorrézien avait vécu.

23.

On pourrait épiloguer sur les raisons invoquées pour la suppression du train car, après tout, son déficit n'était pas si grave : à quoi sert un budget départemental si ce n'est aussi pour aider les réalisations d'intérêt commun ? Beaucoup d'argent, pris dans la poche des contribuables, est plus mal dépensé. De plus, ce déficit serait aujourd'hui aisément comblé, si le tacot existait encore, par

Entre autres touristes de tout poil, émules de Claude Wagner (sur la photo à droite au premier plan et digne d'y être) des cohortes de cinglés du safari-photo de dinosaures des transports en commun, de Libellules vaporeuses et de vaches toutes folles du petit train se rueraient à l'assaut de la Corrèze profonde, si le tacot existait encore...

le produit de son exploitation touristique. L'exemple nous en est fourni par plusieurs départements. C'est donc bien une politique à courte vue qui a conduit le conseil général à sa décision du 8 décembre 1958.

Comme d'habitude, ce furent les écrivains et les artistes, réputés pour leur manque de sens pratique, qui se montrèrent les plus lucides et les plus courageux. Dans la revue *Centre-Magazine*, « digest régional » qu'il dirigeait à Brive et dont Louis Perche était le rédacteur en chef et René Glangeaud l'administrateur, le romancier Michel Peyramaure, devenu plus tard auteur de vastes fresques historiques, essaya, dès que se précisèrent les menaces sur le train, de mobiliser tous ses confrères qui y étaient attachés. « Nous n'acceptons pas de nous résigner ! », proclama-t-il avec sa générosité naturelle. Aussitôt, une foule de gens connus répondirent à son appel.

« C'est un scandale ! », s'écria Francis de Miomandre, prix Goncourt, dès 1908, pour *Écrit sur de l'eau* (il ne put survivre à la disparition du tacot et mourut en 1959), dans une lettre ouverte qui continuait par ces mots :

> Mais, cher monsieur, vous me voyez non seulement peiné, mais soulevé d'indignation. Perdu dans la brousse parisienne, je ne savais rien. Pas de danger qu'on nous y annonce les vrais scandales, ceux qui révoltent à la fois le cœur et la raison ! Ce train, certes, n'était pas confortable. Pourquoi l'aurait-il été ? Il n'avait pas de gage à donner au prétentieux esprit du Progrès, du faux Progrès. Non. En toute ingénuité, il était cahotant et sommaire, il ne cherchait pas à nous épater par des perfectionnements industriels. Non. Il roulait, voilà tout. Il allait d'un bout à l'autre de son petit parcours, à travers chataigniers et bruyères, et puis il revenait. Et ceux qui l'empruntaient n'en demandaient pas plus long. Cordialement secoués, ils pensaient sans doute ainsi mieux rentrer dans cette tradition bien française qui entend faire servir le matériel jusqu'à ce qu'il tombe, désarticulé, sur la voie. Ils avaient des sensations pareilles à celles des voyageurs du temps de Louis-Philippe, des sensations... historiques. Et, certes, il devait éprouver, en tant que train,

La locomotive, dite “ bourrin de fer ”, désormais était sans force, sans vigueur.
Rose, elle était devenue.
« Et rosse, elle a vécu... »
Photo P. Reignier

un plaisir particulier à s'arrêter dans cette gare toute tapissée de roses, sur le quai de laquelle, vers la fin de l'après-midi (c'était son heure), venaient le voir passer des poètes et des artistes : André Lagarde et Martial Marthon, Marcelle Castelier et Gaston Picard, et maint autre amateur de crépuscules corréziens qui, dans l'attente du ferraillement clavecinesque précédant son arrivée tumultueuse, échangeaient, sous les yeux d'une foule indigène admirative et discrète, des propos dont l'esprit aurait fait pâlir bien des boulevardiers parisiens, sur la beauté du site, le charme des horizons, la qualité de la lumière et nombre d'autres sujets d'une inactualité savoureuse.

Mais qui d'entre eux, frappé tout au contraire de voir tant d'usagers descendre des wagons, leur bagage à la main, aurait pu se douter que le Petit Train était déficitaire ?

Déficitaire, horreur ! Il l'était cependant. Malgré les économies farouches qu'il s'imposait, malgré son vertueux refus de s'adjoindre un wagon-restaurant, un sleeping (pour la clientèle milliardaire), des bouillottes, des ressorts *up to date,* des capitons et autres fariboles sybaritiques... Ah ! il ne

coûtait pas grand-chose le pauvre train ! Et voilà que ce peu, on le lui reproche. On va l'en priver.
Alors que l'État, qui perd allègrement des milliards sur chacune des entreprises qu'il s'adjuge (en les récupérant sans vergogne à nos dépens sous forme de surtaxes délirantes), rechigne pour débourser les quelques sous nécessaires à la vie de ce tacot courageux et cordial, notre ami de chaque soir, le poétique, le charmant, le fantasque, l'indispensable tortillard ! Je le répète et ne crains pas de le répéter : c'est un scandale !

D'autres lettres ouvertes s'accumulèrent bientôt sur le bureau de Michel Peyramaure, dont voici quelques échantillons.

Gaston Picard, baptisé le « prince des enquêteurs », avait écrit *Pour lire entre les lignes* en Corrèze, et ce titre aurait pu s'appliquer à un ouvrage ferroviaire. Bien qu'il n'en fût rien, Gaston Picard n'en aimait pas moins le tacot et son côté vachophobe ne l'empêchait pas de ruminer sa déception :

Le tacot ?
C'est un brave ami qui disparaîtra.
Pensez donc ! Au passage, il me saluait d'un gentil mouvement du tuyau. J'agitais une main. Doux échange de politesses. Les vaches menaçaient-elles de troubler ma quiétude bucolique, le cher tacot sifflait, attentif à m'informer du danger du plus loin qu'il apercevait la troupe mugissante des fauves domestiques, et je fichais mon camp sans plus de dommage.
Et ces promenades que nous fîmes ensemble, le tacot et moi ! Tantôt je trouvais une place dans son giron, tantôt je le suivais d'un pied léger.
Il lui arrivait de porter le travesti. Le tacot, alors, devenait la petite micheline. Qui n'a vu, filant à travers bois, la petite micheline, sa croupe ronde et ses cotillons rouges, n'a rien vu. Tacot ou micheline, nous avons exploré la Corrèze de compagnie, et quand, tout travesti abandonné, la fumée s'élevait à plein ciel, on pouvait lire, à travers l'arabesque, le panache : « Aux amis réunis. » Et voici qu'on veut nous séparer ? Le Limousin, du coup, aura perdu de son charme et la vie de son attrait.

Saint-Pantaléon-Latronche.
Le Transcorrézien. Il lui arrivait de porter le travesti. Le tacot, alors, devenait la petite Micheline. Qui n'a vu, filant à travers bois et prairies la mignonne Micheline, l'ondoiement de sa croupe ronde et ses cotillons rouges dans un rythme de samba n'a rien vu.
Photo Jean Madina - 2 mai 1959

Le dessinateur caricaturiste Bib céda, pour la circonstance, le crayon vengeur à la plume rêveuse :

> Je déplore la mise à la retraite du vénérable petit train qui semblait sortir du film classique de Buster Keaton : *Les Lois de l'hospitalité*.
> Je le regrette, car il ajoutait une note plaisante au pittoresque de l'admirable paysage que suivait la ligne de fer conduisant de Tulle à Neuvic.
> Il ranime, ce joli train désuet, bien des souvenirs au cœur de ceux qui ont eu la joie d'admirer cette belle contrée, une des plus magnifiques de France...

Le professeur A. Foucher, le poète Martial Marthon, le romancier Marcel-Pierre Rollin, l'humoriste Christian Plume, bien d'autres encore joignirent leur éloquence sacrée à cet *Éloge funèbre du Transcorrézien* et le dessinateur Gabriel Edme représenta un chauffeur lançant voluptueusement les cercles de fumée de sa cigarette en réplique à ceux, plus importants, de la cheminée de la Libellule. Légende : « Pour embêter le conseil général, faisons des ronds ! »

A propos d'un autre dessin de Gabriel Edme, publié dans l'hebdomadaire *Samedi-soir*, il est intéressant de constater comment on intoxique toujours l'opinion, dite publique à l'instar de certaines filles, dès qu'on a décidé en haut lieu d'adopter certaines options. *Samedi-soir* parrainait le film d'Edme sur le tacot et montrait le dessin qui était à l'origine du scénario : la locomotive arrive sous l'orage, devant le tunnel de Soursac, où un paysan et son troupeau de vaches se sont mis à l'abri de l'ondée. « Sale pluie, dit le chauffeur, le tunnel est encore bouché ! »

Dans l'article, on pouvait lire cette phrase : « Il existe en France un grand nombre de ces « trains électoraux », dont le déficit d'exploitation explique les trous béants des bilans de la S.N.C.F. » Manifestement, la bonne foi du journaliste avait été surprise, et celle de ses lecteurs abusée, car le tacot n'avait rien à voir avec la S.N.C.F.

En 1960, le sociologue Joseph Folliet essaya, dans un journal local, de tirer la philosophie de cette évolution sans se douter que, dix ans plus tard, le courant écologique et la volonté des populations locales conduiraient à remettre en circulation, au moins à certains moments de l'année et là ou la voie subsistait, beaucoup de ces petits trains si allègrement condamnés par le rouleau compresseur du « progrès » :

> Il y aurait une belle thèse à composer sur la vie des chemins de fer départementaux. Cela donnerait une sorte d'épopée balzacienne - âpre, chicaneuse, un peu sordide, à la fois paysanne et bourgeoise, avec des marchandages, des intrigues politiciennes, des trafics d'influence, bref, tout le grand jeu.
> Entre les mains des politiciens locaux, le chemin de fer était une arme efficace, d'abord à l'état de promesse, puis à l'état de réalisation, puis à l'état de réalité. Si le tracé des voies révèle une aimable et fréquente fantaisie, c'est parfois à cause des difficultés naturelles et pour éviter les dépenses occasionnées par les ouvrages d'art, mais souvent aussi parce que tel village qui votait bien exigeait une gare, ou du moins une halte, ou parce que tel grand électeur refusait mordicus l'expropriation de son terrain ou, au contraire, voulait se faire exproprier, moyennant une indemnité convenable.
> Les travaux et les marchés par adjudication offraient aux entrepreneurs locaux de belles occasions de profit ; mais il fallait « bien voter ». Les places d'employés récompensaient la clientèle électorale.
> Auberges et débits de boisson venaient s'installer tout près de la gare, ce qui désolait les commerçants traditionnels de la Grand-Rue. La fin des chemins de fer, la prépondérance des transports automobiles, détrônant le quartier de la gare,

ont donné sa revanche à la Grand-Rue. Brève compensation d'ailleurs, car les « dérivations » routières détournent la circulation automobile et favorisent les postes d'essence lorsqu'ils se transforment aussi en postes de secours contre la soif.

Grand ou petit, depuis le Canadian Pacific ou le Transsibérien jusqu'au teuf-teuf d'Arpajon - le train des haricots -, le train a été l'une des nouveautés capitales du siècle dernier, et l'imagination populaire l'a bien senti.

Elle lui a consacré un beau folklore, dont le plus abondant et le plus original est probablement celui des U.S.A. Une chanson typique - et des plus connues - est celle qui célèbre l'arrivée du premier convoi dans un pays montagneux :

Sh'll be coming round the mountain...

She, c'est elle - la locomotive, qui devait ressembler à celle que conduisait Buster Keaton dans *Le Mécano de la Générale.*

Avec leur pittoresque attendrissant et parfois un peu saugrenu, les petits trains ont suscité leur folklore. *Su' le trenino*, sur le petit train, chantait-on dans la banlieue romaine. *Tchou, tchou, tchou, voilà qu'il arrive avec sa locomotive*, ou *C'est un petit train départemental*, chantait-on en France. Les patois s'y mettaient aussi. *La machina ronflave, la chumino fumave*, chantaient les Dauphinois, à propos de leur train de l'Est.

Chaque ligne avait ses coutumes, ses plaisanteries traditionnelles, ses personnages légendaires : chef de gare, conducteurs ou contrôleurs, son trésor d'anecdotes et de bonnes histoires. Dans *Les Contes de Jean-Pierre*, Louis Mercier a conté l'une de ses histoires, celle du fou qui « faisait le téléphone » dans le train, en portant à son oreille le bout des courroies destinées à manœuvrer les vitres.

Reconnaissons-le : les autocars n'ont pas la même fécondité folklorique, peut-être parce qu'ils sont venus trop tard dans un monde blasé.

Sans l'ombre d'un doute, les petits trains départementaux ont facilité le progrès économique des régions rurales. Ils ont permis aux cultivateurs d'écouler mieux et plus vite, à

- Vous allez entendre un récital de pistons avec accompagnement de bielles, en rampe de 8, par le Transcorrézien.

moindres frais de transport, leurs produits et particulièrement les denrées périssables. Inversement, ils ont porté dans les campagnes les produits manufacturés de la ville (et, du coup, ils ont fait disparaître les colporteurs). Ils ont donc intensifié et multiplié les échanges. Qui pourrait calculer le rendement touristique d'un train - il vit encore ! - comme celui de Saint-Gervais à Vallorcine, complété par la « crémaillère » du Montanvers, autrement dit : la mer de Glace ?...

Mais que faut-il penser de leur économie interne ? Quelques-uns étaient de bonnes petites affaires.

D'autres « marchaient bien », sans déficit, mais en l'espace d'une ou deux générations ont-ils eu le temps de faire leurs frais, de récupérer un capital d'investissement parfois considérable vu les difficultés des régions desservies ?... D'autres, enfin, étaient déficitaires dès les origines, et leur déficit allait s'élargissant à mesure que la concurrence de la route se faisait plus vive. Les mêmes conseils généraux qui avaient décidé leur construction et intrigué à « Paris » pour avoir des subventions gouvernementales - à l'importance desquelles se mesurait celle d'un parlementaire - décidèrent leur suppression, soit pour laisser les entreprises privées de transport

courir leur chance, soit pour remplacer la voie ferrée par des régies departementales d'autocars. Une fois de plus, certains intérêts privés n'y perdirent rien. Quant aux déficits antérieurs, la « collectivité » les passa par profits et pertes.
C'est ici que nous saisissons le conflit, si caractéristique du monde moderne, entre les impératifs du progrès technique et ceux de la rentabilité économique.
Démesurément accélérés, les progrès techniques poussent au renouvellement continu des produits, des outillages et des installations. L'économie impose, au contraire, la rentabilité, qui suppose l'amortissement des capitaux engagés - sans compter la rémunération des porteurs de capitaux. Dans bon nombre de cas, les entreprises privées ou publiques se trouvent contraintes aux changements et aux remplacements avant que les frais des équipements antérieurs soient amortis. D'ou une sorte de course contre la montre - dont l'économie ne peut se tirer que par l'expansion. C'est la dynamique du Juif errant.
Ainsi l'humble « petit train départemental » peut-il nous induire à des réflexions à la fois très générales et un peu mélancoliques.

Entre Le Mortier-Gumond et Les Chemineaux.
Si cette route unie si pâle est déserte, c'est parce que la photo fut prise à une heure moins le car.
Photo anonyme - août 1950

24.

En 1974, Jacques Maligne se promenait dans le hall de la gare d'Orléans, lorsqu'il tomba en arrêt devant une vitrine qui exposait des assiettes décorées de petits trains. Quelques cartes postales sur le même sujet étant en vente, il alla les examiner et s'écria tout à coup, devant l'une d'elles : « Mais c'est le tacot ! » En effet, la légende disait : « Loco 030 - T - Piguet, à Espagnac. Publication F.A.C.S., 134 rue de Rennes, Paris. »

Aussitôt, Jacky se mit en rapport avec l'association de Claude Wagner et devint un fan du Transcorrézien, ce qu'il n'avait jamais cessé d'être d'ailleurs depuis sa plus lointaine enfance lorsque sa grand-mère, au sortir du tunnel de Soursac, voyant le viaduc devant elle, s'écriait : « Quoi ? Tu veux me faire passer sur ce crayon ? » Plus tard, lorsqu'il assistait aux évolutions du tacot, Mme Français lui disait : « Dépêche-toi de le regarder ! Ça ne durera pas longtemps ! »

Eh bien, Jacky allait désormais regarder longtemps le tacot, il le ferait revivre. Puisqu'il n'y avait plus de matériel, on ferait défiler une reconstitution du train, comme un char de carnaval dans les rues de Lapleau, et on organiserait un grande exposition annuelle, au mois de juin, destinée à faire courir les amateurs. Tout cela s'est réalisé point par point. Et de plus, Jacky se trouve en possession d'une documentation photographique de première importance et, grâce aux films conservés, il peut montrer le train en pleine action.

En gare de Chirac Bellevue.
Arrêt éternel.
Bondé de voyageurs immobiles, sans voie, le wagon reste au rang. Seul un homme prévoyant put à bicyclette (« tous les moyens sont bons ») continuer son voyage...
Collection Jacques Maligne

Restait à sauver sur place les derniers vestiges du Transcorrézien. Il n'était pas question, bien entendu, de courir après les deux autorails Billard qui, jusqu'au 31 décembre 1959, avaient assuré deux aller et retour sur la ligne. Ces automotrices Diesel X 1 et X 2, provenaient du Pas-de-Calais. Après la fermeture de la ligne, elles étaient restées garées « en attente d'acquéreur » à la gare P.O.C. de Saint-Bonnet-Avalouze. Quelques années plus tard, le département de la Corse les acheta et les transforma en remorques. Elles ont été probablement réformées depuis longtemps.

Restait tout de même quelques gares. Charles Clair, appuyé par Germain Dufour, ingénieur des Ponts et Chaussées, a déjà obtenu que l'on en sauve trois : celles du Mortier, de Saint-Pardoux et de Clergoux. On espère que celle d'Espagnac, qui semble en parfait état, sera bien entretenue, car elle a été vendue au père du maire actuel, M. Rebeyrotte.

J'ai voulu suivre tout le trajet du T.C. et relever notamment la trace de ses gares, lorsque c'était possible. A Tulle où, sur la voie n° 1, réservée aux rapides, le tacot quittait l'abri de la marquise où tout allait très bien, en direction des côteaux verdoyants du Sud, il faut faire un effort d'imagination pour se représenter comment il coupait les grandes lignes pour rejoindre son dépôt. Là se trouvaient des locomotives, des autorails et des wagons garés dans des bâtiments de ciment et de bois recouverts d'une charpente métallique. Ils abritent maintenant des bennes municipales et l'esplanade accueille une foire aux bestiaux dont la bascule reste à demeure.

Sous la belle marquise de-la-gare-de-Tulle. Tout va très bien...
N'empêche. Gare à la caste !
Photo André Lepage - 13 août 1959

Un peu en retrait, se trouve la maison du chef de dépôt, qui ressemble à une classique maison de garde-barrière, encore que les habitants actuels n'aient pas l'air d'en connaître l'origine.

Le tacot passait sous la ligne de Clermont-Ferrand et une déviation de la route de Sainte-Fortunade emprunte son ancienne voie.

Un petit pont étroit, entouré d'un grillage : le seul endroit ou le T.C. traversait la Corrèze. C'est par un sentier que l'on parvient à Laguenne. La gare, située un peu à l'écart de la N 120, aurait pu paraître abandonnée et ouverte à tous vents, si l'on n'y apercevait des portes neuves posées contre les murs, des bottes de caoutchouc et des outils divers. J'ai pu me promener dans les pièces du rez-de-chaussée aux tapisseries encore apparentes, grimper par l'escalier de bois au premier étage où l'on a placé un Velux neuf. Les murs sont couverts de graffiti et les plus importants montrent que ce bâtiment hanté de fantômes de cheminots, a dû servir d'asile de nuit à des groupes frottés d'anglicismes approximatifs. On lit en effet : *Let our be cool* et *The love, no the war.*

Voici la Saint-Bonnette et son environnement de beaux arbres. Le train arrivait à Saint-Bonnet-Avalouze entre deux rochers d'un brun noirâtre, une sorte de canyon miniature. On peut repérer l'emplacement de la gare, mais d'elle, il ne reste rien. Ensuite, on retrouve les deux voies parallèles du P.O.C. et du T.C., on passe la Saint-Bonnette. A Espagnac, la maison de Germain Dufour, qui se définit lui-même « l'œil de l'État dans les travaux de l'E.D.F. », est située en bordure de l'ancienne voie, dominée par des rochers taillés, dirait-on, à la serpe. Ces larges sentiers, privés de leurs rails, pourraient aujourd'hui servir de pistes forestières : l'idée n'est pas nouvelle puisque M. Nougein, décédé en 1970, avait demandé que le tracé du tronçon La Roche-Canillac-Le Mortier soit transformé en promenade.

Je monte vers Le Mortier par la voie même du T.C. dont la terre battue est gluante. On peut imaginer l'ombre que faisait le petit train sur les fougères. De la « grande gare régulatrice », il reste au moins la gare proprement dite, qui vit à guichet fermé, et, séparé d'elle par une sorte de terrain vague où se trouvait la plaque triangulaire qui servait à changer le train de cap, la maison de la cheffesse, Mme Espinat, en vente pour 12 millions de centimes. Mais, par une espèce de miracle, le célèbre café Chalaud est toujours debout, entouré de son jardin soigné par un horticulteur. La maison démontable en bois, destinée à abriter les ingénieurs d'Ussel, a été transportée au Mortier au gré de l'avancement des travaux, et elle y est définitivement restée.

A mon grand étonnement, une fois la porte poussée, j'y ai

trouvé la propre fille des époux Chalaud, Mme Chabannes, qui habite à Colombes, mais qui est obligée d'ouvrir son commerce quelques jours par an pour conserver la licence. Elle est arrivée dans ce lieu en 1912, à l'âge de un an et y a passé toutes ses jeunes années, tandis que ses parents y sont restés jusqu'en 1949.

- Nous l'avons tous aimé le tacot, me dit-elle. C'est incompréhensible qu'on l'ait supprimé sous prétexte qu'il était déficitaire, car il servait beaucoup aux transports de marchandises.

Rien n'a changé dans le décor du café. C'est le même buffet, la même pendule de bar, les mêmes tableaux accrochés aux murs. Dans le fond, un cagibi où se trouvait la caissière, derrière son guichet, qui servait surtout à protéger les bonnes bouteilles des convoitises. Hélas, cette salle ne bourdonne plus des rires et des conversations dont elle était le théâtre, à chaque passage du train, ou lorsque les voyageurs devaient attendre leur correspondance.

- Jusqu'à quatre trains par jour desservaient Neuvic-Tulle, dont l'un assurait la correspondance avec celui de Paris, me dit Mme Chabannes. La maison était pleine de monde. Je me cachais derrière la porte. Les jeunes qui travaillaient ici venaient de Tulle et repartaient le soir. Les comptoirs n'existaient pas, mais on faisait un peu d'épicerie. On a même failli faire les champignons.

Mme Chabannes jette un regard circulaire sur son domaine déserté :

- Je me demande comment mes parents ont pu vivre ici !... Maman était du Finistère et mon père de Brive. Je regrette de ne pas avoir acheté un wagon pour en faire un restaurant au bord de la route.

C'eût été, en effet, une excellente idée. Elle pourrait être reprise s'il existait encore des wagons du T.C. Le seul que l'on connaisse se trouve au musée de Saint-Mandé et le seul que j'aie vu ailleurs est un fourgon de marchandises, garé à la sortie de La Roche-Canillac, et qui sert de vestiaire aux cantonniers.

La gare de Saint-Pardoux, située aux Chemineaux, et celle de Clergoux sont parfaitement visibles de la route. Celle de Lapleau a été remplacée par une station-service et il n'y a pas longtemps que la plaque tournante a été enlevée. C'est là qu'à la Noël 1959, Mme Escassut s'était embarquée dans le train avec son petit-fils, aujourd'hui âgé de vingt-cinq ans, et ses petits-neveux Annie et

Neuvic-d'Ussel.
Retournement musclé d'une machine, non sans un sacré coup de pousse ! Pour un voyage sans retour ?
Photo Bernard Rozé - 25 mai 1958

Jean-Luc, pour leur permettre de fixer dans leur souvenir l'image de ce merveilleux jouet.

A Saint-Pantaléon-de-Lapleau, un prieuré juché au sommet d'un piton domine une superbe vallée, mais l'église a brûlé et il ne reste rien des murs. Entre Saint-Pantaléon et Soursac, une large bande de verdure, sur le bas-côté de la route : l'ancienne voie du tacot. Vers le viaduc, elle a été lancée à travers les rochers. Enfin, en direction de Neuvic-d'Ussel et d'Ussel, il suffit de suivre les petites routes pour se retrouver, en fin de course, sur la D 982. Le maire d'Ussel, le Dr Belcour, affirme que, lorsque le tacot grimpait une côte, il pouvait le suivre en courant ou à vélo et donner un litre de rouge au mécanicien, qui appréciait particulièrement cette marque de civilité.

Quand j'ai fait mon enquête en Corrèze, un folliculaire anonyme, venu probablement de Chiraquie (c'est ainsi qu'on appelle la circonscription de M. Chirac) a écrit, dans une édition locale, qu'il fallait cesser de rêver, que le tacot ne ressusciterait pas. Certes, étant donné l'empressement craintif avec lequel on a dispersé son matériel, expédié ses rails dans le bassin minier d'Alès et en Italie, il serait tout à fait extraordinaire de le voir réapparaître. Mais il est, pour employer une expression célèbre, de « ces morts qu'il faut qu'on tue » et qu'on ne parvient pas à tuer. De 1963, où des fêtes du cinquantenaire de l'inauguration avaient été organisées par le président Rouby, à la grande exposition ferroviaire de Tulle de 1979, le Transcorrézien n'a cessé de hanter l'inconscient collectif. Ni les intérêts particuliers ni les prudences électorales n'ont pu empêcher la tradition orale de transmettre aux nouveaux venus la geste bien réelle du petit train, élevée au rang de légende mordorée :

- Au musée des souvenirs, dit par exemple Michel Peyramaure, le Transcorrézien est à ranger dans la vitrine voisine de celle des diligences, avec ce même côté western-conquête de l'Ouest-chevauchée fantastique, qui me ravit. Toutes proportions gardées, à l'exception du massacre des populations indigènes et des règlements de comptes au saloon, c'est un peu la même ambiance qui se dégage de cette épopée en sabots de bois et blouse bleue. J'attends le John Ford qui la ressuscitera.

« Il me vient, comme ça, des images : un paysan en blouse bleue revenant de la foire par un jour de grande chaleur, avec un visage en sueur et des yeux rouges d'où coulaient des chassies

Scène de western. « Bonne ânée » ! (carte de Vœux).
Qui veut aller loin ménage sa monture...
1er janvier 1914

blanchâtres ; un panier de « vimes » garni à ras bord de canards ou de poules, calé entre ses jambes, et d'où montait une odeur de fiente qui me ravissait (le Corrézien Marc Chadourne me disait que la nature n'a jamais de mauvaises odeurs) ; des grincements de freins et des hoquets de vapeur dans une immensité de neige, peut-être dans les solitudes de Sérilhac ou du Pescher, lorsque mes parents se rendaient à Beaulieu-sur-Dordogne (mais, à la réflexion, c'était peut-être dans les parages d'Objat-les-Petits-Pois) ; des escadrilles dans l'œil, que ma mère dégageait avec l'angle de son mouchoir (' Je t'avais bien dit de ne pas te mettre à la portière ! '), mais des souvenirs d'escarbilles, mes yeux d'enfants en sont pleins, comme de larmes...

Comment je me l'imagine aujourd'hui, ce train de plaisir minable et merveilleux ? Comme une sorte de Léviathan poussif mais grandiose, un gentil monstre qui me prenait sur ses genoux

(un peu durs) pour me trimbaler à travers ces campagnes d'enfance où tout est surprise et émotion. Mais il faut compter avec cette manie involontaire de l'anamorphose qui, avec le recul, vous fait prendre une fourmilière pour la tour de Babel et une couleuvre pour le monstre du Loch Ness.

« La jeunesse d'aujourd'hui est triste parce qu'elle n'a pas joué dans ces greniers où ces caves dont les pavillons clés-en-main ou les H.L.M. sont dépourvus, mais aussi peut-être parce qu'elle n'a pas eu son petit train. Il lui faut de la bonne volonté et une certaine propension à l'émotivité pour découvrir une parcelle infinitésimale de romantisme dans le garage de papa ou dans le vertige du premier vélomoteur. Moi, je me considère comme un privilégié : le fossile de l'ère des Greniers que je me flatte d'être a passé là une bonne moitié de son existence et y a célébré à l'infini les noces entre l'homme et la poésie. »

C'est bien les mêmes sentiments qui animent un autre Brivois, Jacques Thomas, président des Amis du chemin de fer, lorsqu'il se préoccupe de rassembler les souvenirs du T.C., ou Alain Londeix, le jeune et actif directeur du bureau de *Centre-Presse* de Brive, quand il consacre un bel article à la gloire toujours vivante du disparu. Et, comme le montre son journal *Di Lou Cantou*, l'Association des Corréziens de Paris ne reste pas indifférente à tout ce qui fait partie du patrimoine commun.

N'est-il pas significatif, enfin, que la clôture de l'exposition au Foyer culturel de Tulle ait été saluée dans *La Montagne* par un « billet tullois » intitulé : *En mémoire du petit train* ? On y donnait un extrait du livre de Germaine Lagier, *Près du moulin qui dort* :

> Maintes fois la chose fut dite qu'on allait nous le supprimer. Or, la plupart s'écriaient vite « non ! cela ne peut arriver ». Et toujours il filait bon train, le petit train... Il lui restait des jours de gloire à notre vaillant transporteur.
>
> Lorsque avaient lieu les marchés ou foires, il ne manquait pas de voyageurs. S'y côtoyaient fermiers, fermières, paniers, panières. L'hiver, quand le gel miroitait, aucun souci de dérapage, quel roi du parcours il semblait. Sans conteste, et pour tout usage, il n'existait meilleur taxi.

A gauche, un pélerin un tantinet sorcier, n'ayant pas de paquet de gris-gris, était en train de dérober une grosse amulette (corrézienne) en l'occurrence une bûche (pour toucher du bois), afin de conjurer le mauvais sort que devait connaître à court terme notre « petit cheval de fer »...
Photo Claude Wagner - 3 mai 1959

Aux beaux jours, les jeunes touristes, à le sentir se tortiller, trouvant le fait très fantaisiste, tout bonnement s'en distrayaient. A volonté on pouvait rire, il va sans dire. Mais, hélas ! destin malchanceux, au fil de l'an, combien de courses ne rapportaient rien ou si peu ! Pas de clients, point de ressources.
De l'abolir on décida. L'heure sonna. Nul remords. Je lui fus fidèle, comme il se doit, jusqu'à la fin, sûre d'ailleurs que sous son aile il me gardait mon petit coin pour me conduire hors de la ville, aux lieux tranquilles.
Quelle tristesse au dernier soir. Fleurs et lampions lui faisaient fête, mais dans les cœurs « adieu l'espoir ». Je me revois sur sa banquette, d'un autrefois me souvenir et m'attendrir.
En ce temps-là, j'étais bergère de porcelets, gaillards et ronds. Il sifflait fort pour la barrière et passait, sentant le charbon. En haut du pré des marguerites, mes favorites. D'un long regard je le suivais, admirative et toute fière si des garçons me saluaient, chantant à tue-tête aux portières.
En ta mémoire, ô petit train, qu'il soit parlé de toi, demain.

Voilà qui est fait.

Annexe

La gare « romantique » du Mortier-Gumond des tramways de la Corrèze

Jeu de construction, à l'échelle 1/43, proposé par M. D. Allenden, ingénieur atomiste anglais, dans Loco-Revue de mars et avril 1960.

Les plans donnés dans cet article ont été exécutés sur le vif et les dimensions secondaires obtenues par recoupements photographiques. Les détails de construction sont donnés à l'échelle du « O » mais les HO-istes pourront facilement exécuter la transposition. Le bâtiment qui abrite le bureau de la station proprement dit comprend une façade en pierre, crépie au plâtre, prolongée par un hangar couvert et fermé en bois pour les marchandises, reposant sur un quai haut. Le toit du bâtiment « pour voyageurs » a été prolongé sur son côté droit de façon à former un abri couvert avec un banc pour « un voyageur » (il paraît qu'il n'y en a jamais deux à la fois). Il y a également un guichet pour les billets, guichet qui n'a pas été ouvert depuis 1928.

CONSTRUCTION. - Le croquis de la figure 1 montre la disposition des différentes pièces et la façon dont elles sont assemblées. Le socle est en contre-plaqué de 3 mm sur lequel viennent s'encastrer les murs extérieurs (37 d'épaisseur) après mortaisage. Le mur de séparation (B fig. 1) est en contre-plaqué de 5 mm mortaisé à la base et maintenu au moyen de vis. Le dessous des toitures, et principalement dans la partie couverte formant abri, est protégé par des espèces d'auvents verticaux en planches de bois rainurées, formant un petit dessin de festonnage à leur base.

Les portes et fenêtres sont découpées à la scie à repercer ainsi que les ouvertures pour les chevrons et les poutres. Les murs sont collés solidement au

Le Transcorrézien disparu voici trente-huit ans, revit à l'échelle 1/87, grâce à l'habileté d'un modéliste helvétique de talent, Jean-Louis Rochaix. Son tacot corrézien stationne côté « marchandises » en gare du Mortier, construite aussi en 1/87.
En Suisse, ce minuscule tramway de la Corrèze circule sur les pentes des collines lausannoises. C'est du Romand !
Photo J.-L. Rochaix

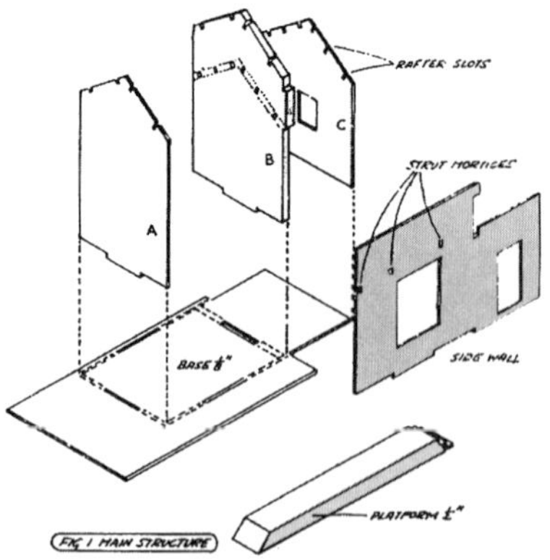

Fig. 2. - Les divers éléments en cours de montage.

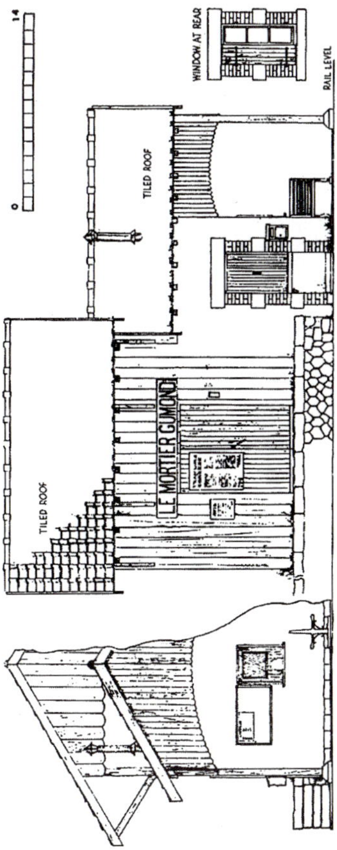

Fig. 4. - La gare du « Mortier-Gumond » - Plans à l'échelle du 1/86.

panneau de base et renforcés par de petites épingles enfoncées sur chant. La partie bois du mur de séparation est découpée, soigneusement striée dans le sens vertical, et collée sur le mur support. Les chevrons (4 pour le toit du hangar et 6 pour la maisonnette) sont en petits bois de 3 x 4,5 mm, collés dans les encoches prévues à cet effet. Le prolongement de la toiture côté maisonnette est supporté par deux madriers de section carrée. Etant donné la fragilité de ces supports, s'ils étaient en bois, M. Allenden a tourné la difficulté en se servant de bouts de cuivre à section carrée de 4 mm soudés à des bandes formant la ceinture supérieure de la partie prolongée de la toiture (voir fig. 3). Cette ceinture vient s'encastrer dans des évidements opérés dans le mur C. Les auvents en contre-plaqué de 15-10 sont gravés au trait de façon à représenter les séparations entre chaque planche et découpés en arrondi à leur base (voir fig. 4). Ces auvents recouvrent complètement la ceinture cuivre et sont collés dessus. Les bas des piliers sont « soudés » aux pierres de fondation qui sont elles-mêmes taillées dans de petits blocs de laiton (voir fig. 4).

Les toitures sont en feuille de laiton mince, et consolidées par des bandes de petites cornières sur leurs extrémités (fig. 3), elles comportent aussi au-dessous du bord du toit de petits bouts de laiton imitant les extrémités des chevrons. Un orifice est percé dans la toiture de la maisonnette pour recevoir le conduit de fumée et son chapiteau.

Les tuiles sont représentées par de petites bandes de carton collées sur la toiture en laiton. Les tuiles faîtières sont également en carton roulé de façon correcte, puis collées.

Les pièces de bois formant entretoises et soutenant la partie avancée du toit du hangar sont aussi reproduites en laiton. Leurs extrémités supérieures sont soudées aux chevrons alors que leurs parties inférieures sont logées dans de petites mortaises pratiquées dans les murs. Les toitures ne sont pas fixées d'une façon définitive. Le toit de la maisonnette est simplement posé et s'enlève facilement, alors que le toit du hangar peut être retiré en écartant les chevrons entretoisés de leur logement. Le quai du prototype est simplement de la terre retenue par un mur de pierres. Seule la partie située devant les portes du hangar est pavée. Dans le modèle, le quai est constitué d'un morceau de bois de 12 mm d'épaisseur vissé sur le support de base. Le dessus de ce morceau de bois arrive à une hauteur de 3 mm inférieure au niveau normal qui est atteint au moyen de plâtre de Paris répandu, d'une façon irrégulière afin d'être plus près de la réalité, après avoir mis en place les pavés taillés d'une facon sommaire dans de petites baguettes en bois dur. Les divers assemblages dont nous venons de parler ainsi que la mise en place du petit escalier conduisant au quai sont détaillés dans le dessin de la figure 2.

Fig. 5. - La gare du Mortier-Gumond à l'échelle du 1/45.

Il ne reste plus maintenant qu'à décorer notre modèle en y ajoutant le plus de détails possible, ce qui constitue le travail le plus délicat, car de lui dépendra soit la finition irréprochable soit le gâchis de l'œuvre commencée.

La porte du « bureau » et la fenêtre sont en laiton et sont simplement encastrées dans les évidements prévus à cet effet. Le relief de la façade est traité de la façon suivante : une première plaque de laiton mince en 8/10 de mm est découpée à la demande et gravée de façon à représenter les pierres, ainsi que l'alignement des briques superposées. Une bande de même épaisseur sur 6 mm de largeur est ensuite soudée autour des ouvertures simulant l'épaisseur du mur, et la gravure se continue sur cette bande ; il s'agit là de l'entourage de la porte du bureau de la gare, dont tous les détails se voient fort bien dans l'ensemble des figures 6 et 8. Le seuil de la fenêtre sur le côté opposé déborde encore plus et doit être réalisé avec une bande de laiton de double épaisseur. L'encadrement de la fenêtre est également constitué par une bande de 6 mm en 8/10 comme pour la porte, mais avec en plus un fil carré soudé dans la partie médiane de l'encadrement et formant le cadre de la fenêtre. Les volets sont aussi en laiton gravé avec les charnières supportées et soudées en bonne place. La porte ainsi que le guichet des billets sont traités de la même façon.

Les portes du hangar glissent dans de petits U fixés derrière la cloison en planche au moyen de vis qui doivent être invisibles.

Le sol pavé situé sous l'auvent peut être réalisé en pâte à modeler représentant les dalles avec creux et bosses.

L'affiche « tramways de la Corrèze » peut être réalisée soit en laiton extra-mince soit en papier, et le panneau portant le nom de la gare peut être en contre-plaqué avion de 10/10.

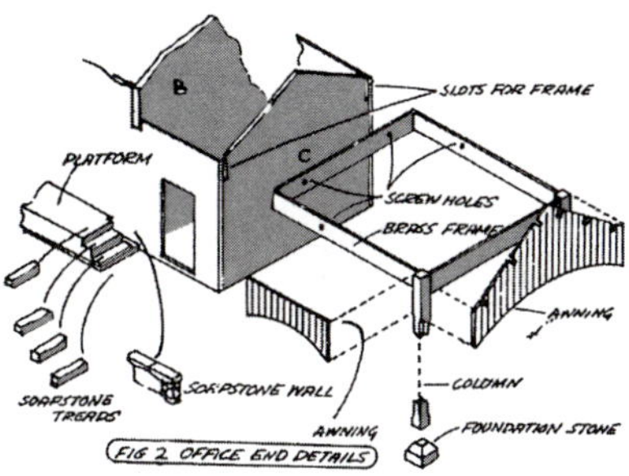

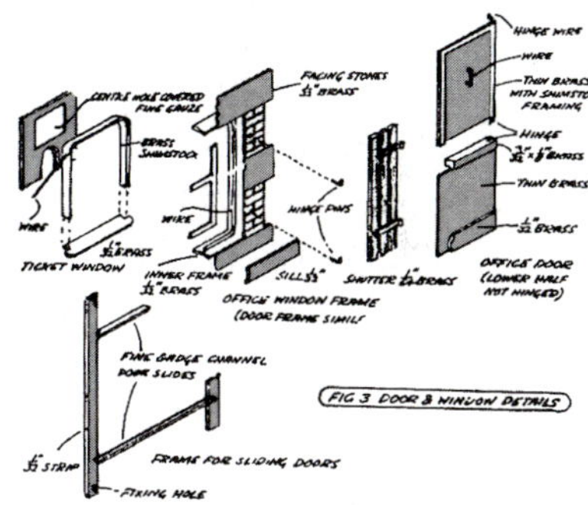

Fig. 6 à gauche et 7 à droite. - Détail de montage des panneaux de boiserie de la porte et de la fenêtre.

Quant à la décoration proprement dite, tout dépend du désir du constructeur. Gare flambant neuve ou vieille gare décrépie. Si du placage a été utilisé pour les parties bois, il peut être laissé en l'état ou repeint dans une teinte plus foncée. Les parties crépies blanches devront être grises et dégradées pour une gare datant de quelques décennies. Les encadrements de la porte et de la fenêtre, pierres et briques, seront respectivement peints en blanc et en rouge, avec pour les briques des filets blancs entre chaque rangée. Lors de l'inauguration de cette gare, les portes et fenêtres devaient être peintes en teintes assez marquantes, mais aujourd'hui c'est le ton bois qui conviendrait le mieux.

Le petit muret du quai haut ainsi que les marches seront en gris verdâtre plus ou moins accentué. Le panonceau de la gare comporte des lettres blanches sur fond rouge.

Le dessus du quai haut en dehors de la partie pavée est recouvert d'herbe (flocage) avec des touffes plus importantes le long des murs.

La voie elle-même doit être plus qu'à moitié cachée, en fait, seul le boudin des rails fait saillie en dehors de la terre battue. Cela est un point que l'on oublie souvent lors de la construction de tortillard. L'auteur nous dit que sur son réseau il n'y a pas de traverses, les rails sont simplement soudés sur des têtes de vis enfoncées dans la table de roulement. Une couche de plâtre à modeler saupoudrée de sable est beaucoup plus proche de la réalité.

Ce type de gare était à peu près le même avec quelques variantes sur toutes les lignes des tramways de la Corrèze. Donc, amis amateurs, si vous désirez changer telle ou telle partie vous pouvez le faire tout en restant très proche du prototype. Ainsi les petites gares n'ont qu'un hangar à marchandises alors que de « grandes » gares n'ont pas d'auvent couvert. Dans d'autres encore, la partie gare ne tient pas toute la largeur du hangar, et parfois le quai se trouve entre deux voies. Néanmoins ce type de gare rustique est très sympathique et il vous faudrait sans doute chercher longtemps pour en trouver d'autres aussi « couleur locale ».

(Extrait de *Model Railway News* avec la permission de l'auteur et de l'éditeur auxquels vont tous nos remerciements.)

Lignes des tramways de la Corrèze

Extrait du Bulletin de la F.A.C.S. n° 21 (Septembre 1958)

La concession pour l'établissement d'un réseau de tramways départementaux fut accordée en 1905 à la Sté Rhône Fer de Lyon. Les lignes furent mises en construction dès 1909 par la Sté des Tramways départementaux de la Corrèze, siège social à Lyon. L'exploitation débuta en 1912 et atteignit son apogée en 1914.

Ce réseau fut confié par la suite à la S.T.A.P.O. puis à la S.C.E.T.A. comme pour le P.O. Corrèze - Rappelons que ces lignes sont classées « Intérêt local ».

Géographie
Le réseau à son apogée comprenait trois groupes de lignes isolées.

Tulle à Ussel
La plus importante, elle est d'ailleurs exploitée à l'heure actuelle sur la presque totalité de son parcours (74 km sur 101 km). Théoriquement la ligne des T.C. part de la gare d'échange de Saint-Bonnet-Avalouze qui comprend les groupes de voie des deux réseaux, mais son point de départ réel est Tulle avec l'emprunt des voies P.O.C. - De Saint-Bonnet la voie T.C. longe sur près de 1 km la voie d'Argentat puis s'engage dans une contrée fortement boisée pour arriver à la station du Mortier où se trouvent dépôt et ateliers.

Puis par un tracé très sinueux, de fortes rampes, et établie presque toujours en accotement, elle dessert le gros bourg de Lapleau, franchit le viaduc situé près de cette dernière localité et arrive à son terminus actuel de Neuvic-d'Ussel (74 km de Tulle). La ligne continuait ensuite par un parcours aussi accidenté pour parvenir enfin à Ussel, où se trouvait une gare de transit avec la voie normale. Signalons en passant que par suite de la mise en eau du barrage de la Triouzoune la ligne avait dû, à la sortie de Neuvic, être reconstruite en 1946 sur près de 5 km. Elle passait d'ailleurs sur le faîte de l'ouvrage d'art. De toute façon, ce tronçon peu rentable a été mis sur route dès 1952, exploitation S.C.E.T.A. par autobus et camions.

Du Mortier partait une courte ligne de 4,50 km desservant La Roche-Canillac ; l'exploitation en était effectuée à l'aide de navettes autorail supprimées en 1939.

Exploitation et trafic
Sur 191 km de lignes il n'en reste plus que 74 km en exploitation. Néanmoins, ce tronçon présente une assez grande activité tant « marchandises » que « voyageurs ». Le trafic « marchandises » est constitué par les mêmes transports que le P.O.C. Il est de l'ordre de 10 000 t par an pour 16 000 km environ de parcours vapeur ; les transits se font à Tulle.

Le service « voyageurs » a été assuré au début par trains mixtes vapeur mais en 1927-1928 les T.C. firent l'acquisition de 5 autorails à essieux dont un fut affecté à Aubazine, un autre à Juillac. Mais ces engins d'une puissance trop faible ne donnèrent pas les résultats espérés et ne sauvèrent pas les lignes isolées de la suppression. Ils furent alors rassemblés au Mortier.

Puis récemment les autorails De Dion M.L. du P.O.C. furent affectés à la ligne Tulle-Ussel.

De toute façon les relations ont été améliorées par l'adoption d'engins automoteurs. Par exemple Tulle-Neuvic pour 74 km donnait 4 h 50 soit 15 de moyenne par vapeur, 3 h 45 soit 19,5 par autorails De Dion ou Saurer, 3 h 5 soit 24 de moyenne par De Dion M.L. Espérons que les deux Billard 100 cv qui vont entrer en service amélioreront encore ces relations mais la vitesse limite de 30 km/h ne permettra pas un gain de temps bien substantiel.

Le nombre de voyageurs transportés se stabilise autour de 24 000 voyageurs par an pour 100 000 km autorails avec deux aller et retour quotidiens plus des trains spéciaux des marchés. Des trains mixtes circulent trois fois par semaine entre Le Mortier et Tulle et deux fois entre Le Mortier et Neuvic-d'Ussel.

Matériel roulant
Afin d'assurer un service sans défaillance le parc a été relativement important, nous donnerons plus loin sa répartition.

Locomotives
Elles sont de série très peu différente - Construites chez Piguet de Lyon en 1905, elles sont du type 030 T, prise de mouvement sur le troisième essieu.

Les premières, série 1 à 12 pesaient 18,500 t à vide pour 22 t en ordre de marche. D'une longueur de 6,65 m elles étaient munies de roues de 1 mètre, distribution par excentrique. Timbre 13 kg.

Elles couraient à 40 km/h environ et tiraient 70 t en rampes de 25°/00 - Il reste actuellement en service les n°s 3-4-5-6-7-8.

La deuxième série numérotée de 13 à 18 pesait 17 t à vide et 21 t en charge. Ces machines moins puissantes ont été démolies, leur effort de traction était insuffisant pour la traction de trains de bois de 40 t en rampes de 40 ou 46, choses fréquemment réalisées avec la série 1 à 12.

Automotrices
Le premier essai de modernisation a été fait, nous l'avons déja vu, par l'achat de cinq autorails ; en voici les caractéristiques.

Automotrices Saurer : achetées en 1928, ces engins AS 1 et AS 2 comprenaient un bogie porteur et un essieu moteur arrière - Munis du moteur Saurer 4 cul 110/180 à essence, développant 55 cv à 1300 t/m, elles comportaient 18 places assises et 14 debout et pesaient 9 t à vide. Deux remorques à bogie Rl, R2, de 14 places pouvaient leur être adjointes.

Automotrice Tartary. AT1 : cet engin à 2 essieux du type Deux-Sèvres avec moteur extérieur était muni du moteur à essence GMC 33/440 cv - Avec sa faible capacité (16 places assises, 10 debout), il servait surtout à assurer les navettes de La Roche-Canillac au Mortier.

Automotrices JA et JM2 : ces autorails d'un type généralisé en France sont munis du moteur De Dion 95/140 60 cv à 2 000 t/m 2 essieux ; ils comportaient 18 places assises et avaient 8 m de long. Ils assuraient des services sur les lignes d'Ayen et d'Aubazine. Ils assurèrent par la suite la réserve sur Tulle-Ussel.

Tous ces engins ont été réformés ; ils étaient tous munis de tourelles de retournement. Enfin les T.C. viennent de recevoir récemment, en provenance des V.F.I.L., réseau du Pas-de-Calais, deux autorails Billard 100 cv du même type que ceux du P.O.C. Ils ont été remis entièrement à neuf dans les ateliers de Tulle et ont été munis du deuxième radiateur de refroidissement ; également ils ont vu leurs freins électromagnétiques d'urgence démontés - n°s 1-2.

Ces automotrices de performances excellentes permettront certainement d'améliorer la desserte de la ligne Tulle-Neuvic.

Dès leur mise en service, seuls trois autorails De Dion M.L. seront conservés pour la réserve, les quatre autres seront réformés.

Matériel remorqué
Actuellement le matériel remorqué est le suivant :
10 voitures voyageurs, 2 essieux, 28 places utilisées pour les trains vapeur mixtes. Il existe aussi 4 voitures à bogie peu utilisées. 6 fourgons mixtes comprenant un compartiment de 8 places. 31 wagons couverts, 22 tombereaux, 28 plats ainsi qu'un wagon-grue de 6 t - Tous ces wagons chargent 10 t.

Signalons que par suite de certaines différences de gabarit et de conduites de freins le matériel T.C. et P.O.C. n'est pas interchangeable, chaque réseau exploitant ses lignes avec ses propres wagons.

Tramways départementaux de la Corrèze

État du matériel roulant en service sur la ligne du Transcorrézien en 1930

LIGNE D'USSEL A TULLE

Locomotives	de 18,5 t	- N° 3-4-5-6-7-8-9
-	de 17 t	- N° 13-14-17.

2 automotrices et 2 remorques « Saurer »			- AS 1 et AS 2
1	-	type Deux-Sèvres	AI 1

Voitures -	A2-C2 de 50 places	- N° 24-25-26-27
	Acf de 25 places	- N° 5-6 (mixte)
	Cf de 25 places	- N° 47-48-49-50-51-52-53-55 (2e classe)

Fourgons - DA avec 1re classe N° 85-86-87-88-89
Df avec compartiment poste N° 106-107-108-109

(Les Df 106 et 107 ont été transformés en wagons K et sont utilisés comme tels.)

Wagons plats - H - N° 354-355-356-357-358-359-360-361-362-363-368-369-371-372-373-374-375-376-377-378-379-380-381-382-383-386-388-389.

Wagons-tombereaux - I - N° 221-222-223-224-225-231-232-233-234-235-236-241-243-244.
J - N° 1-2-3-4-5-6-7-8 (conduite blanche).

Wagons couverts - K - N° 126-127-133-134-135-137-138-139-140-141-142-143-144-145-146-147-148-149-150-151-152-153-154-155-156-157-158-159-160 et KK n° 1.

Wagons plats avec tréteaux - L - N° 501-504-507-508-509.

Le tableau ci-dessous donne la répartition du matériel T.C. (Tramways de la Corrèze) au moment de l'apogée du réseau en 1930, dans les différents groupes de lignes.

LIGNES	Transcorrézien Tulle à Neuvic Ussel Dépôt du Mortier	Aubazine-Beaulieu dépôt du Bosplos	La Rivière-Juillac dépôt de Juillac	1956/1957
Loco-vapeur Série 18,5 t	N° 3.4.5.6.7 8 et 9	3 N° 10.11.12	2 N° 1-2	en service ou réserve 3-4-7-8-9
Loco-vapeur série 17 t	3 N° 13-14-17	2 N° 15-18	1 N° 16	amorties
Automotrices	2 Saurer AS1 et 2 1 Tartary AT1	1 De Dion JM 2	1 De Dion TA	amorties en service Billard 1&2
Remorques	2 Saurer R1 R2			amorties
Wagons voyageurs	14	8	7	14
Fourgons mixtes	9	6	3	6
Wagons plats	33	12	3	33
Wagons-tombereaux	22	8	2	22
Wagons couverts	31	8	2	31
Wagon-grue	1	1	1	1

LISTE DU MATÉRIEL CONSERVÉ
DE CHEMINS DE FER SECONDAIRES

Extraits de « Chemins de fer secondaires » revue de la F.A.C.S. n° 67 (1965)

1 - LOCOMOTIVES

Type	Constructeur	Année	Réseau d'origine	Voie	Lieu de conservation	Propriétaire	Observations
030 T	Piguet	1913	Tramways de la Corrèze	1,00	Malakoff	A.M.T.U.I.R.	Acheté avec participation F.A.C.S.
030 T	Corpet et Louvet	1909	Tramways d'Ille-et-Vilaine	1,00	Malakoff	F.A.C.S.	Acheté avec le fonds vapeur
130 T	Haine-St-Pierre	1920	Oise - Noyon - Lassigny	1,00	Jouy-le-Châtel	Duguet	A transporter à Verneuil
130 T	S.A.C.M.	1924	Anvin - Calais	1,00	Jouy-le-Châtel	Duguet	A transporter à Verneuil
130 T	CAIL	1896	C.F.D. (Charentes)	1,00	Verneuil	F.A.C.S.	
130 T	Corpet et Louvet	1902	Aisne	1,00	Verneuil	Duguet	A racheter par la F.A.C.S.
030 T	Blanc-Misseron	1896	Tramways des Deux-Sèvres	1,00	Melle	Musée de Verneuil	A transporter à Verneuil
020 T	Decauville		Machine de carrière	0,60	Meyzieu	C.F.T.M.	« La Coquette »
030 T	Decauville		Carrière de Luzy	0,60	Meyzieu		« La Beaujolaise »
040 T	Orenstein et Koppel	1917	Tuileries de Bourgogne	0,60	Meyzieu	F.A.C.S.	« La Bourguignonne »
030 T	Société du Hainaut	1910	Sucrerie de Maizy	0,60	Meyzieu	Section Lyon (3)	
130 T	Société de la Meuse	1938	Sucrerie de Maizy	0,60	Meyzieu		
020 T	Decauville	1904	Usine de Prades	0,60	Perpignan	Ville de Perpignan	
031 T	Decauville	1902	Sucrerie de Coucy	0,60	Malakoff (1)	Geiger	A racheter par la F.A.C.S.
040 T	Orenstein et Koppel	1917	Sucrerie de Coucy	0,60	Malakoff (1)	Huille	A racheter par la F.A.C.S.
2 - VOITURES A VOYAGEURS							
B			Oise - Estrées - Froissy	1,00	Jouy-le-Châtel	F.A.C.S.	A transporter à Verneuil
B	Buffaud et Robatel	1913	Tramways de la Corrèze	1,00	Malakoff	A.M.T.U.I.R.	
			P.O.C.	1,00	Tulle	F.A.C.S.	Voiture-salon en cours de restauration
3 - WAGONS							
K			C.B.R.	1,00	Asfeld	Musée de Verneuil	A transporter à Verneuil (2)
T	Decauville		Sucrerie de Maizy	0,60	Meyzieu	F.A.C.S. Section Lyon	2 unités
4 - AUTOMOTRICES							
JM	De Dion-Bouton		C.F. des Côtes-du-Nord	1,00	Malakoff	A.M.T.U.I.R.	
	Decauville-Crochat	1924	C.F. du Calvados	0,60	Meyzieu	C.F.T.M.	Carrosserie neuve

1. Transport de Coucy à Malakoff financé par le fonds vapeur.
2. Demande pour deux unités.
3. Financé par des adhérents lyonnais et suisses.

Maquette et mise en page : ON EN PARLE - Brive
Photogravure : SYNAPSE - Brive

Achevé d'imprimer en juin 1997
sur les presses de l'Imprimerie Chastrusse à Brive

Dépôt légal : n° 7120
I.S.B.N. 2-9507553-9-90